はじめに

本書は，技術士が執筆した「海外活動支援・国際協力」に関する報告を中心に，執筆者のご了承を得て，(『知を深め 技を磨き 世界に羽ばたく－「技術士」による海外活動・国際協力－』)としてまとめたものです。

ここでいう**「技術士」**とは国による資格認定制度（文部科学省所管）の国家試験を受け，面接試験に合格し公益社団法人日本技術士会に登録した者が使える名称ですが，技術士の 21 部門からなる専門技術を活かし，国内はもとより，技術支援を求める諸外国でも技術的問題を解決して社会貢献に努めています。

私たちは皆，形成した社会で様々な形で互いに支えあい，暮らしています。宇宙の歴史の長さに較べれば，はるかに短い人類史の中で，いろいろな発見発明を繰り返しながら，より安全で，快適な，安定した生活となるよう，現代の社会を作り上げてきました。

技術士の専門部門は理工学や農林水産や繊維，資源，経営，情報，環境など幅広く，技術士である私たちはそれをさらに極め，社会に在る様々な課題を解決するよう努めています。

本書は，世界で活躍している技術士の種々の報告からなっています。

第Ⅰ章は，会報の「海外活動支援・国際協力特集」から特集を始めるにあたっての説明とアジアの国々での活動を 8 編掲載しました。その後に台湾への講習会とベトナムに関する講演会の報告，また，研修会の報告，情報の活用を加え，合計 13 編を掲載しました。

第Ⅱ章は，会報「SDGs 特集」から総括と技術士各部門の活動報告を最初に掲載しました。その後に 2015 年以降の会報記事から 12 編，そしてミャンマー・タイ，シンガポール，台湾での現地視察，そして日韓技術士交流と二国間国際会議の歴史を整理し，さらに中国との間の最近の活動と近畿本部での活動や講演会を新たに書き下ろしていただき，合計 21 編を掲載しました。

第Ⅲ章は，趣を変えアジアと日系人も多いブラジルについての自然・文化・経済・歴史を知るための知識をクイズ形式に 10 編（100 問）まとめたものです。

このように，技術士による海外活動および国際協力の状況を一冊の書籍にまとめ，広く多くの皆様にも国際協力活動をご覧いただくことができるようになりました。

また，多くの方，特に高校の生徒や短大，高等専門学校および大学の学生，技術士を目指している方などの目にふれ，新たな海外活動や国際協力活動につながれば大変うれしく，幸いに思います。

2023（令和 5）年 2 月 10 日
編集・執筆者代表　森山　浩光

目　次

はじめに .... － 1 －

第Ⅰ章　技術士の海外での活動 .... － 5 －

　1．技術士が世界で活躍できるよう支援するために .... － 7 －

　2．日本技術士会によるベトナムへの技術支援の推進 .... － 11 －

　3．インドネシアの農業と水産業への技術支援のために .... － 16 －

　4．ミャンマーとの技術協力の進め方 .... － 22 －

　5．中国への技術協力推進活動 .... － 27 －

　6．海外活動支援委員会による台湾への技術協力推進活動 .... － 34 －

　7．モンゴルに対する技術協力推進活動のための情報収集報告 .... － 39 －

　8．中央アジアに対する技術協力推進活動　－キルギスを事例に－ ... － 44 －

　9．ウズベキスタン共和国に対する技術協力 .... － 49 －

　10．日越「フォードンの会」の研修報告と技術士の役割 .... － 54 －

　11．日本技術士会による台湾技術協力推進活動 .... － 59 －

　12．技術士が海外で活躍するための有益な情報の提供に向けて ...... － 63 －

　13．海外活動支援委員会における ICT を活用した取り組み .... － 68 －

第Ⅱ章　SDGs の目指す社会に向けて .... － 73 －

　1．SDGs が目指す「誰一人置き去りにしない」未来に向けて .... － 75 －

　2．SDGs を考える　－世界に向けた技術士の役割－ .... － 78 －

　3．国連 SDGs への技術士としての社会貢献活動 .... － 81 －

　4．ベトナムにおける技術士の役割と国際貢献の展望 .... － 85 －

　5．資源工学技術士による SDGs への貢献－産業と技術革新の基盤を作る－ ...... － 90 －

　6．JICA 長期専門家派遣　－キルギスでの技術協力－ .... － 92 －

　7．SDGs と森林・林業　－ ODA の現場から－ .... － 97 －

　8．ナラ林の保全と更新　－イラン・ザグロス山脈での取り組み－ ... － 100 －

　9．中華人民共和国における高塩類土壌の改善 .... － 103 －

　10．ポートモレスビー下水道管理能力向上プロジェクトの紹介 ...... － 108 －

　11．ネパールの道路ハザードマップと世界遺産の保全 .... － 110 －

　12．2015 年ネパール地震での土砂災害ハザードマップ作成と国際協力 ... － 115 －

　13．パラグアイ共和国における土壌調査 .... － 120 －

　14．畜産・獣医衛生分野の技術協力活動 .... － 124 －

　15．上下水道部会によるミャンマー・タイ研修報告書 .... － 129 －

　16．衛生工学部会有志によるシンガポール研修報告 .... － 132 －

　17．台湾研修旅行－産業遺産と社会施設の現状－ .... － 135 －

　18．日韓技術士交流委員会による国際会議の開催 .... － 138 －

　19．日中技術交流センターの活動 .... － 141 －

　20．近畿本部登録中国研究会の活動 .... － 144 －

　21．我が国の技術協力活動の進んできた道 .... － 147 －

第Ⅲ章　各国を知るミニクイズ .... － 149 －

　1．東南アジア .... － 151 －

　2．ベトナム .... － 153 －

　3．タイ .... － 156 －

　4．インドネシア（1） .... － 159 －

　5．インドネシア（2） .... － 162 －

　6．カンボジア .... － 166 －

　7．モンゴル .... － 169 －

　8．台湾（中華民国） .... － 173 －

　9．ブラジル（1） .... － 175 －

　10．ブラジル（2） .... － 178 －

執筆者一覧（執筆順）記事国名 .... － 181 －

初出一覧 .... － 183 －

あとがき .... － 186 －

編集後記 .... － 187 －

第Ⅰ章　技術士の海外での活動

－海外活動支援・国際協力特集から－

1. 技術士が世界で活躍できるよう支援するために

To support the Professional Engineers to work on the global scale

森山　浩光

MORIYAMA Hiromitsu

　公益社団法人日本技術士会の海外活動支援委員会の活動と海外情報を，今後隔月で，会報月刊『技術士』に連載していく。初回は海外活動支援委員会のこれまでの活動を振り返るとともに，今後の技術士の海外活動を積極的に進める方法を検討する。国際協力の動向を含め振り返り，今後の方向を考えたい。また，委員会の活動概要とこれまで 10 年間実施してきた東南アジアでの調査を紹介する。

1　はじめに

　日本技術士会は，文部科学省所管の公益社団法人であり，すでに 60 年を超え，70 年に近い歴史を持つ。「技術士」とは，国家試験である技術士試験（第一次試験を経て，口頭試験を含む第二次試験を受験）に合格した者が，日本技術士会を通じて文部科学省に登録すると与えられる名称である。試験は，20 の部門の科目ごとに行われる。なお専門部門の技術士の資格を有する者が受験できる総合技術監理部門を合わせ 21 部門となる。

　1958 年の国家試験実施以来合格者数は，2019年 4 月現在 111,540 人であり，本会に入会している正会員は約 15, 650 人である。技術士の所属先は，民間企業，研究機関が最も多く，その他は公務員，関連団体，大学などである。技術士になった者は，それまでの経験と技術を基に勤務先で活躍するほか，国内の依頼先からの要請に応え種々活躍するが，海外での活動への要望も多い。

　海外活動支援委員会は，日本技術士会の中にある 8 つの常設委員会の他に 10 ある実行委員会の一つである。委員は，各部会から推薦された者で，これまで多くの委員は海外活動経験が長く，それら豊富な経験を技術士に広く伝達したいと考えておられていた。

2　海外活動支援委員会の目的と活動
－ Mission（ミッション），Action（アクション），Passion（パッション）－

　2019 年 7 月の委員会で，示したのは，上に示した言葉である。

　公益社団法人日本技術士会は，各委員会の目的を規定している。総論的には他の委員会との重複もあるが，国際交流と国際協力が当委員会の活動として示されている。このミッションには，戦後，「技術士」会を作った方々の気持ちや経団連土光敏夫名誉会長の産業界における技術士の活躍への期待そして大来佐武郎元外相の海外での技術支援への展望などが背景にある。すなわち，技術を通じての社会への貢献であり，世界の平和構築であると考える。

　当委員会には，ベテラン委員もいれば，若い委員もいる。私たちは全国 1 万 6 千人の正会員のために，さらには技術士登録をしている 9 万人余の方々のために，種々の活動支援を実践していく。それらのアクションの基は，まさに日本が世界と共に生きているという相互依存社会の一員であるという実感と世界が抱える課題を本会の活動を通して少しでも解決していこうという情熱（パッション）である。

3　国際協力活動

（1）我が国の国際協力活動

　海外活動は，観光や留学など私的なものから国際会議，国際機関の活動，外交など公的なものまで多様である。そうした中，国レベルの国際協力や民間企業の海外投資などには，ODA（公的開発援助）やPDA（民間開発援助），OOF（その他の援助）など種々の形態がある。

　ODAを実践する組織として，JICA（国際協力機構）があるが，その成り立ちを振り返ってみよう。日本と海外との関係には，明治時代から行われている海外移住を挙げることができる。1868年の米国ハワイへの移住を嚆矢として，中南米移住も多かった。現在ではすでに最初の移民の6世から7世までが誕生している。「棄民」と言われるほどの過酷な環境から始まった事例もあったが，移民の多かった米国やブラジル，ペルーなどでは著名な日系人の政治家も輩出している。移住のピークは1961年であるが，その2年後の1963年に日本海外協会連合会と日本海外移住振興（株）を統合し海外移住事業団が設立された。また，戦後の賠償との関係で海外技術協力が進められ，1962年に海外技術協力事業団（OTCA）が設立されている。戦後最初の海外技術協力は，農業・畜産部門ではタイ国への水稲作と肉牛飼養の技術協力が嚆矢である。なお，日本は戦後の復興の下，国際復興開発銀行（IBRD）から電力・鉄道・鉄鋼などに融資を受けている時代もあり，黒部ダム（1963年）や東海道新幹線（1964年）もその融資を受けて建設したものである。融資の償還は1990年7月まで続けられた。

　上記の2つの海外関連団体を基にして，1974年に特殊法人国際協力事業団（JICA）が設立された。その後，2003年10月に，新たに独立行政法人国際協力機構（JICA）となり，外務省所管の組織として国際協力を促進している。事業内容は，技術協力，無償資金協力，国際緊急援助業務，青年海外協力隊事業などがある。種々の協力要請案件は，外交や種々の調査などを経て，相手国から優先順位の高いものが在外公館を通じ外務省に上げられる。それらは外務省内および一部は関係省庁も含めて検討され，日本政府が採択し，事業が進められる。

（2）本委員会における国際協力活動

　海外活動支援委員会の前身は，海外業務調査委員会，2003年から海外業務促進実行委員会となった。背景には中国等への技術協力支援がある。中国では1978年に鄧小平主席が改革開放を進め，日本の技術の素晴らしさを実感し，日本からの技術協力要請を行った。天安門事件により中断した後，1992年に再び改革開放が進められた。時代的に日本の貿易黒字が増加し，ピークを迎えた1980年代と重なる。日本は1991年から2000年までODA供与世界第一位の国になっている。中国はもとより，当時，NIES（新興工業経済地域）として香港，韓国と並び，アジアの奇跡といわれる発展を遂げた台湾もODA供与の対象となっている。特に中国には外交政策上，多くの技術協力が行われた。それゆえ技術士の活動の中心は，JICAの技術協力であった。企業所属の技術者も専門家として中国と台湾で技術指導を行い，本会からも中国にのべ300名余，台湾にのべ150名余が派遣されている。

　この時期，JICA等を通じて中国や韓国，台湾などに派遣する専門家を選定するために，海外派遣を希望する技術士の名簿を作成している。その内容は得意とする専門技術の他，海外経験，語学水準，さらに住所など連絡先を記した詳細な資料である。また，海外業務促進実行委員会は，海外活動関係機関（外務省，JICA）および中国・韓国・台湾の技術支援業務の窓口団体との連携，HPの活性化を図った。調査団を派遣し，日本技術士会と中国政府外国専家局（註：専家は専門家のこと）傘下の「中国国際人材交流協会」との間で人材派遣の協議と現地調査を行った。

　社会主義国である中国で，両者間に紛争が生じ

た場合の調停・仲裁の事項について，協力対象機関との間で契約を結ぶ必要性がある。中国の派遣先との間で，25 もの契約を結んでいる。これは2001 年から 2013 年の間に集中するが，委員長あるいは副委員長や委員が年間 2～3 回のペースで訪中し，協議書を取決め相互に署名している。

　中国は 2010 年以降 GDP 世界第 2 位の大国になっている。上記協議は期限付きのものであったので，その後当該機関から要請の無いものは相手先に通知し破棄することとした。しかし，こうした協議書を今新たに結ぶことは難しいものも含まれており，内容を精査し，継続する必要があるものがあると考える。その後，JICA 協力の対象もベトナムやミャンマーに移行してきており，本委員会も両国への調査を進めてきたところである。
【その後，ミャンマーの検討は中断した。】
（3）最近の国際協力活動

　技術士が参加する JICA による ODA ベースの技術協力活動の場合，一般に JICA の公募を見て個別に応募申請している。技術協力の場合はプロジェクトあるいは個別の専門家として応募する。JICA に人材登録し，「PARTNER」から応募するのが簡便である。資金協力案件は，民間の技術士を多く有する海外事業の部門があるコンサルタント企業が単独もしくは JV を組んで応募して，受託する場合が多い。

　時折，アフリカの JICA ベースの案件に対して，本会技術士が対応すべきと言う声を聞く。背景には政府の要望に応えるものであるからである。TICAD（アフリカ開発会議）では，今後 4,000 人もの専門家（技術者）をアフリカに派遣するということになっている。しかし，講習会などでのアンケートによれば，技術士の過半は民間企業出身の方であり，勤務中の出張先は欧米と東アジアが圧倒的に多く，続いて東南アジアや中東の経験を持つ方がいる。退職後の海外派遣希望先にはアフリカは含まれていない。コンサルタント会社か国際機関，官公庁でもなければ，アフリカ出張の経

験者は少ない。また，世界は，東西に分かれて対立していた時代以上に，世界各地で種々の問題を背景にテロなどが起こっているのが実態である。それらを少しでも防ぐために，JICA という大きな傘の中に入り，安全性の確保を図った方が心配は少ないと考えられる。

4　海外活動支援委員会の活動と SDGs
（1）現在の委員会活動

　海外活動支援委員会には，業務活動活性化，研修，情報統括と 5 つの国別小委員会がある。

　業務活動活性化事業は，諸外国からの技術士の派遣要請を受けて，パーソナルデータベースに登録した技術士にその情報を送り，さらに詳細を知りたい方に相手国の連絡先を紹介している。近年のマッチング率は，残念ながら 20 年前に比べると極めて低い状況である。現在，登録されている 350 名にアンケートを取り，現況打破を目指している。

　研修事業は年間 2 回，毎回 3～4 人の講師を招いて講習会を行っている。他に東南アジアや台湾，中国など地域を絞ったものや，広く環境のようなテーマも組んでいる。講師陣，内容は優れたものであると自負しているが，準備の大変さの割に受講者数は多くはない。いつ，どの時間帯が参加しやすいのかを調べているところである。

　情報統括事業は，ホームページの充実を図っている。今年度から会報「月刊技術士」.の国際協力関連の原稿記事をアーカイブ記事として掲載し始めた。また，国別ミニクイズを掲載している。これは研修のときにも配布している。海外各国の政治経済だけでなく，相手国の社会，文化に対する尊敬の念をもち知識情報を増やしていきたいと考えている。

　国別委員会は中国，台湾，韓国，ベトナム，ミャンマーを対象としている。それぞれ技術士への要請は多い。前者の東アジア 3 カ国については，業務活動活性化小委員会が要請を取りまとめてい

る。後者の東南アジア2カ国は，技術士を派遣するまでの予算が，現在はないのがネックである。

（2）本委員会の海外活動支援活動

　中国や台湾は，これまでの経験から，また日本に近く旅費も少なくて済む経済的メリットにより，途上国を卒業し先進国になってからも，技術士会に対して技術士の派遣要請を継続している。しかし，高度化した工業の中でかなり狭い範囲の最先端技術が求められており，現職の技術者が対応しないと難しい案件要請が増えている。なお，技術士が本業を離れて海外に長期に赴任することに対して，JICAが企業に給与を補てんする制度があるが，企業経営者側から見ると現職の第一線の技術者を業務から離すことになるので専門家派遣には難しい面がある。そうなると対象は独立した技術士事務所代表となる。こうした方々はかつて企業などで経験し取得した技術を基に，国内中小企業の技術顧問として活躍したり，製造工程管理や品質管理などの指導をされたりする例が多いようである。広い中国では国内地域格差が生まれていることから，内陸部では昔からの指導内容に近い要請が出てくる可能性もある。一方ODA卒業国の中国，台湾以外に新たな技術士が活動できる国を確保する必要がある。本委員会は東南アジアに注目している。既に10年以上前から建設や交通，情報などインフラ整備への対応を踏まえ，現地調査を行っている。農村居住人口が多いため農林水産業も重要である。こうした途上国にフライト代と宿泊代を自費で出して指導に行っている事例もあるが，公益活動の一環である社会貢献活動を求める全国の技術士のために，新たな開拓を行う調査を，実施している。本会における海外調査費は調査期間中の給与補填は全くない。しかし，本委員会委員等が代表して，これまで，2010年にベトナム，2013年にミャンマーの調査を実施した，そして，2016年12月以来18年3月，19年2〜3月と集中的にベトナムへの調査を行い，3大都市の協力要請窓口を確定した。ベトナムのJICA協力の大学から招待状も届く状況になった。これまでの努力が実を結んできたところである。

（3）SDGs（持続可能な開発目標）

　国連が2015年に採択したSDGs（持続可能な開発目標）の内容を今一度見てみよう。

　17の目標は，3つのカテゴリに分かれている。1から6は貧困，飢餓，健康，教育，ジェンダー，水など途上国を中心とした問題。7から12はエネルギー，産業と技術革新，都市の発展など先進国の問題。13から16は気候変動や海及び陸の資源，平和構築など世界が抱える問題。それらを，17番目のグローバル・パートナーシップを活性化して目標を達成しようとしてまとめたものである。17目標を具体的にしたものとして169のターゲットが示されている。**「誰一人置き去りにしない」**で，直面する諸課題の解決に取り組むこと，そして各目標，ターゲットを2030年までに達成することが求められている。SDGsの課題には技術士の活動と関連している内容が多い。

5　おわりに

　現在グローバル化が進む中，宗教による分断と自国中心主義が動いている。志のある技術士のために，活気ある魅力的な日本技術士会にしていく必要がある。海外活動支援委員会の活動は，**若手技術士に夢を，ベテランに生き甲斐を**与える支援活動といえよう。私たちは，各技術士の経験を交換し，融合させ，新たな一歩を進めるべく最大限の努力を重ねている。正会員の会費合計額の0.7パーセント前後の予算を申請しているところである。有効に使うことにより，海外との架け橋を創り，技術士の社会貢献につながる新たな価値を生み出せる。大きく歩みを進める本委員会と全技術士がさらなる連携を深めていくことを期待したい。

　世界の平和な未来への一歩をともに歩もう。

2．日本技術士会によるベトナムへの技術支援の推進

How to proceed with technical support to Vietnam by the Institution of Professional Engineers of Japan

森山　浩光，坂本　文夫

MORIYAMA Hiromitsu, SAKAMOTO Fumio

　日本技術士会は，これまでの中国，韓国に続き，2010年以降，ベトナムを重点国として運輸交通の改善，道路，建設，環境，農業などの人材育成に焦点を当て，現地調査と技術支援を行ってきている。ベトナム側は，技術士がこれまで行ってきた現場の創意工夫を加えた技術指導を評価し，人材育成についても技術士の活動に期待している。本稿ではこれまでの調査と今後の動向を紹介する。

　Following the support to China and South Korea the Institutions of Professional Engineers of Japan (IPEJ) has dispatched Professional Engineers in terms of technical support to Vietnam since 2010. The Overseas Business Promotions Committee (OBPC) of IPEJ has also conducted surveys in Vietnam in this decade. Vietnamese side expects that the highly specialized technology and skills of Professional Engineers. OBPC and some Vietnam Universities will contribute to human resource development, because the P.E. had a lot of experience in technology fields. This paper introduces these surveys and their contents and the future possibilities.

キーワード：ベトナム，日本技術士会，技術士，技術交流，大学，高等専門学校，技術協力

1　ベトナムの歴史・経済・政治

1.1　ベトナムの歴史

　ベトナム社会主義共和国（以下，ベトナム）は紀元前から北に接する中国と深い関係にあった。8世紀に唐は現在の北部ベトナムの地に安南都護府を置いた。遣唐使として留学していた阿倍仲麻呂は唐の役人として，安南都護府に赴いている。ベトナムは漢字，仏教や科挙制度（1442〜1779年）などの多くの文化を中国から受け入れてきた。一方，ハイ・バー・チュン（徴姉妹）による反乱や10世紀の南漢や北宋との戦い等中国の圧力を排する動きを示し，李太祖（リー・タイ・トー）が，宋からの独立を果たし，1010年に都を華閭（ホアルー）から昇龍（タンロン，現在のハノイ）に移した[1]。その後，ベトナムは南進する。

　時代は飛んで，1882年，フランスがベトナム北部で軍事行動を本格化し，70年余コーチシナを植民地に，アンナンを保護国に，トンキンを保護領にした。

　1940年以降，日本もベトナムに進出し，フランスに置き換わってベトナムを支配する時代があった。1945年8月15日，アジア太平洋戦争は終結し，ベトナムは9月2日に独立を宣言したが，ベトナムに舞い戻ったフランスとの間でインドシナ戦争に突入した。

　1954年5月，フランス軍はヴォー・グエン・ザップ将軍の前に北部ディエンビエンフー（奠辺府）で敗れ，植民地政策を放棄した。しかしジュネーブ休戦協定により北緯17度線をもってベトナムは南北に分断された。

　ドミノ理論の展開を恐れた米国がフランスに代わって，1960年からベトナム戦争（救国抗米戦争）に突入した。1973年以降米国は南ベトナムから兵を引き上げたが，南の傀儡政権を駆逐す

るため戦争は続き，1975年4月30日，大統領官邸に2台の戦車がなだれ込み，南ベトナム大統領がヘリコプターで逃げる様子が世界中にテレビで放映された。1976年に南北統一されたが，ベトナムでは，一人当たりGDPが40USドルの最貧国からの復興が始められた。1986年の刷新（ドイモイ）政策により，経済の自由化を進め現在に至っている。

1.2　ベトナムの概況と経済

ベトナムの国土の面積は，約34万km²で日本の約9割，九州を除いた面積に相当する。5特別市と58省に区分されている。

人口は9,646万人（2020年11月），平均年齢は約31歳で，生産年齢人口は6,678万人，人口ボーナス期に当たる。

2019年の実質GDPの成長率は7.02%，一人当たり名目GDPは平均2,715 USDを記録し，ハノイ市やホーチミン市では耐久消費財が購入できる3,000 USD／人・年を超えている[2]。

ベトナムはCOVID-19，新型コロナウイルスの3月4日現在の罹患者数は2,482名（ベトナム保健省）で，抑え込みに成功し，2020年の経済成長率は2.91%と過去10年間で最も低いもののプラスとなった数少ない国の一つとなった。

1.3　ベトナムの政治体制

ベトナムは1976年に南北統一し社会主義体制をとっている。しかし，中国，ロシアのような主席，大統領に権限が集中する政治体制と異なり，18人から成る党政治局の指導部が確立しており，集団的体制による意思決定が下される。政治的には安定しており，多くの外国投資を呼び込んでいる。現在，投資の増加状況に伴って，雇用が右肩上がりに増加している。

2　ベトナムと日本との関係

日本とベトナムの関係は古く，752年奈良東大寺の大仏殿の完成時の式典に訪れたのはベトナム中部の林邑（後のチャンパ）から来日した僧侶であり，これが日越交流の始まりといわれる。

13世紀に中国を支配した元は，日本への元寇だけでなく，ベトナムにも3回来襲したが，陳興道（チャン・フン・ダオ）として知られている陳国峻将軍による白藤江の反撃（1288年）で元軍は大打撃を受け，それが日本への3度目の元寇を諦めた原因とされている。

16世紀末，朱印船貿易が認められると海外交流が盛んになる。354通の朱印状が公布され，ベトナム中部のホイアン宛ては86通で日本人町も形成された。

その後のアジア太平洋戦争中の動きは，歴史のところで少しふれた。

3　日本技術士会とベトナムとの関係

日本技術士会は，かつて隣国の中国や台湾，韓国に対し長く産業振興のために，延べ500人以上の技術士が訪問し技術支援を行い，国際貢献に努めてきた。21世紀に入り，中国の経済成長が進み，その要請内容も変わってきた状況の中，China+1といわれる東南アジアのベトナムそしてミャンマーでの技術士による技術支援の検討を行った。2011年に交通運輸部門に重点を置き，Transport and Communications（交通運輸）大学と技術支援に関わる協議議事録を署名交換している。技術士の社会（国際）貢献の実践の場として，2016年に中部のダナン市で調査し，2018年，2019年には人材育成，社会インフラ，環境，農業（有機農業を含む）に重点をおいた現地調査，工業団地視察と大学での講演を行った。中部クワンガイ省の工業団地からの要請も受けた。

また，ベトナム小委員会は情報収集活動や研

修活動を継続してきている。ベトナム技術経済発展研究会（フォードンの会）を設立し，2016年以降，年3～4回の学習会を開催している。ベトナム人の技術者と多様な部門の技術士が集まり，最新のベトナム情報の交換と技術水準の向上に努めている。

4 ベトナム三都市大学との協議と調査

4.1 ホーチミン市

ホーチミン市は，ベトナムの経済の中心地であり，技術支援要請も多いことから，重要な対象地である。Van Hien 大学を訪問し，日本技術士会を紹介した。講演会も行い，教授と学生らが講堂に集まり，講演を聴講し質疑応答も多く好評であった。今後のホーチミン市の工業団地の企業などの窓口には Dr.Ho Cao Viet 教授になっていただくことが決定された。

4.2 ダナン市
（1）ダナン市人民委員会

2016年の調査を受けて2018年3月，2019年2月にダナン市外務局を訪問した。今後，ダナン大学（2017年にダナン技術教育大学等を統合）を窓口に，産業の発展を支える人材育成を推進する方向について意見交換し同意と今後の協力の意向を得ている。ダナン市は，①GDPが対前年比で2018年は7.68％，2019年は6.50％増加している，②日本からの投資プロジェクトが種々あり（総額約600億円（2018年）），ダナン市だけで日本の100以上の企業からの対外投資がある，③「技術士」は優れた技術指導者と理解しているとのことであった。

なお，ダナン市の課題と希望は，①スマートシティ建設のための人材育成・技術者の増加，②ダナン市の工業及び製造業の育成増強，③情報，ハイテク分野の技術指導，④技術士会の訪問時の学生・教授に対するセミナーの実施である。大学や工業団地内にその施設・環境等を準備しているとのことである。

（2）ダナン大学（ダナン技術教育大学統合）

2017年に5つの大学を統合した，学生数6万人を誇るダナン大学を訪問し，Nguyen Ngoc Vu 学長と協議した（**写真1**）。大学側としても技術士による技術指導が経済発展に寄与できることを期待している。国の発展のためには，将来を担う人材育成が重要であり，今後，学生及び企業に勤務する卒業生らが技術の修得に向けて研鑽するための講義などに向けて協力支援してほしいとの意向を表明された。

（3）ダナン技術教育大学

2019年3月ダナン技術教育大学を訪問した。日本技術士会の紹介と技術レベルを知っていただくために，2018年に続き講演会を開催した。2019年は建設・インフラ整備「持続性のある建設」と「情報工学と経営工学の視点からの技術推進」の講演を実施した。

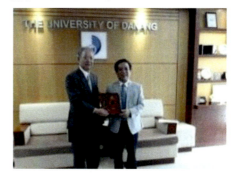

写真1　ダナン大学総長（右）と坂本技術士（左）

写真2　ダナン市の工業団地の一角

今後の連携の具体化を図るため，工業団地（**写真2**）を含めたダナン市側の窓口として Dr. Pham Ngoc Duc 建設学科教員が決定された。

このように，ダナンの人民委員会，大学共にGDP増加，工業の生産力向上のための優れた技術者育成や卒業生の就職機会拡大につながる工業団地での技術支援を行うために，技術士会との交流を深めていきたいとのことであった。

さらに，筆者は2019年7月に個人でダナン市を訪問しさらなる情報収集を行った。

4.3 ハノイ市
（1）ハノイ建設大学

2019年3月，ハノイ建設大学を訪問し担当者のNguyen Hoang Giang建設大学国際協力局所長に面談した。日本技術士会側から技術士会の資料を手交し，中部のダナン市のほか，クワンガイ省から，今後技術指導のための要請の話を伺ったことを伝えた。そしてハノイ市で建設中のホアルー工業団地等の企業からの要請を受け，技術士の訪問指導の可能性を検討している事を伝えた。Giang所長からは「今後，ダナンでの講義等を行うために訪越される際にハノイ建設大学と連携し同様な講演実施を期待する」とのご意見をいただいた。その場合はDr,Giang所長が窓口になっていただくことを快諾された。

（2）日越大学修士課程設立プロジェクト

2019年3月，日越大学院を訪問し，古田元夫総長，米田チーフアドバイザー及びヴィン（Dr. Phan Le Binh）社会基盤工学科講師（今後の窓口担当）と面談した。日越大学院プロジェクトは2015年から2020年を第一期とし，多くの日本の大学教員が派遣され，優秀な修士学生を輩出している。

2020年4月から2025年3月は，「日越大学教育研究・運営能力向上プロジェクト」を実施し学部を併設し第二期に向かう[3]。「2018年2月にベトナム経済研究所の講演会に出席した際日越友好議員連盟特別顧問の武部勤先生のご講演を拝聴し，日越大学院の話や「高専等の技術支援を進めたい」との話を伺った。その際日越大学を訪問するよう勧められた」旨古田元夫総長にお伝えした（**写真3**）。

写真3　古田総長（中左），米田C/A（中右）と坂本技術士（右）と森山技術士（左）

また，「日本技術士会には現場に詳しい技術士がいることから技術指導するのに向いている」ので，今後国際協力関係において，ベトナムの「高等専門学校」等を対象としたプロジェクトが開始された場合，技術士の活動の要請があれば，技術指導や講義に貢献できると考えていることを米田チーフアドバイザーにお伝えした。その際，米田氏からは「ダナンで講演がある際には学生を連れて現地を訪問し，見学と合わせて講義をお聞きする機会をもつことを検討したい」との話をお聞きした。

Binh先生からは「現場に根差した技術は極めて重要で，ベトナムでは高まる建物需要から建築設計が増加しているが，安全性の確保や強靱性などの考えが重要で，日本の経験は極めて貴重と考える」「技術士の方々が日越大学でも講義してくださるならば，自分の授業のコマを開けて，対応することを検討する」との発言をいただいた。

5　高等専門学校による人材育成

JICAはこれまでタイなどで高等専門学校のプロジェクトを実施してきた。そのアジアでの経験をアフリカに移行して実施している。ベトナムでは，技術協力「ホーチミン工業大学重化学工業人

材育成支援プロジェクト」（2013 年 11 月～2018 年 4 月）を実施した。国立高専機構がこのプロジェクトを引き継ぐ形で 2018 年から本格的な活動を進めている。ベトナムでの協力支援幹事校には宇部高専が指定され，協力支援校として函館高専，鶴岡高専，岐阜高専，有明高専の協力を得ている[4]。ベトナムの商工省はパイロット校での成果を踏まえ，その他の大学にもコースの展開をする方針である[5]。なお，「神戸工業高等専門学校と HNVC（ハナム省職業訓練短期大学）の間で連携にかかる基本合意書を締結されている」[6]。また，「ハナム省におけるものづくり人材育成事業」（2017 年～2020 年）において，HNVCの 5 Ｓ安全カリキュラムの改訂，ものづくりに関する教員の能力向上，日系企業との連携強化を柱とした事業を実施している」[7]。プロジェクトでは，「日系企業との連携を図り，現場に根差した充実した技術支援を行いたい」としている。見学や研修の受け入れ等の日本の企業内勤務技術士が活躍する場も広がる。今後，連携を図り，補完するニーズがあれば，その要請に合わせて技術士を派遣することが社会貢献につながろう。このように，ベトナムの高専，短期大学では現地指導ができる日本技術士会の技術士による技術支援の可能性がある。主な対象部門は，機械，建設，電気電子，情報工学，衛生工学，経営工学，農業，食品等となると考えられる。

6　おわりに

ベトナムは，2030 年に向けた第 4 次産業革命に関する国家戦略（2289/CD-TTg，2020,12.31）を発表した。その中では新たな課題の浮上等も冷静に分析し，知識や科学技術に根差した人材育成とイノベーションを図り，人々の生活の質幸福と健康を向上させること等を目標としている。政府，関係機関は，急速に発展する工業化科学の進歩に対応するための人材育成をさらに進めようとしている。

ベトナムは，不撓不屈の精神で戦後の発展を進め，中所得国となり，すでに米国との貿易では黒字となっている。今は日本の労働力不足を補う形で「技能実習生」を送り出している。

今後は「国際社会での貢献」を目標にさらに発展していくことであろう。

海外活動支援委員会が最新のベトナム情報を把握し，日本の技術士が国際貢献できる状況を支援していくことは，技術士活性化のために重要な活動である。公益社団法人になって以降の SDGsに代表される共生社会の中での国際貢献さらにはコロナ後の「新しい時代」に対応した日本と世界の人々の未来の幸せへの道を切り開いていくために，シニア技術士と青年技術士とのコラボレーション，構想力と実行力が日本技術士会にあると信じて前に進みたい。

<参考文献・引用文献>
1）桃木至朗，「唐宋変革とベトナム」，『東南アジア史 2 東南アジア古代国家の成立と展開』，pp.29－54，2001 年，株式会社 岩波書店.
2）日本貿易振興会（JETRO），ホームページ「ベトナム基本情報」，2020 年，日本貿易振興会編.
3）国際協力機構（JICA），「JICA による対ベトナム支援」，2020 年，国際協力機構（JICA）.
4）国際協力機構（JICA），「ベトナムにおける高等専門学校技術協力プロジェクトの概要」，2019 年，国際協力機構（JICA）.
5）NNA ASIA，アジア経済ニュース，「「高専」モデル，ベトナム全国展開へ」，2019 年．NNA.
6）JICA ベトナム事務所，「神戸高等専門学校とハナム省職業訓練短期 大学の間で連携にかかる基本合意書を締結」（第 136 号（2020 年 1 月号），p.3～4. 2020 年 1 月 22 日発行行).」monthly202001.pdf (jica.go.jp).
7）JICA，草の根技術協力事業「ハナム省におけるものづくり人材育成事業」，2018 年，https://www.jica.go.jp/partner/kusanone/tokubetsu/ku57pq00001jwhw4-att/vie_26_t.pdf

3．インドネシアの農業と水産業への技術支援のために

For the technical collaboration on Agriculture and Fisheries industry of the Republic of Indonesia

杉本　昌昭，森山　浩光
SUGIMOTO　Masaaki, MORIYAMA　Hiromitsu

　東南アジアの地図を見るとき，インドシナ半島の大陸部と共に広い海洋部にある国々を見出すことができる。インドネシア共和国は赤道上に「首飾りのような」広い国土と海洋を持つ。本稿では，SDGs でも大きく取り上げられている，食料と関連する農業と水産業に焦点を当て，日本の技術支援の可能性を報告する。

　When we see the map of South East Asia, we find the large Ocean area. The Republic of Indonesia is a very big country on the equators and has large Ocean area. This paper focuses on current situation of her main industry, agriculture and fisheries industry and report the future technology collaboration between Indonesia and Japan.

キーワード：インドネシア，農業，水産業，技術交流，技術指導

1　はじめに

　インドネシア共和国（以下，インドネシア）は多様性に富んだ東南アジアの大国である（図1）。ジャワ島やバリ島の観光のイメージが強いが，変化に富んだ多くの島々があり多様な技術指導で活躍する機会が待たれる。近年，日本が社会貢献を進める際に，2030 年に向けた SDGs（持続可能な開発目標）を基に活動を紹介することが増えている。そのSDGs の中に飢餓対策，栄養の改善，海の豊かさ，陸の豊かさを守ろうという標語がある。

図1　インドネシア全図
出典；(https://www.google.co.jp/maps/place/インドネシア）Google マップ

2　インドネシア共和国の概要

2.1　インドネシアの自然概況と歴史

　インドネシアは，環太平洋火山帯の一部をなす東南アジアプレートにオーストラリアプレートが沈み込むところにある。インドシナ半島側のスンダ大陸とオーストラリア側のサフル大陸の大陸棚が氷河時代に海水面が下がりつながっているがその後海が入り込み，17,000 を超える島々に分かれた。ジャワ島ではジャワ原人の頭骨が発見されており，現在のインドネシアの広大な国土（約 191.9 万 km²）には，150 以上の民族が住み，多く（250 以上 300）の言語がある。世界最大のムスリム国であり，最も多くの華僑（移住した中国系の人）が住むこの国は，歴史的にも宗教的にも複層化し多様な文化をもつ。この国のごく一部を紹介してみよう。

　大きな国土の中に美しい自然や遺跡も多く，中部ジャワのボロ・ブドゥール（**写真1**）は仏教遺跡である。その近くのプランパナンはヒンズー教遺跡である。

写真1　ボロ・ブドゥールの遺跡

写真2　バンダ・アチェのモスク

10世紀から15世紀にかけてジャワ島中部ではクディリ王国（929－1222年）やマジャパヒト王国（1293－1478年）が隆盛し，ベトナム中部からマレー半島まで進出した。また，アラビア半島，アフリカから渡ってくる人々と交流がなされ，イスラームも伝わった（**写真2**）。

1602年には日本への武器輸出と交換に銀を得た商業国家オランダがバタビア（現在のジャカルタ）にオランダ東インド会社を設立し，英国やスペインとの戦争を経て北のモルッカ諸島のクローブ（丁子）など香料貿易のための海港都市をおさえた。その後，ジャワ島の内陸にも入り込み，茶やコーヒー，サトウキビなどの生産を拡大し，スマトラ島の森林からの産物を入手した[1]。

日本は，朱印船交易時代以前から東南アジアと交流をしている。先の大戦後，インドネシアは終戦の2日後，1945年8月17日には後の初代大統領スカルノが独立宣言を読み上げた。蘭印独立戦争により，1949年12月にオランダは主権を移譲した。1950年8月には単一共和国発足となった。

国旗は「Merah dan Putih（紅白）」である。

国章のガルーダ・パンチャシラ（図2）は，独立宣言を発した1945年8月17日の数字を盛り込んだ数の羽を持つ神鷹で，建国の五原則を胸に14世紀のジャワにある詩の「多様性のなかの統一」と書かれたリボンを両脚でつかんでいる。

図2　国章　ガルーダ・パンチャシラ

なお，1962年8月には，西イリアン（ニューギニア島西半分）を併合するニューヨーク協定が署名されている[2]。現在全国を35州市に分割しているが，スマトラ島西端にあるバンダ・アチェ州からニューギニア島の西のパプア州の端までの幅は5,000 kmを越えている。なお，スマトラ島とマレー半島との間のマラッカ海峡を挟んで，永年の貿易を通じてインドネシアとマレーシアの使用言語には共通な面がある。

現在，インドネシアには2億6千万人を超える人々が暮らしているが，「青年の誓いの言葉」から "Sato Bahasa, Sato Bansa（一つの言葉，一つの国）" を標語に，比較的簡単な言葉を共通インドネシア語としている。

2.2　インドネシアの経済概況

GDPに占める農林水産業の割合は1970年には45％であった。農林水産業は2006年には約15％まで下がったが，また増加してきている。

就業人口は1970年の66％から2006年には40％台となった[3]。なお，1980年代半ばにかけ

石油や天然ガスなど資源開発が進み，工業の割合は1970年の10％から2000年には30％となった。2011年には2025年を目標年とした「経済開発加速・拡大マスタープラン」が発表された。

　2015年から2019年の5カ年の実質GDP成長率の平均は5.0％増，失業率は5.3％で，2020年のGDPはコロナ感染で激減し，第3四半期は前年比▲3.49％であった。日本との貿易は，輸出品では自動車の部品，原動機が多く，輸入品では石炭，液化天然ガスが多い[4]。農林水産物では輸出品が観賞用魚，緑茶，製材，播種用種子，配合飼料，輸入品では天然ゴム，合板，エビ，パーム油，真珠が多い。

　インドネシアへの2020年の日本の投資額は投資実現額が前年の43億1,090万ドルから約4割減少し，シンガポール，中国，香港に続く第4位となった。外国企業によるセクター別の投資額は，基礎金属・金属製品などが全体の20.8％を占め，電気・ガス・水供給，交通・倉庫・通信と続いた。インドネシアの投資環境は賃金上昇，為替変動，税務負担など課題が多いが，インフラの改善や輸入通関の迅速化など改善されている部分もある[4]。日本の有償資金協力では，高速鉄道，ナツナ・サバン・ビアク等離島の漁港，魚市場整備やジャカルタースラバヤ交通等の重要案件が進められている。

　現在，インドネシアの首都および近郊都市を含めたジャカルタ首都圏「ジャボデタベック」には3,100万人もの人が生活し，交通渋滞が問題となっている。またジャカルタは海に近い湿地にあり，地下水汲み上げによる地盤沈下を起こしている。そこで，広い国土を有効に活用するために，2045年までに東カリマンタンの州都バリクパパン近郊に首都を移転することが公表された（2019年8月）。

3　インドネシアにおける日本の活動

3.1　日本とインドネシアとの交流

　日本は，戦後間もなくから交流を深めた。1955年の第1回アジア・アフリカ会議を主催したインドネシアを「第三世界」の雄として支援してきた。1962年にスハルトが9・30事件を終息させた後，1998年まで30年余の間，開発を進め，経済を発展させた。日本の企業進出や資金協力や技術協力もインドネシアで多く実施された。

　日本は，鉄鉱石や丸太（1985年以降は合板など製材）など資源の輸入や繊維産業の進出から始まり，これまでの技術交流があった。1970年代前半の開発輸入の構想の下，日本の商社が開発協力に進出した。1974年以降はJICAによるODA協力でコメ増産計画やアサハンアルミ精錬所建設や，マングローブ林に関する研究，また2000年代には地元に対応した日本の母子健康手帳の普及などの支援も行っている。諸外国も支援を行ってきており，その中で，オランウータンなど独特な貴重種の保護の課題も挙げられている。なお，日本技術士会にも，2020年11月にインドネシアから技術指導の要請が届いている。

3.2　日本のインドネシアに対する外交方針

　2020年10月に，菅義偉内閣総理大臣が初めての外国訪問先にインドネシアをベトナムと共に選び訪問している。菅総理はジョコ・ウィドド・インドネシア共和国大統領と大統領宮殿において，日本とインドネシアの首脳会談を実施した。その中で「インド太平洋地域における海洋国家である両国の伝統的友好関係を一層強化すべくインフラ開発や人材育成の分野を含め，共に取り組んでいきたい」旨述べられた（外務省ホームページ）。

4 ジャワの気候と農業

インドネシアはジャワ島などの熱帯気候から東部インドネシアの乾燥気候まで様々な気候がみられる。ここでは，ジャワ島の熱帯モンスーン気候下の農業の説明を行う。インドネシア語で「故郷」を表す "Tanah Air" とは，「土，水」を意味する。ジャワ島特に西部には Ci（チ）を語頭に持つ地名が多い（チアンジュール，チパナスなど）が，Ci はスンダ語で水を表す。雨季と乾季に分かれる熱帯モンスーンの大雨を火山灰土で覆われた大地は吸収し，各地で湧出する。

オランダは最初貿易港としての港湾都市の利用が主であった。地元民は王侯の下，広大な未耕地を利用した焼き畑耕作に従事し，自給用の食料生産と織布生産が主であった。1770 年代から，労働力は必要であるが確実な高収量が見込まれる水田開発が広がり灌漑路がつくられた[1]。17 世紀末にはオランダはコーヒーや胡椒，木材などの集荷のための道路建設を拡張し，恣意的かつ強制的な栽培制度を通じて生産され買い上げた作物が主要な輸出品目となってアムステルダム市場へと送られた。インドネシアは 18 世紀後半には世界経済に「組み込み」されていく。

現在のインドネシアの農地面積は，約 62.3 万 km² である。そのうちの耕地が 26.3 万 km² であり，国土の 13.7%，永年耕地が 25.0 万 km² で 13.0% を占めている[5]。

日本は ODA により 1970 年代から 1990 年代にかけてコメ，ジャガイモ，大豆など主要な作物に対する技術協力等を実施した。コメについては「緑の革命」の中，アンブレラ方式という複数（育種，病虫害防除，灌漑，流通・品質保持など）の技術協力と有償資金協力，無償資金協力を組み合わせた支援を実施した。1984 年にはコメ自給を達成した。

なお，2018 年のコメの生産量は 8,304 万トンで，日本の約 10 倍である。穀類以外の重要な食用作物をパラウィジャ（parawijya）と総称しており，トウモロコシ，キャッサバ，サツマイモ，落花生など多くの作物が含まれる。

熱帯果物は豊富で，ドリアン（dorian，棘のような意味）やランブタン（rambutan，毛のような意味）は実の特徴を示すインドネシア語からきている。

また，現在オイルパームの作付面積が増加し，1 億 1,527 万トンを生産している。日本もパーム油の輸入が多く，これらは食用油，食品利用が 8 割を占め，洗剤，化粧品，塗料等にも使われている。

畜産部門では，家畜家禽頭羽数は，牛 1,712 万頭，水牛 114 万頭，鶏 37.2 億羽，アヒル 6 千万羽と多い。豚はイスラーム以外の宗教が浸透した地域，バリ島やスラウェシ島のトラジャなどに約 890 万頭いる。クルアーン（コーラン）に基づき豚の飼育・接触を禁止している。また家畜の屠畜の際には，イスラームの戒律に従った Halal（ハラル）の手法によって行う必要があり，諸外国からの輸入食品についても，ハラル認証であることが求められる。

5 インドネシアの水産業

長い海岸線を持つインドネシアでは漁業が盛んである。漁業生産の約 95% は，船外機付き船および非動力船を保有する個人経営の漁業者約 640 万人が支えている。

2008 年の漁業総生産は約 680 万トンであり，うち 547 万トンが捕獲，133 万トンが養殖であったが，2018 年にはそれぞれ 1,310 万トン，750 万トン，560 万トンと総生産量は 10 年間で 2.4 倍に急伸し，中国に次ぐ漁業生産国になった。とりわけ，内水面，海面における養殖生産の伸長が著しく，2017 年にはティラピア 128 万トン，ナマズ類 110 万トン，エビ類が 92 万トンに達した[6]。

国内総生産額（GDP）に対する水産業の貢献度は2.7％にとどまっているが，2015年ジョコ・ウィドド政府は「5カ年水産振興計画」を発表し，17の州ごとに平均30％の養殖増産計画を策定し強力に推進した。特に，エビ類ではブラックタイガー種5％，バナメイ種12％，その他のエビ17％，養殖エビ全体で10％の増産とし，2019年には粗放養殖，集約養殖合わせて1,250万トンとした。エビはインドネシアの水産物の中で主要輸出品であり，以下マグロ，ナマズ類，カニ類が続く。

2006年には集約養殖産業を揺るがす事態が発生した。国際的に食品に含まれる残留農薬等の基準変更を受け，ポジティブリスト制が施行された。抗菌性物質ニトロフラン類等を添加して育成するそれまでの養殖法では立ちいかず，インドネシアエビ関連産業界は国際基準に適合する養殖法に舵を切らざるを得なかった。これを契機に食品の安全性を確保するツールとしてのHACCPや国際基準ISO22000が書類の整備にとどまらず，生産現場の点検と改善が求められるようになり，海外からもバイヤーのみならず品質管理担当者も訪問し，それぞれの委託工場にHACCPの現実的で厳格な導入を指導した。輸出先国の輸入食品検疫を通関することは死活問題であったからである。輸出企業では，華僑系，現地独立系を問わず，工場はボゴール農科大学等を卒業した幹部が生産を取り仕切っているが彼らを支える生産管理や品質管理は多くは女性が担っている。従来の微生物検査に加え抗菌性物質・抗生物質等の化学分析検査が必須となり，輸出検査に必要な書類を作成するスタッフも女性が担っている。彼女らは高等教育機関を卒業していて，教科書記載のことはよく勉強している。しかし実習教育経験が少なく，実験操作や統計学による数値管理の指導が必要となる。

インドネシア輸出製品の品質保証に関しては輸出水産物についても国際的に通用する品質グレードを維持するため，養殖池の水質環境，飼料や養魚用医薬品の管理，ISO22000に基づく生産管理，包装材料，食品添加物の安全管理の分野の技術指導は，今後も引き続き技術指導のニーズの高い分野である。

従来は水産品素材の輸出を主体としてきたが近年はいずれの企業も付加価値を高めて，直接消費者に近い商品，業務用冷凍食品エビフライ，ボイル後バラ凍結したエビ製品や殻付きエビのから揚げを生産する企業が増えている。生産の高度化に伴い，食品安全性の管理とともに輸出国の食品表示制度にも精通する人材の育成も急務となっている。

なお，インドネシア語の表記はアルファベットによるため，英字に慣れ親しんだ日本人にとっては，現地の地名や人名は読みやすくすぐ覚えることができ，企業訪問でも語学の初歩的関門は容易に通過できる。微妙な発音の違いは現地のスタッフが修正してくれる。

6　おわりに

日本とインドネシアとは，平和条約締結後，日本に留学した世代，その後の第二世代との間で友好関係を結んでいる。2050年には日本のGDPを抜くといわれる大国との間で，技術支援を通じてより発展的な関係を持つ友好国としての交流が求められる。

インドネシアから農業，水産業の生産性向上新技術導入，製品の品質向上，表示等の技術要請が出てくるものと思われる。今後，工学部門も含め技術支援要請にいつでも対応できるよう研鑽を続け，東南アジアの大国インドネシアにおいても社会に貢献していくことが求められている。

＜参考文献・引用文献＞

1）大橋厚子，「東インド会社のジャワ島支配」，『東南アジア史　4東南アジア近世国家群の展開』，pp.35−58，2001年，岩波書店.

2）山﨑功, 「3 インドネシア未完の民族革命」, 『東南ア
　ジア史 8 国民国家形成の時代』, pp.85－115, 2002
　年, 岩波書店.

3）佐藤百合, 「産業構造の変化」, 村井吉敬他編, 『現代
　インドネシアを知るための 60 章』, pp.263－267,
　2013 年, 明石書房.

4）JETRO, 「インドネシア基本情報」, 2020 年,
　https://www.jetro.go.jp/world/asia/idn/ 日本貿易振興
　会編

5）農林水産省, 2020 年, index-179.pdf (maff.go.jp)

6）インドネシア統計局, 2020 年, https://www.bps.go.jp/

4．ミャンマーとの技術協力の進め方
How to proceed with technical cooperation with Myanmar

小林　政徳，日原　一智，野辺　建湧，森山　浩光
KOBAYASHI Masanori, HIHARA Kazutomo, Yabe Kenyu, MORIYAMA Hiromitsu

　海外活動支援委員会では，これまで交流を深めてきた中国・韓国など東アジアの国に続き，東南アジアの国々との技術交流・技術協力の可能性を探り，これからの技術士の海外での貢献のあり方を検討してきている。近年，企業内技術者が海外活動することはごく普通となっているが，独立した技術士で，海外活動・海外貢献を希望する方が増えている。本稿では，ミャンマーについて報告する。

　The Overseas Business Promotions Committee (OBPC) of IPEJ explores the possibility of technical support and technical cooperation with Southeast Asia countries and how professional engineers should contribute abroad. It is common for in-house engineers to work overseas, and more and more independent professional engineers are hoping contributions in abroad.

キーワード：ミャンマー，技術交流，技術協力，技術士，日本技術士会，ティラワ経済特区

1　ミャンマーと日本との関係

1.1　ミャンマー国の概況

　日本とミャンマーは友好国であるが，先の大戦のことを忘れてはならない。それは，小説「ビルマの竪琴」（竹山道雄著）や映画「戦場にかける橋」でも知られている。かつて，日本軍が「大東亜共栄圏」を標榜しアジアに進駐したが，戦後，日本が復興を進め，「もはや戦後ではない」と言われた昭和30年代初めから，日本の資金協力や技術協力がビルマで実施された。その際にも活躍した官民の技術者の努力が，ミャンマーの心につながる面もある。さて，かつてビルマと呼ばれ，現在はミャンマー連邦共和国（図1）の国土面積は約676,000km^{2}で，日本の1.8倍ある。人口は約5,400万人である。首都はネーピードーで政治の中心をなしている。かつての首都はヤンゴン（ラングーン）であり，現在も経済の中心はそちらにある。2019年の実質GDP成長率は6.2%，失業率は4.0%である。日本との貿易は，輸出品では輸送用機器（29.8%）が多く，輸入品では衣類（73.3%）が多い[1]。

図1　ミャンマー全国図
出典；Google Map

　ミャンマーの歴史を振り返ってみよう。1044年にビルマ族よりバガン王朝が樹立された。後の英領時代の国名ビルマ（Burma）の語源となった。1752年には，コンバウン王朝によりビルマが再統一され，ビルマ人の居住域をこえて勢力を拡大し，陸路による中国への綿花輸出，ヤンゴン港を通じた海路による木材輸出を基盤に，経済力を伸長させた。第一次英緬戦争（1824年），第二次英緬戦争（1852年）の後，第三次英緬戦争（1885年）により，コンバウン朝が滅亡してイギリス領インドに編入された太平洋戦争中，日本は現地でビルマに独立を付与した。戦後，1948

年1月にイギリス連邦を離脱し，ビルマ連邦として独立した。

その後，国内での武力闘争が激化，1962年にネ・ウィン将軍率いる軍事クーデター，ビルマ社会主義へ移行。1974年，ビルマ連邦社会主義共和国憲法制定。1988年に民主化運動がおこりアウンサン将軍の娘のスーチーらにより軍事政権が崩壊したが，治安は悪化した。

その後，2011年にテイン・セインによる民政政権が誕生した。2015年11月8日選挙に総選挙が大きな衝突・混乱もなく平和裏に実施されスーチー議長が率いる国民民主連盟（NLD）が圧勝した。2016年3月30日にティンチョウ氏が大統領に就任し，NLD新政権が発足し，アウンサンスーチー氏が国家最高顧問に就任している。2016年，米国が経済制裁を全面解除した。

同年5月3日，当時の岸田外相がティンチョウ大統領らと会談し，引き続き官民挙げて新政権を支援する旨表明した。大統領からはティラワ経済特区での本邦企業活動に資する法律等の改善に取り組む旨発言があり，またスーチー国家最高顧問からは農業分野と労働者の技術向上に関する我が国からの支援への期待，ヤンゴン都市開発や鉄道への関心が示された。

1.3　民政移行後の経済協力方針

2012年4月にテイン・セイン大統領の来日に際し，日本は以下の3本柱の経済協力を行う旨表明した。

Ⅰ 少数民族や貧困層支援，農業開発，地域開発を含む国民の生活向上のための支援

Ⅱ 民主化推進を含む経済・社会を支える人材の能力向上や制度の整備のための支援

Ⅲ 持続的経済成長のために必要なインフラや制度の整備等の支援

3本柱の経済協力方針と協力分野は**表1**のとおりである。

技術士の専門部門と関連する協力分野に下線を引いた。

表1　民政移管後の経済協力方針（3本柱）と協力分野

協力方針Ⅰ	少数民族や貧困層支援，農業開発，地域開発を含む国民の生活向上のための支援
協力分野	●農業・農村開発 ●基礎教育 ●医療・保健 ●地方開発・貧困削減・少数民族地域への支援 ●防災・洪水対応 ●社会保障 ●水資源
協力方針Ⅱ	民主化推進を含む経済・社会を支える人材の能力向上や制度の整備のための支援
協力分野	●高等教育 ●産業技術者育成・制度整備・人材開発 ●金融 ●中小企業・現地ビジネス支援 ●貿易・投資環境整備 ●法整備支援 ●民主化支援 ●行政能力向上
協力方針Ⅲ	持続的経済成長のために必要なインフラや制度の整備等の支援
協力分野	●ヤンゴン・ティラワ地域開発 ●運輸・交通（鉄道・道路・水運） ●電力・エネルギー ●上下水道 ●都市・住宅開発 ●放送・郵便 ●通信

出典：JICAホームページから「JICAによる対ミャンマー支援」（2020年）を基に作成

2　ミャンマーと日本技術士会の活動

日本技術士会としての，2013年からのミャンマーに係る活動を紹介する。

2013年12月19日～23日に，海外活動支援委員会から2名（衛生工学部門と化学部門）の技術士がミャンマーに出張した。調査内容は，国際会議への参加，ミャンマー海事大学，ミャンマーエンジニアリング協会，JICAミャンマー事務所，ミャンマーエンジニアリング評議会の訪問，また2015年の開業を目指しているティラワ経済特区用地視察であった。なお，地下水は塩分が高くそのままでは飲用や工場地域の火力発電所の用水として使用できないとの報告もあった。また，2016年9月に上下水道部会がミャンマーのヤンゴン市上下水道施設とタイのアジア工科大学等を訪問し，当時ヤンゴン市のラグンピン浄水場を，ヤンゴン市の経済特区

- 23 -

ティラワ地区への給水を目的として，建設中であることを確認している。

なお，海外活動支援委員会の研修会，2019年12月13日および2020年1月24日においてもメコン地域開発の事例の一つとしてミャンマーが取り上げられ，JETRO，技術士（電気電子部門），及びコンサルタント企業の方がミャンマーでの技術協力，経済状況，ベトナム中部のダナンからラオスとタイを経てミャンマーのモーラマインまでを結ぶ東西経済回廊等建設事情などを報告し解説されている。

3　ティラワ経済特区

ミャンマーの経済特区には「ティラワ経済特区」，中国が開発を進め石油・ガスパイプラインが中国内陸部へつながって通じている「チャオピュー経済特区」，「ダウェー経済特区」（日本政府の参画が2020年11月24日に承認された。）の3つがある（図2）。

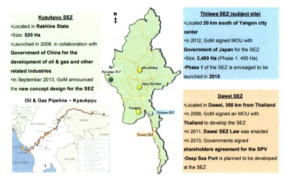

図2　ミャンマー経済特区配置図
出典：JICA「SEZ整備事業準備調査報告書」，p.12.

ここでは，開発の一番進んでいるティラワ経済特区について述べる。

この事業は，パッケージ型インフラ事業として日本が官民で進めており，ヤンゴン中心部から南東へ約23 kmに位置するティラワ経済特区に，製造業用地域・商業用地域等を総合的に開発する事業である。2014年1月10日に開発運営主体のMJTD（Myanmar Japan Thilawa Development Ltd）が設立された。ミャンマー側が51%，日本側が49%の出資比率であり，日本企業6社に加えJICAも10%の出資を行っている。

開発エリアはZone-A（2013年12月着工）とZone-B（2021年4月共用開始予定）の2つに分かれている。進出企業は，海外独立資本96社，合弁14社，ミャンマー国独立資本3社の状況であり，日本企業はそのうち56社と半数以上を占めている（2020年11月1日現在）。

日本企業から見た投資先としてのミャンマーの課題，問題点としては以下の点がある。
① 電力・道路などインフラが未整備
② 許認可・税等，企業経営に係る法・制度の未整備
③ 行政手続きの不透明さ
④ 治安・社会情勢が不安定
⑤ 政府系機関等の情報開示不足

この中で，インフラの一つである電力の場合，ミャンマーでは急速に伸びる電力需要に発電能力が追いついていないのが現状である。

ミャンマーの首都であるネーピードーであっても頻繁に停電が起きている。ティラワ経済特区では，隣接して25MW×2台のガスタービンシンプルサイクル発電設備を当初に設置し，後に蒸気タービンを追設して効率の良いコンバインドサイクル発電設備とする計画である。

電力以外のインフラ整備として，橋梁（タケタ橋・バゴー橋），やタンリーティラワ道路・コンテナターミナル港やラグンビンダム浄水場・給水網などの社会インフラ整備も行っている。2019年10月には，アウンサンスーチー国家最高顧問が訪日し，説明報告会を行い，海外活動支援委員会委員が参加して情報を収集している。

4　JICAによるミャンマーへの協力

JICA（国際協力機構）は，1.2及び表1に示した民政移管後の経済協力方針の協力分野の成果を上げるために分野横断的な連携を行っている[2]。例えば，従来から実施されていたBHN（Basic Human Needs）の分野を達成するためにも，2012年に新たに協力を開始したインフラ（運輸・交通，電力・エネルギー，上下水道）の整備水準の向上が不可分である。

JICAの協力スキームにおいて技術士の関連部門に該当する協力分野を上位5つずつ挙げてみると共通しているのは，農業開発・農村開発，水資源防災，運輸・交通（鉄道・空港），環境管理（下水道，廃棄物処理）である。なお，協力のサイトは，首都ネーピードー，ヤンゴン及びマンダレー等，そして工業団地として開発しているティラワ地区が中心である。SDGsにある「持続可能な」というキーワードになっている。

また，人材育成も重要で，高等教育（職業訓練，Technical and Vocational Education and Training（TVET））及び民間サイドの人材育成のために人材開発センターが技術協力プロジェクトで進められている。近年は新興国，開発途上国からの要請によるものではなく，日本の民間企業による提案型事業としての「民間連携事業（中小企業SDGsビジネス支援事業)」がある（表2）。

表2　JICA民間連携事業のうち4分野の紹介

教育	IT人材育成の可能性の基礎調査
農業	野菜優良種子の生産・栽培技術移転及び流通基礎調査
職業訓練・産業育成	高機能特殊鋼を利用する特殊金型の現地展開に関する基礎調査
水の浄化・水処理	適正技術としての浄化槽を用いた水環境改善のための普及実証事業

出典：JICA

5　民間コンサルタント企業の活動

グローバル化が加速する現代社会において，海外進出に踏み出す企業も多くなっている。しかし海外進出を果たすうえで企業が解決しなければならない課題は山積みとなっている。コンサルタントの使命から見てやるべき業務もたくさんある状況である。

なお，日本にとっての戦後賠償第一号案件「バルーチャン電源開発計画」は，1954年，当時のビルマ政府と調印し，日本にとって初の海外プロジェクトとなった[3]。また2008年のサイクロン・ナルギスが襲来した際に，日本政府は未曾有の大災害に対し緊急措置を決定した。

JICAの「ヤンゴン港及び内陸水運施設改修プロジェクト」が開始された。日本から造船や溶接の技術者を派遣し，現地技術者の能力向上を図る技術移転を行った。

今後も，案件単位のプロジェクトの枠を超えミャンマー，さらにはASEAN諸国の未来をデザインするための「ブレーン」へと進化してくのは，技術者の課題であり，新たな活躍の場と思う。なお相手国への誠意，国の経済発展に寄与するという大命題に立ち向かう最大限の努力と実力，相互の信頼関係が重要である。技術士集団が持つ専門的な知識やスキルを活かすことで，グローバル展開へのノウハウが国内企業のみならず，海外を支えていく役割をも担っている。

6　おわりに

以上，ミャンマーの歴史と経済，そして，技術士，JICAの活動，海外コンサルタント企業の経験を踏まえて，ミャンマーへの技術支援の報告をした。今後，さらなる経済成長を続けるASEAN，ミャンマーから日本の技術士の技術的貢献への期待が大きい。

技術士がさらに世界に羽ばたくために，研鑽を続け，世界への日本の社会的貢献のために共に努めていく所存である。

＜参考文献・引用文献＞

1）JETRO，ホームページ「ミャンマー基本情報」，2020 年，日本貿易振興会編.

2）古田元夫，「日本の東南アジア支配」『東南アジアの歴史』，pp.127-128，2018 年，放送大学教育振興会.

3）日本工営（株），会社概要，p.29. 2020 年.

５．中国への技術協力推進活動

Technical cooperation promotion activities for China by the Overseas business promotions committee

掛田　健二，森山　浩光

KAKEDA Kenji, MORIYAMA Hiromitsu

　海外活動支援委員会では，中国関連機関及び企業に対して適正な技術協力，企業支援を日本技術士会会員の協力を得て推進している。中国の急速な経済成長と科学技術・製造業の伸長を背景とした「一帯一路」「中国製造 2025」などの戦略政策は米中摩擦を引き起こし，日本企業にも大きな影響を与えかねない。中国が求める技術交流の質が変化しつつある現状では，日本技術士会と中国との交流は変化してきている。本稿では，中国の経済政策の変遷と技術士会活動の対応を述べる。そして，今後の中国との交流のあり方を検討し，さらに日本技術士会にとっての海外活動推進活動の重要性を示す。

　The Overseas Business Promotion Committee (OBPC) has been promoted appropriate technical cooperation and support for Chinese-related organizations and companies with aid of members of the Institute of Professional Engineers, Japan (IPEJ). Strategic policies such as "One Belt, One Road" and "Made in China 2025" following the background of China's rapid growth of economy, science, technology and manufacturing industry may cause friction between the USA and China. It could have a big impact on Japanese companies. In the current situation that characteristics of technical exchange required by China seem changed, technical cooperation through IPEJ is also changing. In this paper, at first the authors describe the transition of China's economic policy and the response to the activities of IPEJ. And we consider how to interact with China in the future.

キーワード：中国，技術協力，技術士，国家外国専家局，工程師学会，「中国製造 2025」

1　中国と日本の関係

　中国は，東アジアに位置し，日本の隣国である。北京原人の骨も出土されており，黄河文明は人類の四大文明の一つである。近隣の日本やベトナムには，漢字文化が伝わるなど，中国を通して周辺の国々に仏教や種々の文化が伝わった。日本海を挟み日本と長い交流の歴史を持つ大国である。

2　近年の中国の状況

2.1　改革開放政策

　1949 年に中華人民共和国が建国された。改革開放政策以前の中国は，ソヴィエト連邦に倣って計画経済を採用し，重工業の産業を発展させることを目標とした。外部からの攻撃にさらされやすい沿岸部は軽視された。軽工業と農業より重工業を重視し，内陸部に国営の重工業を整備し，沿岸部に農業と軽工業を整備した[1]。

　1978 年末に始まる改革・開放の重点は，これまで従属的な位置付けにあった農業部門と対外貿易部門に市場メカニズムを導入し，その活性化をはかるものであった。沿岸部での試験的な市場メカニズムの導入後，沿岸部が先に経済発展し，内陸部の経済発展は遅れた。鄧小平は改革開放の要点を 1985 年頃「先富論（せんぷろん）」として述べた。先富論は，「我々の政策は，先に豊かになる者たちを富ませ，落伍した者たちを助けること，

富裕層が貧困層を援助することを一つの義務とすることである。」という訳文で紹介された。

鄧小平を「総設計士」とする1987年以降の改革開放政策により，14の沿岸部諸都市に経済技術開発区が設置され，資本確保や国外からの技術移転などを成し遂げ，企業の経営自主権の拡大などの経済体制の改革が進んだが，農村部と都市部，沿岸部と内陸部における経済格差がさらに拡大した。

1989年には天安門事件が発生し，改革開放政策は一時中断した。1992年以降，江沢民・朱鎔基政権で再び改革開放が推し進められ，上海市浦東新区から長江開放地帯の開発をすすめ，辺境都市や内陸の全ての省都と自治区首府を開放した。その結果，人の移動と物流の自由化と投資が促進された。また，チベット，新疆ウイグル，内モンゴルへの漢民族の移動も進められている。

ここで人民と物資の移動を容易にした鉄道の最新の鉄道路線図を示しておこう（図1）。

図1　中国全土の主な鉄道路線図
http://hp1.cyberstation.ne.jp/tfam/Aruji/China/chinaindex.htm

経済成長は一気に加速し，中国経済は「世界の工場」と呼ばれる製造大国となり，巨大な市場としても期待された。なお，中国は2001年には，WTO（世界貿易機構）に加盟している。対外開放地区では優遇政策を実施し外向型の経済，輸出拡大，先進技術導入などの面で大きな役割を果たしている。

2002年からの胡錦涛・温家宝政権は，中進国と全面的な「小康社会」戦略を採用した。株式制度，企業統治制度などの国有企業の改革政策をすすめ，2008年の北京オリンピック，2010年の上海万国博覧会を成功させている。

2012年，第18回共産党大会において「小康社会を全面的に実現する」こと，「2020年に一人当たりGDPを2010年比で倍増する」ことを決議している。

2013年には習近平・李克強政権が発足し，産業・交通共にさらに発展している。2014年には世界に向け広域経済圏構想「一帯一路」とアジアインフラ投資銀行（AIIB）設立を発表している。

2.2　中国とASEANとの関係

経済成長に伴って，世界へ大きく進出している中国は，「一帯一路」戦略の中，ASEANのラオス，カンボジア，ミャンマーは勿論，南アジア，アフリカ，さらに欧州に対し投資をして鉄道や道路，港湾を整備してきている。いわゆる先進国に対して遅れていた地位に置かれていたアジアやアフリカの国々において，発展は生活状況改善の基本としても必要であり，産業振興のためにも物流がスムースに流れることは重要である。しかし，近年，南シナ海における動きの活発化がASEAN諸国に対立と懸念を与えている。フィリピン，ベトナム，インドネシア等ASEANと中国の間での緊張がある。米国も，2019年3月以降国務長官による発言が増えているところである。

2.3　「中国製造2025」

2017年に「建国100年の2049年に社会主義の現代化強国を築く」方針を発表した。その内容として中国が経済強国，軍事強国を目指して，富強，

民主，文明，調和，美しい現代化強国になり，中華民族の偉大な復興の実現を目指す「新時代」を指す「中国製造2025」を発表した。

2017年に米国と中国の間の貿易不均衡の問題解消が不調に終り，2018年に「米中貿易戦争」が本格化した。10月にペンス副大統領がハドソン研究所演説[2]で，中国経済批判5点，政治批判5点の解決を求めた。中国経済批判5点は，「関税・貿易赤字，強制的な技術移転・補助金などの産業政策，中国の知的財産権問題，非関税障壁，為替操作」，政治批判5点は，「サイバー攻撃・スパイ活動，人権を抑圧する管理社会・監視，宗教への弾圧，債務のワナによる借金漬け，帝国主義的覇権主義的な外交政策」である。中国にとっては政治体制の基本に関わるため，妥協は難しい点が多い。

米国は2019年後半に関税強化を一時中断し，2020年1月に米中経済貿易協定を締結したが，1月に武漢市で発生したと報告されている新型コロナウイルス（COVID-19）が，3月には世界中に蔓延し，このコロナ禍と米大統領選挙の11月までは，実質的に米中間の政策の模索状態にある。

米国は中国の「国家情報法」「中国製造2025」を警戒しており，米国「国防権限法（NDAA2019）」を発動すると，同法の該当リストに掲載された米国の技術を用いた中国向けの技術・製品供与が禁止される。この場合，日本企業の技術供与・製品輸出入・現地製造及び技術士の技術支援・指導活動にも大きな制約が出ると思われる。

3 中国と日本の技術協力

日本の中国に対する技術協力は長い歴史を持ち，政府をはじめ，多くの関連団体が種々の活動を行っている。1972年の日中国交正常化共同宣言，1978年の日中平和友好条約締結以来，2007年度までに日本は中国に多国間援助と合わせて6兆円

強の政府開発援助（ODA）供与を行った。

ODAは外務省が国策として検討し，関係各省での協議を経て，JICA（国際協力事業団，1974年設立。2004年から国際協力機構）が，技術協力，無償資金協力，有償資金協力などの各事業を実践している。二国間援助の技術協力は，研修員受け入れ，専門家派遣，開発調査，機材の供与などがある。無償資金協力，有償資金協力（円借款）を含め多くの企業と技術者が協力して，中国の基礎技術や生活改善及び産業育成やインフラ整備に貢献してきた。

円借款事業は，2008年の北京オリンピックを境に両国合意の下に打ち切られた。2008年以降はアジア開発銀行（ADB）経由などの多国間援助で対中資金援助が増額された。日本政府は2018年で中国に対するODAを正式に打ち切った[3]。

一方，中国は対外援助を急激に伸ばしてきており，2010年から12年には，アジアから中東，アフリカにつながる「一帯一路」路線に対して援助総額の8割以上の援助コミットをしている。2018年の対外援助推計額は50億USドルを超えて世界第7位の位置を占めている。国家国際発展協力署を設立し，中国国家開発銀行や中国輸出入銀行の資本増強を図ってきている[3]。一方，カンボジアの債務額上昇やスリランカのハンバントタ港が2017年7月より99年間にわたり中国国有企業・招商局港口にリースされることなどが広く紹介されているが，2018年の20カ国財務大臣・中央銀行総裁会議声明では「低所得国における債務水準の上昇は，これらの国々の債務脆弱性に関する懸念」をもたらしており，今後，債務の透明性に関する取り組みが期待されている[3]。

4 日本技術士会と中国の関係

4.1 提携に関する協議書の締結

2004年に中国の国家外国専家局傘下の「中国

国際人材交流協会」との間で提携に関する協議書が2年間の期限で締結された。さらに，中国側の要請と派遣専門家の立場の安定を考慮して2008年から2016年にかけて31の業務提携協議書を締結し（**表1**），期限は3年ないし5年としている。

これらの協定は有効に機能し，この時期の技術士の中国派遣人数は延べ300人を優に超えている。

表1　中国との提携に関する協議書の締結数

年度	合計	国等	大学	省・市	協会	有限公司
2004	1	0	0	0	1	0
2008	7	0	3	3	1	0
2009	6	1	3	1	0	1
2010	7	0	2	2	1	2
2011	3	1	0	1	1	0
計	24	2	8	7	4	3

註：本表第1段目の欄の国等は国家外国専家局のほか，2011年の中国科学技術協会をカウントした。

当時の海外業務促進実行委員会の活動としては，2006年に委員2名と私費参加の技術士約20名が北京を訪問した。東北部の主要都市の大連，瀋陽，長春及び哈爾濱を訪問し，関係機関や企業からの産業技術状況の聞取りや現地視察を行った。また，2008年に中国国家外国専家局張建国副局長（当時）との会見が北京で行われた。

こうした交流と調査の結果が上記の協議書の締結につながっている。なお，中国の団体は交流の日本側の意欲を確認するため，「提携業務協議書」締結を原則的に求める。しかし，締結後，訪中実績が減少したため，大半は更新せずに期限満了をもって終了している。2020年時点で，有効な交流協定（延長検討含む）は，国家外国専家局，中国科学技術協会，中国科学技術交流センターで，署名者は日本技術士会会長である。

なお，日本技術士会に相当する中国の組織は省レベルの工程師学会だが，香港，上海市，江蘇省の3機関のみであり，北京市が設立を検討中である。全国を組織化する日本方式でなく，各州独自の国際エンジニア組織を持つ米国方式が想定される。

4.2　国家外国専家局・中国科学技術協会

戦後の中国の歴代の最高指導者は建国直後から，科学技術などの専門的知識の増加，能力向上に外国人専門家の協力を重視した。1991年に国家外国専家局が中国国務院人力資源・社会保障部に属する国家機関として正式発足した。欧米や香港などへ自国専門家派遣を通じて国際的な人材交流・協力に力を入れ，2015年の中国からの海外研修派遣数は約31,000人で，内訳は米国（29.8%），ドイツ（15.7%），英国（11.1%）である。

国家外国専家局の付属機関に中国国際人材交流協会がある。2011年に中国政府は「千人計画（ハイレベル外国人専門家プロジェクト）」を発足させ，学会フェロー級人材の招聘優遇措置を実施，2017年4月の累計で400人を選任した。北京市，浙江省，上海市で主に活動し，専門分野は土木・素材科学，生命科学，情報科学，化学である。一部の省・省都でも独自の千人計画を策定し，海外からの中国人科学技術者などの帰国優遇措置などを実施している。

中国科学技術協会は，中国国務院科学技術小組の指導を受ける科学技術者の組織である。自然科学，技術科学，工学技術分野の160以上の全国的な学会を設け，省クラスの科学技術協会と多くの地方，下部組織（工程師学会も含む）を擁する。予算権を持ち，傘下組織に強い影響力を持つ。付属機関として中国科学技術交流センターがある。

4.3　海外活動支援委員会による技術士人材登録・活動紹介

海外活動を希望する技術士は，海外活動支援委員会が管理するパーソナルデータベース（PDB）に登録し，委員会に海外企業などから要請のあった技術指導案件の紹介を受ける。案件の仲介業者に応募希望技術士が直接情報交換し，採用の諾否を決め，諾否報告と受諾後の業務終了報告を委員会に提出する。業務依頼先は中国企業

が大半で，中国人材派遣企業・協会が仲介し，日本技術士会登録グループ及び関連団体にも連絡が入る。

　近年は年ごとに依頼案件の内容が高度化し詳細になるに従い，従来の生産管理・品質向上案件から，複数の技術士が組むべき指導，幅広い内容の技術顧問，新製品開発指導，長期滞在などに移行し，PDB登録者の高齢化による応募件数の低下もあり，ミスマッチングが続いている。なお，対応する中国団体の日本技術士会に関する意見として「海外に投資する資金を持たない。人材派遣要請に対してミスマッチが多い。」などが挙げられる[4]。

　現在，海外活動支援委員会では，海外業務研修会の参加者アンケートと，依頼先の人材派遣企業との面談を通じ，PDB公開を含む改善策を検討中である。中国企業の現場では，先端技術を必要としない案件もあるが，その場合もICTの導入と現場実務に習熟した実践型技術士が望まれている。

　また，近年先端技術への要請も出てきており，外為法貿易管理令に則った対応が必要である。海外の技術指導は，相手国の実情や法体系，税制や製品生産前後の流れなど不明な部分が多く，海外活動支援委員会としても必要な能力と資格や危機管理の講習を準備し，キャリアプラン相談を受けている。講習会開催を通じてJICA，JETRO等の組織情報の活用や，民間の海外コンサルタンツ企業や製造業，技術士組合や登録研究会などの講師から実践的な海外活動などを紹介している。中国を含めて海外活動を行うには，常に広い視野を持ち自ら多くのことを学び実力を向上させる必要がある。講習を通じて知的刺激を受け，その人脈の維持活用により技術実践の経験を積む必要がある。なお，海外活動支援委員会の委員任期は原則2期4年であるが，実行委員会はさらに延長が可能である。経験豊富な委員により，会員全体への情報提供に惜しみなく努めている。また，新たな委員も求めている。

4.4　中国関係者の日本技術士会への表敬

　2019年を事例にとれば上海市（6月），北京大学（8月），山東省科学技術庁（12月，**写真1**）の日本技術士会への表敬訪問を受け入れた。本会の海外調査予算が少ない中，こういう機会に情報交換を行っている。

写真1　山東省科学技術庁 庁官らの表敬訪問

4.5　日本技術士会近畿本部による中国（上海市・江蘇省南京市）との交流

　日本技術士会近畿本部と中国との交流は，1986年に近畿本部中国研究会が主催した第1次日中友好交流団派遣以降，2018年第20次訪中団派遣の実績がある。当初は友好第一だったが，2010年上海万博において大阪万博の経験が採用されたため，近畿本部と上海市科学技術協会・上海市工程師学会の友好関係が成立した。現在，近畿本部の海外窓口は日中科学技術交流委員会である。最近の中国との主な交流項目は，外為法遵守が容易なインフラ保守，環境，高齢者の健康管理と介護及び技術士の活動紹介である。毎年実施している訪中団では自費で平均3都市の訪問と上海市科学技術協会との定期意見交換が定着した。日本の養老・介護システムの報告と現地調査を2回実施した。上海市区部及び近郊の自治体との交流も求められている。江蘇省工程師学会に2016，2017年の2回訪問した。その際締結を求められ

た提携MOU（有効期限2年）は「中国製造2025」の内容にある先端技術交流・施設見学斡旋と定期人材交流などを含むため，日本技術士会の一地域本部の技術士だけでは対応が難しいため締結できないことをお伝えした。

4.6 統括本部登録研究会日中技術交流センター

日中技術交流センターの設立は1984年とのことである。当時は海外業務調査委員会内のプロジェクトチームであり，中国がODAの対象国であったため，中国大使館との交流も多かった。ODA予算で中国発展のための技術指導が盛んに行われ，多くの技術士が活躍した。現在では中国がODA卒業国となったため，このような指導機会はなくなった。現在は，招聘による「中国企業の技術を先進国並みにする」内容の技術指導依頼が多い。

日中技術交流センターの目的は「日中両国友好関係を強化し，両国間の技術と人材交流を促進し科学技術の発展と文化交流の提携を行う」ことである。元海外活動支援実行委員会の委員や，企業で海外活動を実践した技術士が多く所属し，中国での人脈を生かした中国人材紹介企業及び中国の各省・市から技術者派遣や講演の依頼が多い。中国の地方政府からの招聘による海外技術専門家交流大会への中国訪問もある。しかし，参加技術士の年齢が上がり，要求人材のマッチング率が低下しつつあるという。なお，毎年日中技術交流センターによる春節祝賀会が行われている。

4.7 その他連携している団体

1979年設立の社団法人日本シルバーボランティアーズ（2012年公益社団法人化）は，早い時期から農業を中心に中国との技術交流を推進してきた。この数年の派遣は40名前後である。派遣される場合，注意すべき点は，日本で普通にみられる農畜産物でも，100年以上の品種改良事業の成果であるということである。貴重な遺伝資源（稲，果樹，野菜，和牛など）や，さらには武器等に汎用されるような器具機械，技術を安易に海外に持ち出すことは知的財産権保護の観点のみならず，動植物検疫関連法や貿易管理令等法律で重要な遺伝資源や技術や機械等の国外持ち出しを禁止している。

また，一般社団法人日本シニア起業支援機構（通称J-SCORE）は，企業OB等が「生涯現役」をモットーに，それまでの経験を活かして「起業家（ベンチャー）」を支援することを目的とする米国の民間団体SCOREの日本版として，2015年にそれまでの経済産業省傘下の団体を改組して設立された。技術士の参加も多い。日本国内外で無料ボランティア及び有料技術支援事業を支援し，社会の発展に技術で貢献する業務を展開している。

海外活動支援委員会は，上記の組織と友好関係を保って，情報交換を行っている。

5 おわりに

現在の中国は経済成長の面で勢いがあり，沿海部・揚子江沿岸・北京天津地区の伸長が著しい。較べて国有重工業が多い東北3省と農業中心の内陸部はやや停滞感が強い。企業も世界的な先端技術やソフトウェア企業から，従来型の機械・化学・食品製造業その他など幅が広い。財力が豊かな企業は日欧米の企業を買収するか，ヘッドハンティングにより技術と人材を取り込む。財力不足の企業は，製品の図面入手や模倣に頼りがちになる。技術士会への技術指導要請内容は先端技術部門が多いことから，技術士単独では対応が難しい状況が生じている。複数の技術士がグループで受注したり，企業とのコラボなどは試みたりする価値があると考える。また従来型の基礎的内容を要請する企業であっても総合型技術顧問として複数の技術・製品改善を長期間指導することが求められている。

世界に開けゆく日本技術士会の所掌業務には

海外調査事業が含まれている。企業や大学内技術士や国内企業の技術顧問などの仕事のみならず，技術士が技術と情熱をもって途上国向けの技術協力に参加することも重要である。また，技術協力対象国は中国からベトナム，ミャンマーさらにアフリカなどにシフトしている。内容も基礎的部門の指導から実際の産業部門育成，大学や高等専門学校での人材育成も増えてきている。技術士の社会貢献意欲の発揮と技術経験の実践とに適している。

　また，独立希望の若手及び定年退職後の，特に生涯現役を目指す 70 歳以上の技術士に対しても，日本技術士会独自の海外で活躍する複合実践型指導事業のモデル化や海外のグループ派遣調査を行うことは公益的事業推進の意味でも重要であり[4]，検討を進める必要があろう。

　日本技術士会の会員数を増加するためには，本会に登録し，参加する意義を感じられる魅力ある団体にしていくことが重要である。

　SDGs の実践展開にもつながる活動を JICA や JETRO 等との連携も行いつつ，企画委員会や理事会において本会独自の公益事業のビジョンを描き，中期・長期計画を策定する必要がある。そのためには全会員から意見を募る必要があろう。そして，計画を実践してこそ，技術士が集う団体にふさわしい。その結果，所属している会員も誇りに思える社会貢献に務めている団体として広く知られることになるであろう。

　最後に，中国に関する検索サイトの一部を紹介する。

（1）外務省ホームページ　中国
　　　https://www.mofa.go.jp/mofaj/area/china/index.html
（2）中国の科学技術の今を伝える　Science Portal China　　https://www.spc.jst.go.jp/
（3）日本貿易振興機構　中国ビジネス情報とジェトロの支援サービス
　　　https://www.jetro.go.jp/world/asia/cn.html
（4）日中経済協会日中経協ジャーナル
　　　https://www.jc-web.or.jp/publics/index/781/
（5）日中投資促進機構，中国各地方への投資情報
　　　http://www.jcipo.org/

＜参考文献・引用文献＞

1）　経済企画庁経済研究所編，「21 世紀中国のシナリオ」中国の将来とアジア太平洋経済研究会報告書，pp.1-9. 1997 年，経済企画庁経済研究所.

2）　Vice president Mike Pence's remarks on the Administration's policy Toward China-You Tube. http://www.youtube.com/wath?v=aeVrMiniBjSc（2020 年 11 月 6 日閲覧）.

3）　北野尚宏（JICA 客員研究員），「中国の対外援助：現状と課題」，2018 年，早稲田大学理工学術院.

4）　日本技術士会海外活動支援委員会「議事録」及び資料, 2018－2020 年.

６．海外活動支援委員会による台湾への技術協力推進活動

Technical cooperation promotion activities to Taiwan

春原　一義，森山　浩光

HARUHARA Kazuyoshi, MORIYAMA Hiromitsu

　公益社団法人日本技術士会海外活動支援委員会は，委員会内に台湾小委員会を設け種々活動を行っている。主に，台湾の関連機関及び企業に適正な技術協力と支援を行うため，本委員会の海外業務希望者の技術士パーソナルデータベース（PDB）を活用し，情報を提供している。本稿では，台湾への協力と支援の経緯を述べると共に 2020 年 2 月に実施した台湾出張について報告する。

　The Overseas Business Promotions Committee sets up the Taiwan subcommittee, which carries out a lot of activities. It provides appropriate technical cooperation and support to Taiwan-related organizations and companies by using the resource of members of registered- database（PDB）in the Institution of Professional Engineers, Japan（IPEJ）. This paper shows the history of collaboration with Taiwan and reports the survey and meetings in Taiwan, in February 2020.

キーワード：台湾，技術協力，技術士，5 欠問題，「5+2」産業発展計画，中華民国經濟部

1　はじめに

　日本は台湾に対して 1960 年代以降，ODA による国際協力を推進してきた。1984 年以降は民間ベースでの協力となり，海外活動を推進する本委員会が中心となって技術士派遣を行い，2015 年に協力協定議定書を署名交換している。本稿ではそれらの協力及び支援の内容と本年 2 月の台湾出張で新しく構築した機関について報告する。

2　台湾の概況

　台湾の面積は約 3 万 6 千 km^2，九州よりやや小さい島である。気象は島の南半分は熱帯に属し，北半分は亜熱帯気候である。島の中央には南北に山脈が走る。人口は 2,400 万人弱であるが，主な都市は山脈の西側にある新京，高雄，台中，台北，桃園で，この 5 都市に総人口の約 6 割が集中している。台湾の歴史は，豊かな緑あふれた島として知られていたが，島外との経済交流の戦略的位置づけと中国との政治的関係から，明代にオランダ

とスペインが進出し，1642 年にオランダが全土を勢力下においた。清に抵抗した鄭成功が 1662 年に台湾で政権を樹立した。清は台湾を福建省の統治下に編入するが，日清戦争の結果，下関条約により日本への割譲，日中戦争を経て，蒋介石率いる国民党が台湾を編入した。1949 年の「国共内戦」により，現在の台湾が生まれた。その後，インフラ整備と経済の進展を進め，1980 年代には，韓国，香港，シンガポールと並び NIEs（新興工業経済地域）として，目覚ましい発展を遂げた。2019 年の一人当たり GDP は 26,000 ドルを超えている。

3　現在の台湾産業界の諸問題

3.1　5 欠問題

　台湾は島国であるという特性から，近年，特に「5 欠問題」が産業界，政府の共通した問題と認識されている。5 欠とは，①土地，②電力，③水，④人材，⑤労働力の不足を意味しており，域内投資を阻害し，結果として中国本土への台湾企

業の投資を，政治上の問題を脇に置きながら，活発化してきた。

3.2　蔡政権の5+2イノベーション政策

この5欠問題への対策として蔡英文政権が中長期的な施策として「「5+2」産業発展計画」（**表1**）を策定した[1]。台湾は長らく，ICT製品などのOEMと輸出を柱とした経済発展モデルにより成長し，製造業の基盤を築いてきた。しかし，欧米や日本などがイノベーションとしてインダストリー4.0などによる再工業化の波を意識せずにはいられない状況となった。5欠問題と合わせて，台湾域内の投資の伸び悩みが大きく顕在化してきた。これらの状況に対し蔡政権は産業の急速な成長を目指しイノベーション主導型の経済モデルを作るべく，この政策が採択された。台湾産業の優位性とニッチ性を効果的に発揮するため，「地域連携」，「未来連携」，「国際連携」の三つの連携を原則にまとめたのが「「5+2」産業発展計画」である（**表1**）。

4　日本技術士会と台湾の関係

4.1　技術士の台湾での技術協力

台湾が，外務省によるODA対象国から外れた後は，公益財団法人日本台湾交流協会の協力を得て，当時の日本技術士会海外業務推進委員会を通じて，1984年以降1999年にかけての16年間に242名の技術士を派遣している。特に1987年〜1990年は毎年30名以上を派遣している。その頃から台湾の多くの企業は技術の向上が目覚ましく，中国の華南地域への進出が増加した。

表1　「5+2」産業発展計画の概要

産業区分	ビジョン	概　要
IoT	アジアのシリコンバレー	1.スマート技術，IoTのサプライチェーンや事業者間交流強化 2.スマート物流，交通，介護等のインフラ整備を実証実験の機会活用 3.台湾をアジア人材開発交流センター及び青年IPOセンター化 4.ワーキングチームによる誘致や法整備
スマート機械	スマート機械の都	1.機械産業とIoTを連携し，スマート生産，ロボット応用を推進 2.ファームウェアとコントローラーの設計能力強化 3.台中市を産官学連携基地とし，スマート機械の研究開発を推進
グリーンエネルギー	再生エネルギー技術革新	1.海外から技術導入を進め，再生エネルギー比の拡大により産業高度化推進 2.部品OEMとシステムインテグレータを重視 3.「節約」，「創造」，「蓄積」，「システム統合」を推進
バイオ/医療	アジアパシフィックのバイオ医療開発センター	1.コア施設の統合，革新的研究開発支援，健康情報データベース整備，**臨床試験の効能向上** 2.国際的研究開発提携，臨床試験計画，人材交流，相互投資等の体制整備 3.台湾各地の産業クラスター連携
国防	国防産業クラスター	1.国防設備の調達，高度化，更新時に海外技術移転を進め，造船，航空宇宙，情報，材料，電機等の産業強化 2.航空宇宙，造船，情報セキュリティ産業の推進に重点 3.軍民の共同開発，技術成果の相互利用を推進
新農業	新農業確認推進計画	1.科学技術革新，農業付加価値の向上，農家の福祉と収益確保 2.資源リサイクルと生態環境の持続可能性を考慮し，強固な基盤と革新力を備えた新農業の確立
循環経済	資源の有効利用	1.革新的エコマテリアルの開発推進 2.循環パークの開発 3.エネルギーと資源の循環推進

出典：日本台湾交流協会（引用文献1，pp.11-12）

日本も支援から，相互技術協力へと質的変換を図り，日本技術士会会長と台湾経済部投資業務處長との間で，2015年12月11日に東京において協力協定議定書に署名交換した。締結日からの有効期間は5年間であり，2020年は更新年となる。

4.2　日本技術士会技術士による台湾訪問

日本技術士会の会員の，台湾での海外活動を推進するために，2019年には台湾貿易センターの招待で2名(機械部門，情報工学部門)の委員を派遣し，2020年2月には台湾に2名(情報工学部門，衛生工学部門)が出張した。1月の日本側窓口の公益財団法人日本台湾交流協会との事前面談では「日本技術士会として特に人材育成の問題に大きく貢献できるのではないか」との提案を受け，台湾訪問の大きなテーマとした。

5　台湾関連機関へのコンタクト

5.1　2020年2月台湾出張概要
（1）出張目的

新たな台湾産業関連機関との関係構築と 2015年12月に締結した協定書の契約更新について協議を行うことを目的に，海外活動支援委員会から委員2名が台湾の関連機関を訪問した（**表2**）。

表2　海外活動支援委員会の2020年出張日程

月日	訪問先
2月24日 （月曜日）	入国（羽田空港－松山空港）台北市 工業技術研究院
2月25日 （火曜日）	三建産業情報社 臺灣機械工業同業公會
2月26日 （水曜日）	台日産業合作推動辦公室 臺灣對外貿易發展協會 中華民国経済部投資業務處（註）
2月27日 （木曜日）	臺灣区電機電子工業同業公會 帰国（松山空港－羽田空港）

註：コロナ感染症拡大の関係で経済部面談はキャンセル。

5.2　訪問機関について
（1）工業技術研究院（ITRI, Industrial Technology Research Institute）

財団法人工業技術研究院（以降 ITRI）は，中華民国経済部（日本の経済産業省に相当）が1973年に設立した財団法人である。新竹県を中心に，台中市，台南市に研究地区やオフィスを有する台湾科学技術の発展を目的に設立された重要拠点である。3万件ほどの特許を蓄積し，273社のベンチャー企業を育成してきた。今回ITRI の産業科技國際策略発展所を訪問し，意見交換及び今後の関係構築を図った。この発展所はシンクタンク，グローバルプロモーション，産業科学，国際共同研究など10年ビジョンを策定している。特に，登録メンバーである台湾企業へのセミナー企画や，ITRI内各研究所と海外，特に日本とのコラボレーション支援や調査も手掛けている。

今回の訪問面談において協力支援の可能性について以下のヒアリングを行った。

① 各研究プロジェクトにて課題解決に役立つ日本の企業や研究機関などの情報提供協力
② 基礎研究から製品開発への具体的な施策やアイディアの提案及び発見手法の指導協力
③ 将来技術動向の調査の連携

これに対し ITRI から高分子化学，循環経済関連と AI，最新電池システムに関する情報提供や調査依頼の可能性について打診を受けた。具体的依頼事項を整理し，アイテムごとに業務依頼書を発行していただくことを依頼した。

（2）三建産業情報社（SUMKEN）

前身は技術雑誌「光天技術雑誌」社で2000年に起業した。2007年に紙媒体による情報提供では購読者減少に対応できないため，ネット媒体と企業向けセミナー企画運営に事業転換を図り現在にいたる。主に樹脂材料，高分子化学材料，その量産技術について，年間30講座を運営している。経済部工業局傘下の財団法人資訊工業策推進會（III, Institution for Information Industry）及び前述の ITRI からの委託を受けた

セミナーも行っている。

日本技術士会へはこれらセミナーの講師紹介が期待されている。セミナー後には講師と参加企業間で活発な交流が行われ，直接企業へ技術支援やコンサルテーション依頼につながるケースも多い。オプトエレクトロニクス，化学材料，半導体が主要なテーマである。

（3）臺灣機械工業同業公會（TAMI）

機械産業振興団体である。会員企業は約 1,800 社で組織され，会員企業の構成は工作機械や同機械部品の開発や製造を行っている企業が全体の 3 分の 2 を占めている。2020 年 3 月に東京の機械振興会館内に事務所を開設し，日本企業と台湾会員企業との交流やコラボレーションを活発化する拠点として機能している。「会員企業から日本の高い技能を有する技術者の顧問を依頼され，10 年になるが成功していない。今回，海外活動支援委員会としての訪問を機にこれら会員企業からの要望を達成したく思い協力いただきたい」との強い要請を受けた。3 月に会員企業から現状のニーズなどのヒアリングを予定しており，その結果を受けて具体的に相談を行いたいとのことであった。

（4）台日産業合作推動辦公室（TJPO／日本向けの組織名；台日産業連携推進オフィス）

経濟部工業局傘下の財団法人資訊工業策推進會（III）の中にある台日産業推進センターが運営している組織である。日本企業及び日本の地方自治体の産業施策などの関係づくりを行っている。近年は IT 関連の人材育成プロジェクトを所轄している。AI スクールなどをデジタル教育研究所（DET）と共同で支援している。このスクールの卒業生を日本の先端 AI 関連展示会や企業見学などへ送り出す企画などを手掛けている。

（5）臺灣對外貿易發展協會（TAITRA）

今回，2015 年締結の協定契約書の更新について経濟部投資業務處のトップとの面談を計画していたが，台湾政府より日本が「新型肺炎クラス 2 リスク国」となり，政府関係者とのコンタクトが規制された。なお，本件の取次を TAITRA に依頼した。面談の際，本件推進の東京担当者の紹介を受け，3 月 17 日に面談した。なお，TAITRA は日本の人材を台湾企業へリクルートし輸出促進に貢献するミッションを重要課題としている。

（6）臺灣区電機電子工業同業公會（TEEMA）

台湾の最大級の業界団体である。約 2,800 社の会員がおり，電機電子機器，デバイスメーカー系企業等が参加している。日本の独立行政法人中小企業基盤整備機構と提携し，台日相互の情報交換及び協業事業を企画し推進している。台湾のメンバー企業のうち 200 社が加盟している。自前のセミナールームを所有し，会員企業へセミナーを実施している。本年 6 月，7 月に会員企業による展示会・講演会を企画し，その場で日本技術士会の紹介セッションを設けてはと提案された。また，TEEMA から下記ステップでの相互関係の構築を提案された。

① 相互コミュニケーションの開始
② TEEMA 会員企業へ日本技術士会の紹介
③ 会員企業のニーズの収集
④ 覚書を合意し，Smart manufacture 及び Smart medical 分野の相互交流を計る
⑤ セミナーやフォーラムの実例
⑥ 会員企業と日本技術士会の顧問マッチング

このように積極的な提案をいただいた。

6　おわりに

以上，本委員会の活動の中で台湾との交流と，技術士の出張についてまとめた。今回の台湾出張で得た情報は多く，今後もこのような会員のためになる出張や交流が重要である。海外調査予算を申請して，さらに深化させる必要がある。

まだまだ日本技術者に熱い視線を持つ台湾の方がいることを認識した。要求は高度化していることと相まって技術士も日々の研鑽と台湾側が求めている課題解決を組織として実行するスキームやプラットフォーム開発が必要であり，委員会内で検討を行っていくこととしている。

＜参考文献・引用文献＞

1）田崎嘉邦，杉本洋，伊豆陸，ほか，「「5＋2」イノ
　　ベーション政策，及び「将来を見据えたインフラ計
　　画」に関連した産業分野における日台ビジネス協力
　　の可能性調査〜日本の中小企業のための台湾とのビ
　　ジネス協力可能性〜」，pp.1-111. 2018 年，公益財
　　団法人日本台湾交流協会.

7．モンゴルに対する技術協力推進活動のための情報収集報告

Report of Technical cooperation promotion activities for Mongolia

掛田　健二

KAKEDA　Kenji

　モンゴル国は，1992年に統制経済国から自由経済国に転換した。日欧中の投資と起業増加，世界規模の銅／金・石炭鉱山の操業開始による高度経済成長で，人口及び家畜頭数は30年間で約2倍になった。2016年のJICA「モンゴル国地域総合開発計画」は，問題点の抽出と改善提案に満ちており技術士の専門知識を活用できる分野が多数ある。

　Mongolia changed from a controlled economy country to a free economy country in 1992.Due to increased investments and entrepreneurship of Japan, Europe and China, and high economic growth due to the start of operations of copper/gold and coal mines on a global scale, population and number of livestock have doubled in these 30 years. JICA "Mongolia Regional Comprehensive Development Plan" in 2016 is full of problem extraction and improvement proposals. There are many fields where Professional Engineers are able to make use of their professional abilities.

キーワード：モンゴル，自然環境，資源，JICA，経営行動研究学会

1　はじめに

　モンゴル国（以下，モンゴル）は，1979年時点で人口140万人，緬羊（めん羊）主体の家畜2,600万頭の，COMECON統制経済下の内陸型最貧国であった。1991年ソ連邦解体後，1992年にモンゴルが成立し，ソ連邦・東欧留学者の指導の下で自由・資本主義に大転換した。日欧中米の経済援助と資本主義社会システムの整備支援，日米欧への海外留学帰国者等の活躍により，社会転換期の混乱を乗り越えたが，首都一極集中が加速した。2013年の世界規模の銅金鉱山・石炭鉱区の操業開始による高度経済成長により，人口と家畜数は二倍強に急増した。日本は民主化を期に経済・技術支援を開始し，インフラ整備・教育・人材育成・医療を中心に2018年度までの2国間援助は第1位である。

2　モンゴル国の歴史概略

2.1　元帝国から清朝 [1]

　モンゴル高原は標高1,500mの草原の地で，中央部にゴビ砂漠があり，紀元前3世紀の匈奴以来，モンゴル系・トルコ系遊牧民族の興亡の地である。モンゴル族は7世紀から歴史書に登場し，1206年チンギス・ハーン即位でモンゴル帝国が始まり，1368年明の朱元璋の大都攻略で元朝は滅亡した。1688年清朝康熙帝に帰属したが，清朝の賦役と漢人による搾取で経済が困窮化していた。

2.2　モンゴル人民共和国の成立 [2]

　1917年ロシア革命，1924年にソ連の影響下でモンゴル人民共和国成立，1939年ノモンハン事件（ハルハ河戦争）でソ連軍と連携。1939－1952年チョイバルサン首相兼外相（俗称モンゴルのスターリン）は第2次大戦を指揮し，個人崇拝，戦後の国連加盟，識字率向上，縦貫鉄道建設，モンゴル国立大学設立などを実施した。COMECON加入によりロシア・東欧へ多数の留学生を送り，国家の基盤を造った。

2.3 民主化後から現在 [2]

1991年ソ連解体前から民主化運動が盛んで、1992年に民主・資本主義のモンゴル国となった。1987年操業の世界屈指のエルデネット銅鉱山が財政を支えたが、公務員の給料欠配などが続いた。中欧米日韓からの資金・技術援助と企業投資が本格化し、経済の伸長が進んだ。オチルバト初代大統領はロシア留学の鉱山技師であったが、独立・民主化運動に参加し、1990-1997年初代大統領に就任した。国家体系を「モンゴル国発展の概念91項目」にまとめ、各種資本主義制度・技術の導入を推進した。急激な市場経済化政策の失敗と対立で大連立内閣の崩壊後、「汚職取り締まり」を公約に2009-2017年第4代エルベグドルジ大統領が当選し、司法改革、中露韓・日米欧とのバランス外交を展開した。議会多数は人民党であり、2021年6月の選挙で大統領は人民党に交代した。

表1 モンゴルの人口・家畜頭数の推移 [3] [4]

(単位:万人、万頭)

区 分	1979年	2000年	2011年	2019年
総人口	140	210	280	330
首都人口	40.2	69.1	129	154
家畜頭数	2,600	3,000	3,500	7,100

3　自然

3.1 モンゴル高原の形成 [5]

モンゴルの南ゴビ砂漠は中生代の白亜紀に恐竜王国となり、北米、中国とならぶ世界的な恐竜化石産地である。5000万年前にユーラシアプレートとインドプレートが衝突し、ヒマラヤ山脈・チベット高原が隆起し、天山、崑崙、モンゴルアルタイ山脈も再び隆起して現在の形になった。国内には白亜紀に活動した花崗岩帯があり、金、レアメタル、蛍石に富む。花崗岩の山地の縁に多数見られる貫入岩脈は、地下水をせき止めて地下水位を高めるため、泉・井戸がある。テレルジ国立公園（写真1）は貫入岩脈の麓にあり、ラマ寺院が環境保護のシンボルとなっている。

写真1　テレルジ国立公園の花崗岩脈、観光ゲル群

モンゴル高原は西高東低で平均海抜は1,580m。北西部は高い山地で、3,800の河川と3,500の湖があった。北東は針葉樹林帯（タイガ）、南東部の大部分は砂礫のゴビ（砂漠）とステップである。近年は国土の90%で砂漠化が進行し、2000年以降、北部の約850の河川と約1,000の湖が消滅した。

3.2. 自然環境と太陽光・風力発電 [4] [6]

首都のウランバートル市の年間平均気温は26.5℃から22.7℃、年間降水量は216.4mmで5～9月に降る。年間日照時間2,793.8時間、年間降水日数36日である。ゴビ砂漠では偏西風により一定方向・風速の風が年中吹く。低質な国産石炭火力発電による最悪の大気汚染改善を図るため、寒冷地仕様を施した太陽光・風力発電所建設をJICAが支援している。北部送電網はバイカル電力網と連結し、南部ゴビの資源地帯は中国電力網と連結している。

4　資源と産業

4.1 鉱物・鉱業 [4]

地下資源が豊富なモンゴルは80の鉱種、1,947の鉱床、約9,000カ所の鉱徴が確認済みで、世界的に埋蔵量が多いのは、銅・石炭・モリブデン（Mo）・金である。銅・原油、鉄鉱石、蛍石、亜鉛は精鉱状態で輸出される。ウラン、レアメタル、レアアース、リチウムもある。

表2に2014年の鉱物資源生産量（単位千トン）、

図1に2014年の主要輸出商品割合（総額57億7500万USドル）を示す。

表2 鉱物資源生産量

鉱物種類	2014年	世界シェア	世界ランク
銅	252.3	1.40%	15位
亜鉛	4.6	0.3	21
錫	0.07	0.02	17
金	11.5	0.4	33
鉄鉱石	10260	0.3	18
Mo	2	0.7	10

図1 主要輸出商品割合（金額ベース）

2001年発見の南部ゴビ砂漠にあるオユトルゴイ銅・金鉱山は、銅埋蔵量1,200万トンと推定され、世界第4位、金、銀も埋蔵量が多い。英・豪系リオ・ティント社系が開発し、2011年に露天掘り操業を開始した。資源ナショナリズムが高まり、2012年に外資投資規制法が制定された。タバントルゴイ炭鉱は南部ゴビ砂漠の6炭鉱からなり、埋蔵量64億トンの25％が良質な原料炭、残余も良質炭で、2013年に操業を開始した。欧米中の投資が多く、日本は出遅れている。なお、違法炭鉱、違法採掘跡放置などの問題も多い。

4.2 牧畜[4)]

社会主義計画経済から市場経済への移行に伴う牧畜協同組合ネグテルの解体で、持続的な放牧が難しくなり、国の根幹の遊牧産業が揺らいでいる。社会主義崩壊時に2,600万頭の家畜は、2010年代始めの寒雪害（ゾド, Dzud）で1,100万頭が死亡したが、2019年に7,100万頭になり、現状の育成システムの限界との指摘がある。

問題点は下記の3点である[4)]。
(1) 家畜の一局集中化による過放牧・草地荒廃。
(2) 深刻なゾド（寒雪害）による家畜大量死。利益優先的放牧などの人災の面が強い。
(3) 口蹄疫・ブルセラ病・寄生虫症他の悪性伝染病対策不備による被害。

JICAは、モンゴル特有の融合型農牧業の定着を図るため、以下の提案をしている[4)]。
(1) 健全な市場造りのための構想
経済特区、アグロテクノルネッサンス、新バリューチェーン設立構想。
(2) 基礎的な技術インフラの改善
遠隔監視啓蒙普及、育種改良（特に山羊と乳牛）、井戸整備、口蹄疫ワクチン製造施設。
(3) ビジネスポテンシャル「ツール」候補群
ハラールミート、皮革、骨・血液・脂肪、腸内容物・糞、乳製品、「五畜」（めん羊・山羊・馬・牛・ラクダ）以外の養鶏・養豚。

なお、2009年にジャガイモと小麦が自給率100％を達成した。JICAからフードバリューチェーンの課題解決策が提示されている。

4.3 製造業[4) 6)]

ウランバートルに極端に産業集積している。原材料・部品・建築資材・選鉱機械などの輸入依存度が高い。政府の産業政策の優先的戦略部門は、農牧業、鉱業加工業である。JICAは、農牧加工業の高付加価値製品化を図る計画を提示している。

4.4 社会インフラ：鉄道[4) 6)]

鉄道はシベリア鉄道と連結する広軌（1,435mm以上）の南北輸送鉄道1,577kmと北東部238kmが、ロシア合弁のウランバートル鉄道が運営中である。老朽車両、単線、未電化、急カーブでの低速運転が問題であり、貨物輸送能力が限界に来ている。

5 日本の援助とJICAの活動

5.1 日本の無償・有償援助（円借款）[3) 4)]

2018年度までの我が国との二国間援助総額は、約3,268億円（表3）で、対モンゴル援助国中第1位である。その内容を以下に記す。

①円借款1,579億円は新空港建設、工学系人材育成、ツーステップローン等に使用。

②無償資金協力 1,190 億円は初等中等教育施設，太陽道路，太陽橋，日本モンゴル病院等に使用。

③技術協力 498 億円はモンゴル日本人材開発センター，法制度整備，農牧業・家畜感染症対策・母子保健等の専門家派遣等に使用し，成果を上げている。

表3　対モンゴルODA実績（億円）

年度	円借款	無償資金協力	技術協力
2014	—	23.94	19.35
2015	368.5	0.91	24.05
2,016	—	46.7	25.11
2017	320	40.97	23.58
2018	—	12.5	22.59
累計	1,579	1,190.80	498.71

出典：政府開発援助（ODA）国別データ集 2019 年

代表的プロジェクトを以下に記した[3]。
1）ウランバートル第四火力発電所改修（円借款，無償資金協力，技術協力）
2）ウランバートル市内高架橋（無償）
3）新ウランバートル国際空港（円借款）
4）モンゴル・日本人材開発センター（無償）
5）小学校施設・教育整備（無償）

5.2　ウランバートル第四発電所改修工事 [4][6]

第四発電所は 1983 年ソ連の援助で運転開始。微粉炭焚きボイラー8基，国内電力の 65％の電力とウランバートル市の約 55％の温水を供給する。JICA は 1995－2006 年の円借款で，ボイラーを直接燃焼方式に転換し，事故停止 30％減少，作業条件を大幅改善させ，データマネジメントシステムを導入した。2015－2019 年の円借款でタービン制御システムのハイブリッド化，制御管理の分散制御システム（DCS）移行，微粉炭機ローラーパッケージ更新等を実施した。日本の建設コンサル企業・技術士の参加も多い。政府方針による電力料金抑制，原価償却費積立て不足がある。2017 年に新空港側に第五発電所が運転を開始した。

5.3　太陽光・風力発電・新国際空港建設工事 [6]

日本の環境省二国間クレジット制度設備補助事業で日本製結晶系太陽電池モジュールの太陽光発電所 1 号機が，2017 年 1 月に北部ダルハン市で 10MW，2019 年 6 月にモンゴル新空港近くに 16.4MW の 2 号機が運転開始した。2017 年 10 月南ゴビ砂漠で運開したツェツィー風力発電所 2MW×25 機は同国の 2 番機で，JICA が資金支援し，250MW まで拡張可能である。作業員の 95％がモンゴル人で「質の高いインフラパートナーシップ」を達成した。新国際空港工事は日本の商社及び建設会社が受注し，韓国企業がサブコンで参加した。留学帰りの若手モンゴル技術者が多数参加し，高評価を得た。

5.4　国立モンゴル科学技術大学（MUST），高等専門学校

モンゴル国立大学と双璧をなす国立モンゴル科学技術大学（MUST）は，学生数 20,500 人，教職員 1,003 人，9 学部 47 専攻，2 分校，工学研究大学院，教育大学院，ビジネス大学院，付属高専を持つ。課題は教員の博士取得率 37.8％の向上，卒業生の即戦力化である。ガントゥムル元教育文化科学大臣（沼津高専卒・長岡技術科学大学修了）他の要請により，モンゴル科学技術大学の学術支援に 2016 年から日本の国立 5 工業大学が加わっている。モンゴルの 3 つの高等専門学校には日本国立高専機構が中心となって支援している。

6　経営行動研究学会のモンゴル国交流 [7]

1991 年に発足した経営行動研究学会（JAM）は，民主化後の国際交流の強い要求に沿い，モンゴル経営学会と国際シンポジウムを 2000 年から日蒙相互に開催している。産業政策・開発や政府の役割などが取り上げられ，計画経済から市場経済体制への課題も扱われてきた。毎年の学会では

「統一論題」を決めて議論しており，個別報告では，「モンゴルにおける土地問題」，「経済開発と教育問題」，「移行経済下における貨幣政策」，「モンゴルにおける牧畜産業の在り方」，「鉱業会社の発展・エコロジーとの関連」，「モンゴル国の医療体制」，「モンゴルにおける食料安全保障政策」，「社会保険改革問題」，「ＩＴ分野で「ヒューマン・キャピタル」や「人間開発との持続可能な発展」が議論されている。2009 年から2016 年にかけて，経営行動研究学会によるモンゴル訪問団 4 回，調査団受入れ 1 回を行い，技術士 4 名（情報工学部門 2，金属部門 1，衛生工学部門 1）を主体に実施した。

7　おわりに

　JICA 他が指摘する技術課題は多い。大学進学率は 63％，毎年 1,000 人の海外留学生を派遣している。帰国者の進取性を社会に生かし，若者と遊牧民の失業対策と起業化の推進が必要である。

　日本技術士会との交流はまだ薄いが，「遊牧民の血が騒ぐ」国造りに，技術士の貢献が現地では期待されている。

＜参考文献・引用文献＞

1）杉山正明，北川誠一，「世界の歴史 9」「大モンゴルの時代」，1997 年，中央公論社.

2）ボルサルマーギーン・オチルバト， 内田敦之他訳，「モンゴル国初代大統領オチルバト回想録」，2001 年，明石書店.

3）外務省ホームページ，モンゴル，（2021.3.1 アクセス）https://www.mofa.go.jp/mofaj/area/mongolia/index.html

4）（株）アルメック VPT 他，「モンゴル国地域総合開発にかかる情報収集・確認調査」，2016 年 12 月，JICA.

5）柴正博，『モンゴル・ゴビに恐竜化石を求めて』，2018 年，東海大学出版会.

6）JICA，「モンゴルビジネス環境ガイド 2017 要約版」，2017 年，「同 2020 版」，2020 年，JICA（国際協力機構）.

7）厚東偉介，「国際シンポジウムの回顧と展望」，経営行動研究学会第 30 回全国大会，2020 年，経営行動研究学会.

8．中央アジアに対する技術協力推進活動　－キルギスを事例に－
Technical cooperation promotion activities for Central Asia －Kyrgyz Republic－

森山　浩光
MORIYAMA Hiromitsu

　海外活動支援委員会は2017年から2019年の2年間，中央アジア小委員会を設けていた。今回は，中央アジアの紹介と筆者が国際協力機構（JICA）を通じて参画したキルギスの研修について紹介する。

　The Overseas business promotions committee had organized the Central Asia subcommittee from 2017 to 2019. In this paper, the author introduces the overview of Central Asia and the training course of Kyrgyz MOMP project through JICA.

キーワード：中央アジア，キルギス共和国，市場志向型生乳生産(MOMP)プロジェクト，国別研修

1　はじめに

　中国の北西の内陸にあるモンゴルからカスピ海の西，コーカサス地域までの9カ国を内陸アジアという。カザフスタン，ウズベキスタン，トルクメニスタン，タジキスタン，キルギス（クルグズスタン）の5カ国を中央アジアと称する。中央アジア及びコーカサス諸国の地図を図1に示した。古代から東西の交流が盛んで東・西トルキスタン，中国の新疆ウイグル地区や甘粛省以西の西域と呼ばれた地域である。かつてシルクロード（シルク・ルート）を通い，多くの国々が交易を行い，ユーラシアへの影響を与えた。主な史実を挙げても紀元前6世紀のアケメネス朝ペルシア，アレクサンドロス大王の東方遠征，漢の張騫・後漢の班超の派遣，サ サン朝ペルシア，唐の西域政策，7世紀のアラブ勢力の展開，イスラーム王朝，13世紀初めのチンギス・ハーンの西征，4つのハン国への分裂，16世紀以降のロシアの進出，1917年のロシア革命と1922年のソヴィエト連邦結成後の社会主義国化等地域争奪の歴史も伺える[1]。

　民族，宗教が混在する地域で，牧畜も盛んで国境は明瞭でなかったが，ソ連は「分割して統治する」戦略を立て，変遷を経て1936年までに5つの共和国を作った。植民地化するように鉱業・電力・エネルギーや農業・牧畜の資源を生産し中央に輸送させ，加工した製品を安価で提供した。移住政策もとられたが主にアジア系の人々が暮らしており，イスラームやギリシャ正教の影響も強い。

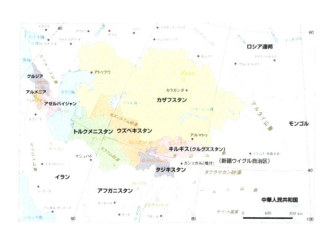

図1　中央アジア・コーカサス全図
出典：『朝倉世界地理講座 5　中央アジア』，朝倉書店

　1991年のソ連解体に伴い，各国が独立し，ロシアとCIS（独立国家共同体）諸国に分離された。かつての共和国の国境線がほぼ維持され，現在の国境となった。地政学的に重要なこの地

域を外務省は重視しており、JICA（国際協力機構）は同地域で国際協力支援を進めている。

2 中央アジアの概況

中央アジアの5カ国は、天山山脈、パミール高原の西からカスピ海の東までの約2,500kmに広がる地域で、その北にカザフ草原に広がる。その面積は400万km²と日本の11倍に及ぶ。東南部の山岳・高原部は冷涼で山麓以外の大部分は乾燥したステップで、さらに沙漠・半沙漠へとつながり、オアシスに都市がある。

世界最大の内陸湖カスピ海東沿岸にはカザフスタンとトルクメニスタンが接しており、時計回りにイラン、アゼルバイジャン、ロシアが面している。天然ガスが豊かな地域で、欧米・ロシアの投資が盛んであり、パイプラインの通過国の選択をめぐり複雑な国際環境を生み出している[2]。カザフスタンとウズベキスタンを通るアム川（アムダリヤ）とシル川（シルダリヤ）が流れ込むアラル海はかつて世界第4位の面積であったが、ソ連による1960年代以降の綿花等農業生産増大のための灌漑利用の拡大により流量が激減し今やカザフスタンの小アラル海とごく一部が残るのみで、湖は新たな乾燥地となり、塩害も見られる[3]。中央アジア5カ国の政治経済文化の概況を表1に記した。以下、国別の概況を述べよう。

カザフスタンは最も面積（272.5万km²）が広く、広大なステップ草原の牧畜国である。歴史的にロシアとの関係が深く、北部にはロシア人が多い。1929年以降のコルホーズ化と遊牧民の定住化政策の中で、飢餓が発生し100万人以上のカザフ人が餓死したといわれている。1949年から1989年まで東南部の地域が核実験場としても使われたため負の遺産がある。

ウズベキスタンの人口は3,000万人を超え、最も人口が多い。サマルカンドはシルクロード上にある大きなオアシス都市である。元時代からのモンゴル人の系統をひくウズベク人が多数を占めている。周辺の国にもウズベク人が居住している。

トルクメニスタンは10世紀ころから遊牧民が定住を始めた。16世紀に南部はペルシアの、北部はウズベク人の統治下におかれた影響から現在ではイランとの関係も良い。天然ガスの生産量、埋蔵量が最も多い。

タジキスタンはアフガニスタンの北東部、中国の西部に位置する。

タジク人が一千年以上も暮らしていたが、ソ連の下、タジク共和国となった。ソ連はイスラームの慣行を抑圧したが宗教教育や行事は維持されていた。1992年から1997年にかけて内戦があり、その後遺症に悩んでいる。

キルギスは中国の西部に位置し、東側には天山山脈につながる万年雪の山々が連なり、その氷河が中央アジアの水源ともなっている。草地が多く牧畜が盛んである（**写真1、写真2**）。

写真1,2 キルギスの高山と草原（斉藤聡氏撮影）

現在の中国のウルムチの西800kmの地がキルギスであり、マルコポーロ（1254年頃－1324年）が今の甘粛省に1年近く滞在し、口述した「東方見聞録」に西域として中央アジアのことが書かれてある。ソ連になってから、スラブ系住民の移住が進み、第二次世界大戦中はドイツ人が移動させられた。1990年に入ってからロシア人やドイツ人の多くがキルギスを離れた。

- 45 -

表1　中央アジア諸国の概況

区 分	国土面積（万km2）	人口（万人）	首都 気候	国民総所得（ドル）	一人当りGDP	主な産業	主な宗教	懸念
カザフスタン	272.49	1 840,4 カザフ人63%	アスタナ ステップと沙漠	1,568億	6,810ドル	農牧業，鉱業（ウラン，天然ガス）	イ70% キ26%	アラル海 原爆実験跡
ウズベキスタン	44.74	3,236.50	タシュケント	708億	2,220ドル	農牧業，綿花，ブドウ，鉱工業	イ76% 無18%	対ロシア
トルクメニスタン	49.12	585.1	アシガパート	378億	6,670ドル	鉱業（天然ガス），農業，牧畜	イ87% 無9%	独裁大統領
タジキスタン	14.31	910.7	ドンシャンペ ステップと沙漠	97億	1,110ドル	綿花，牧畜，鉱工業	イ84% キ4%	内戦後 アフガン
キルギス	19.85	613.3 キルギス人71%	ビシュケク 冷態	67億	1,100ドル	牧畜，農業（小麦，大麦），鉱業(金)	イ60% キ10% 無20%	政治デモ
まとめ	400.51	7,185.30	大陸性気候 乾燥	2,818億	1,100〜6,810ドル	農牧業，鉱業	イスラム教 ギリシャ正教	内陸国

出典：データブック・オブ・ザ・ワールド，(2019)，二宮書店　　　　註；イスラームをイ，東方キリスト教をキ，無宗教を無とした。

余談であるがこれらの国々の名称の「スタン」とは「〜の土地」，国と言う意味である。

なお，各国の言語の綴りは，表1の順にカザフスタンは cTaH, ウズベキスタンは ston, トルクメニスタンは stan, タジキスタンは cTOH とそれぞれ異なっている。

ところで JICA の実施する技術協力は，専門家派遣，機材供与と研修を3つの柱とする。

本稿では筆者が参画した2018年，2020年のキルギスの研修員受け入れにおいての事例を紹介する。

3　キルギス共和国での国際協力

3.1　キルギス共和国の概況

キルギスは，東は中国，北はカザフスタン，南はタジキスタン，西はウズベキスタンに隣接している。白雪を冠した天山山脈につらなる高地が90%を占め，高山植物が咲く山々と湖，美しい景色の山岳国家といえる。主な産業は農牧業，鉱業であり，農業生産額の半分は牧畜由来のものである。チュイ州は牛乳生産地域として知られている。めん羊の毛から作るフェルト加工品や野菜種子も有名である。日本発の「一村一品運動」にならったフェルト製品製造や野菜種子の生産等を実施している。

以下，酪農乳業プロジェクトを紹介する。

3.2　チュイ州市場志向型生乳生産（Market Oriented Milk Production）技術協力

チュイ州はキルギスの北部の州で酪農が盛んである。2017年4月〜2022年3月の5年間の計画で酪農乳業に関わる市場志向型生乳生産技術協力（Market Oriented Milk Production Project）が行われている。2017年4月から4人の専門家がキルギスに派遣された。2018年4月と2020年11月に本邦研修を実施した。2020年1月からの新型コロナウイルス拡散の中，2020年春から初夏にかけて専門家が一時帰国し，キルギスのカウンターパートも訪日ができないことから，2020年11月にはオンラインでキルギスと東京と札幌をつなぎ，リモート研修を実施した。その後2021年2〜3月に3人の専門家がキルギスに赴任している。

3.3　「牛乳生産・流通に係る獣医畜産及びシステム改善」本邦研修（2018年4月，2020年11月）

2018年4月に9名（**写真3**），うち2名は準高級研修員（チュイ州副知事とキルギス農業大学学長）が一週間滞在した。

他のカンターパート7名（畜産試験場長，大

学付属教育イノベーションセンター長，農業食品産業土地改良省主席専門官，獣医衛生検査院主席上級獣医官，集乳業者協会会長及び副会長，カントスット乳業企業社長）は二週間滞在し，視察と意見交換を行い，今後のアクションプランを作成した。

写真4　酪農現地研修（福島県にて）

写真3　キルギスの研修員と（筆者は左から3人目）

2018年の研修員の構成は，行政，大学，研究所，生乳生産から牛乳加工まで，産官学のステークホルダーが揃った形であり，このこと自体が，キルギスの酪農発展の計画策定の上からみて意義があり，重要である。

研修内容は，座学と現場での講義や見学から成り，種々の内容を学びそして考えること，その後，研修員が日本での研修を踏まえて，自国の今後の開発計画と行動計画を検討するというものであった。

研修先と内容に関しては，農林水産省では，酪農及び家畜衛生政策を，日本獣医師会と国際獣疫事務局（OIE）では衛生部門の実践活動を学んだ。また家畜改良事業団および日本ホルスタイン登録協会日本人工授精師協会では家畜改良を中央酪農会議では酪農家との連携の仕組みを学んだ。畜産機械製造販売企業にはロシア語が堪能な方がおられ，交流が深まった。2週目には国際協力研修委員受入では長い歴史とその成果に定評がある家畜改良センター（**写真4**）を拠点に，生乳生産から牛乳乳製品加工，飼料生産及び動物薬製造販売企業での視察研修を行った。

その後，東京都幡ヶ谷にあるJICA東京センターでアクションプランを策定した[4]。

研修員は大変熱心で，JICA本部では今後も長く協力支援をと伝え，農林水産省での講義の日は酪農政策と家畜衛生行政の多くの内容を聞き，その日夜遅くまでキルギスの酪農をどうすればよいか検討していた。研修計画を策定したMOMPプロジェクトの初代チーフアドバイザ（S.I.氏）も来日し研修に同行された。

筆者は家畜改良センターからの依頼を受け研修の全行程に同行し種々助言を行った。

2020年11月の研修は，2代目のチーフアドバイザ（S.S.氏）が計画策定し，オンラインで行われた。それにもJICAの了解のもと参加させていただき研修員のいくつかの質問に答え，疑問の解決と研修の充実に努めた。

4　今後の在り方

日本と中央アジアの国との協力の関係はまだ始まったばかりといえる。この地域はソ連解体までは入国は難しく，その後シルクロードのロマンに憧れて旅した方以外は，中央アジア諸国をあまり訪問したことがないかとも思う。現地の方々にお会いすれば，アジアと中東を結んだかつての歴史を誇る，心優しい人々との話が弾む。この地域は1917年以降1991年までの70年余ソヴィエト連邦の影響を受け，資源の供出と分業化を強いられ製造業整備が進んでいなかった。今後，EUそして世界とのつながりを広げ，加工品を流通させ国の発展を願っている。それに対して技術と資本を有する国々の協力が期待されている。今，世界

は，人口の増加が続き資源が枯渇し，世界の環境が悪化し，地球温暖化，災害多発，食料不足や動植物昆虫が絶滅の危機にあるなど多くの問題が目に見えて増加してきている。世界では自国の生き残りのためそれも独裁的な者の意向で国を率いていくような様子も一部見られる。まことに世界の中で，各国が生き抜いていくことには，地政学のから様々な戦略が必要となる[4]。帝国主義やファシズムなど「主義」「イズム」という名称で唯我独尊の原理主義が蔓延ると問題が多い。独裁と専制が支配すると多様性を認めず，人権問題が起こる。

1991年以降の資本主義も，民主的な各人の自由な発想を大切にする面は基本であるが，人間がお互いを尊重する利他の精神をどこかに置き忘れ利己的な面が広がっているのではないだろうか。金融中心の活動の中，能力があるから他の人を従えて金を稼ぐのは自由だととばかりの活動が貧富の格差拡大等多くの問題が露呈してきている。その能力さえも偶然の所産であり，現代社会で持て囃される能力が人間存在の全てであろうか，大いに疑問である。

技術士が「高等の技術を有する」という，技術に特化した職業人としての意識だけでいたり，日本という特別な環境内であれば安穏と暮らせるという気持だけでは「井の中の蛙」になってしまう。

同じ地球に生きる同世代の人間としての思いやりを持った共和の精神と気概を持った活動を考えるとキルギス内にとどまらず世界規模での空間軸と歴史を振り返る時間軸の発想が当然のものとして広がっていく。そのとき，"Environment"や"Peace"を語ることができよう。

これからの世界はますます複雑化し，リスクもある可能性がある。リスクを見抜く見極めの力と交流する人々との連携が重要である。

なお技術者が専門家として派遣される場合には，プロジェクト内容と同様な経験，知識と技術を持つことが重要である。まさに研鑽を重ねた技術と経験，また言語とコミュニケーション能力がツールとして必要である。

隣人を思う精神があれば，世界は技術をもつ人々の「社会貢献」に期待している。そして，友好の輪の広がりは，あの日本人技術者は立派だったと思われる活動を人々の記憶に残すことになろう。

世界の国々との交流の基本には，自国同様，人々が自分の住んでいる地域の歴史と文化を誇りに思う気持を知り，尊重することが大切である。衣装や生活の様々なデザイン，民話などにも関心を持つと良い。

キルギスには「日本人とキルギス人は元々は同じで，魚の好きな人が東に行き，肉の好きな人はキルギスに残った」という話がある。そのような思いを持つアジアの隣人に対して，できる活動が待っている。

＜参考文献・引用文献＞

1）岩村忍，「中央アジアの遊牧民族」『世界の歴史12』，1977年，講談社．（講談社学術文庫版，『文明の十字路＝中央アジアの歴史』pp.1－324，2007年，講談社．）．

2）宮田律，『中央アジア資源戦略－石油・天然ガスをめぐる「地経学」』pp.1－269，1999年，時事通信社．

3）石田紀郎，「5.4　開発の負の遺産－消えゆくアラル海－」，『朝倉世界地理講座5　中央アジア』pp.214－225，2012年，朝倉書店．

4）杉田弘毅，『「ポスト・グローバル時代」の地政学』pp.1－293，2017年，新潮社．

9．ウズベキスタン共和国に対する技術協力
Technical cooperation to Republic of Uzbekistan

日原　一智，小林　政徳

HIHARA Kazutomo,　KOBAYASHI Masanori

　日本技術士会の技術士はこれまで中央アジアでも活動を行ってきた。本稿ではかつてシルクロードが通った国ウズベキスタンの現況と国際協力の内容及び技術士による海外活動について報告する。

　The members of the Institution of Professional Engineers, Japan (IPEJ) have been acted in Central Asian countries. The authors show the current situation and international cooperation to Republic of Uzbekistan where were used to pass the Silk Road.

キーワード：ウズベキスタン共和国，国際協力，技術協力，電力，農業，人材育成

1　ウズベキスタン共和国の概況

　現在のウズベキスタン共和国（以下，ウズベキスタン）は，国土面積は44万7400平方キロメートルで，日本の約1.2倍ある（図1）。人口は3,350万人で，日本の1/3以下である。首都はタシュケントで東端に近くに位置している。公用語はウズベク語であるが，ロシア語も広く使用されている。主な宗教はイスラーム教スンニ派である。

　日本とウズベキスタンとの接点の一つに，第二次世界大戦後にソヴィエト連邦（以下，ソ連）によりシベリア抑留となった多くの日本人（約30万人）の一部が中央アジアへ連行され，強制労働をさせられたことがある。ウズベキスタンでも各地で運河などの建設労働を日本人が行った。中でも首都タシュケントの1,400人収容できるナヴァーイー・オペラ・バレエ劇場（通称ナヴォイ劇場）の建設（1947年完成）に，旧日本兵など抑留者がかかわったことは知られている。ウズベキスタンでは，日本人の技術力かつ完成度の高さを評価していた。また，1966年の大地震でもこの劇場は崩れることなく，日本の技術が再度評価されている[1]。

　近年の動向では，1991年8月のソ連の解体後，イスラム・カリーモフ大統領が選出され独立した。

図1　ウズベキスタン全国図及び周辺国
出典：ウズベキスタン 地図 フリー・Bing images

　日本は1991年12月28日にウズベキスタン共和国を正式に国家として承認し，1992年1月26日，正式に国交を樹立した。1994年5月にはカリーモフ大統領が初来日し，2006年8月には小泉純一郎総理がウズベキスタンを初訪問した。2016年9月のカリーモフ大統領急逝後は，ミルジョーエフ大統領が後任となった。

　日本からウズベキスタンへの主要輸出品は，自動車（約4割），原動機（約1割），通信機（約1割），繊維機械（約1割）である。

　日本への輸入品はアルミニウムなどの非鉄金属（約4割），織物用糸・繊維製品（約2割）である[2]。在留邦人は145人（2020年10月現在：外務省），在日ウズベキスタン人は3,425人

（2020年6月現在：法務省）である。

2 JICAによるウズベキスタンへの協力

2.1 日本及びJICAの援助方針

　同国では天然ガス，鉱物，綿花などの輸出が経済成長に寄与してきた。しかし，これら一次産品は国際市況の影響を受けやすく，国家開発のための安定的な財源確保が難しいという側面もある。このためソ連時代から続く経済構造から脱却すべく，民間セクターの活性化や国内産業の多角化・高度化を通じた持続可能な経済成長モデルの新構築を主要政策に掲げている。

　しかしながら，ソ連時代に建設された運輸・エネルギーなど経済インフラの老朽化，市場経済化に対応した人材の不足及び法制度などの未整備，経済成長に伴う都市部と地方部との経済格差拡大などの問題が政策実現の障害となっている。

　ウズベキスタンは中央アジア地域内最大の人口を抱え，中央アジア4カ国と南アジア地域に属するアフガニスタンに接している二重内陸国である。

　同国の経済・社会の安定は，広域的地域の安定にも資するため，我が国は重要な協力対象国として位置づけている。対ウズベキスタン国別開発協力方針（2017年3月）では「経済成長の促進と格差の是正に向けた支援の実施」を基本方針として掲げている。基本方針達成のための重点分野は（表1）のとおりである。

2.2 援助方針を踏まえたJICAの協力 [3]

　表1の重点分野に対し協力するために5つの協力プログラムを設定している。ここでは技術士部門と関連の深い4つの協力プログラム，また各プログラムの実施案件を各一例紹介する。

（1）重点分野1 経済インフラの更新・整備
①運輸インフラ改善プログラム
　カルシーテルメズ鉄道電化事業
　カルシーテルメズ間（総延長325km）は，

同国から他国を経由せずアフガニスタンへ至る鉄道路線であり，貨物輸送にも重要な役割を果たしており，輸送需要も高まっている。

　急勾配の山岳地帯がある同区間の輸送力増強のため，複線化ではなく現行のディーゼルから電気への切り替えにより牽引力向上を図る。本事業により同国及びアフガニスタン等周辺国の社会経済発展を目指すものである。

表1　開発協力方針重点分野の課題と取り組みの概要

重点分野1：　経済インフラの更新・整備（運輸・エネルギー）
老朽化した鉄道・道路等の運輸インフラ・発電所等のエネルギー・インフラの整備及び管理運用面での技術能力不足等の課題に対し，域内経済の活性化に貢献する質の高いインフラ及び予測可能な投資環境の整備を通じ，経済発展の基盤作りに貢献する。
重点分野2：　市場経済化の促進と経済・産業振興のための人材育成・制度構築支援
民間セクターを中心とする経済への移行，国内産業の多角化・高度化，国際基準に合致した各種制度・法律等の整備・運用を担う官民双方の人材育成がいまだ不十分である等の課題に対し，行政官及び民間セクターの人材育成や制度構築等に引き続き協力する。
重点分野3：　社会セクターの再構築支援（農業・地域開発，保健医療）
都市部と地方部との格差の拡大等の課題に対し，特に貧困層や社会的弱者が直接恩恵を受けられることを目指しつつ，地方部の主要産業である農業分野や保健医療分野に協力する。

出典：ウズベキスタン国別開発協力方針（旧国別援助方針）（外務省）000072279.pdf（mofa.go.jp）を基に作成

②エネルギー・インフラ改善プログラム
　タシケント熱電併給所建設事業
　同国のベースロード電源である天然ガス焚き火力発電所は老朽化が著しく発電効率は約3割と低い。このため発電の高効率化及びそれに伴う省エネ，CO_2排出量削減は喫緊の課題となっている。本事業は首都タシケントにおいてガスター

ビンと排熱回収ボイラーから成るコジェネレーション発電所を設置し，電力・熱の安定供給，熱効率の向上により持続可能な経済成長に寄与する。

（2）重点分野2 市場経済化の促進と経済・産業振興のための人材育成・制度構築支援

①民間 活性化プログラム

　ウズベキスタン・日本人材開発センター・ビジネス人材育成・交流機能強化プロジェクト

　過度の資源依存型の経済構造から脱却すべく同国政府は自動車，繊維，食品加工，化学品等の製造業を戦略分野として設定し，産業の高度化・多角化を目指している。その牽引役となる民間セクターにおいて中小企業のGDP比は57%，雇用者の割合は78%（共に2016年）であり，中小企業の経営者や起業家の人材育成が早急に求められる。本事業はウズベキスタン・日本人開発センターが，「カイゼン」等に代表される日本型経営及び品質管理・生産管理を含む実践的なビジネスコースの継続的な提供体制の強化により同国の産業多角化への貢献，ウズベキスタンと日本のビジネスを中心とした関係強化を図るものである。

（3）重点分野3 社会セクターの再構築支援

①農業改革・地域開発プログラム

　アムブハラ灌漑施設改修計画

　農業は全就業者の27.2%（2017年），GDPの28.8%を占める重要な産業である。同国の農地の大半は乾燥地にあり，ポンプ灌漑による河川水に依存している。ソ連時代に建設された旧式ポンプ施設は老朽化により，低い熱効率，漏水や故障による揚水・農場への水供給量低減，同国電力総消費量の約2割を占める等の問題がある。

　アムブハラは同国最大の灌漑管区であり，同施設改修により農業生産安定化や熱効率向上等の高い事業効果が期待される。

2.3　中央アジア周辺国を含む今後の取り組み

　各重点分野に挙げられている運輸・エネルギー等のインフラの整備水準の向上と製造業・農業等の産業振興は密接な関係にある。また，分野に関わらず，人材育成による同国全体の技術力の底上げも不可欠である。なお，中央アジアに目を向けるとGDP当たりのCO_2排出量のワースト10位に中央アジアのトルクメニスタン（第4位），キルギス（第7位），カザフスタン（第8位）に次いでウズベキスタンが第9位に入っている（IEA 2017年）。これは，中央アジアが経済成長において，CO_2排出量が多い資源等を多用していることを意味する。

　水資源はカザフスタンとの国境付近を流れるシル川，トルクメニスタンとの国境付近を流れるアム川にほぼ依存している。JICAは周辺国も含め，エネルギー・水資源に係る上流から下流までのシステム全体の最適化により省エネルギー・水資源保全とそれらの安定供給による産業振興を両立させ，持続可能な中央アジアの発展を目指している。

　2017年2月の政府発表では「ウズベキスタンにおけるさらなる発展のための戦略（2017年 － 2021年）の主要方針の一つ「経済発展・自由化」」が挙げられた。

同方針へのJICAの協力として，

① 省エネルギー技術普及，

② 農産物バリューチェーン強化や節水灌漑等の環境配慮型農業推進，

③ 綿花の高付加価値製品に取り組む繊維業等，産業多角化による中小企業支援等が挙げられる。これらの協力は，同地域の出稼ぎ労働者の国内雇用移行にも資する。

　持続可能な成長に不可欠な優秀な人材の育成システムに寄与し，生産効率を高めることは，産業発展を通じての社会貢献を行う技術士の原点とも関わる。

3 電力関連プロジェクト活動への参加

筆者のウズベキスタンでの業務は，「ウズベキスタン共和国コンバインドサイクル発電運用保守トレーニングセンター整備プロジェクト」であった。プロジェクト期間は第 1 期 2015 年 9 月～2017 年 10 月，第 2 期 2017 年 11 月～2019 年 5 月 で，日本の「有償勘定技術支援」で，JICA 事業として日本企業 4 社が連携して実施した。

3.1 プロジェクトの背景

ソ連時代に建設された既設の火力発電所の設備容量は 13,409MW であるが，設備の老朽化により供給能力が約 7,800MW に留まっており，国内の電力需要に足りない問題があった。また，既設の火力発電所の平均熱効率が約 30％と低く，天然ガスなどが無駄に使われている状況であった。このため，電力不足を補い，二酸化炭素の排出を減らす高効率の火力発電設備を導入することが重要な課題となった。

ウズベキスタンは 2009 年電力産業法を策定し，電力セクターの基本的な構造と発展の方向性を定め，燃料及び電力使用の効率化を含む政府の優先的課題を示した。そして，自己資金でナヴォイ火力発電所に日本製のコンバインドサイクル発電プラント（CCPP）1 号機を導入し，当初の計画（註 1）では約 20 ユニットの CCPP の導入を計画した。しかし最新鋭の火力発電所を建設しても，それをうまく運用していく技術・ノウハウがウズベキスタン電力公社（ウズベクエネルゴ）に不足していたため，ナヴォイ 1 号機で出力低下などが発生した。このため，2013 年にウズベキスタン国政府より日本に対し CCPP の運転・維持管理体制を整備し，必要な技術レベルを有する運転・維持管理要員を確保すべく，ウズベキスタンが有するトレーニングセンター向けに運転員の能力向上を目的とした技術協力プロジェクトが要請され，2015 年 1 月に基本合意を締結した。

3.2 プロジェクトの目標と期待される成果

【プロジェクトの上位目標】：CCPP の運転・維持管理能力が強化される。

【プロジェクトの目標】：CCPP の運転・維持管理に関する研修体制が確立される。

【期待される成果】：CCPP の維持管理

成果 1：方針が策定される。

成果 2：人材育成計画，研修計画，資格認定制度が開発される。

成果 3：研修のカリキュラム，教材，研修用機材が整備される。

成果 4：研修の講師が育成・確保される。

3.3 担当業務

本プロジェクトの「電気機器運転・保守に関する取り纏め」業務を日本及びウズベキスタンで行った。業務内容は以下の通りであった。

① 現状のカリキュラム・教材・機材 調査

② 電気機器運転・保守に関する研修カリキュラム作成

③ 同上カリキュラムに基づく教材開発

④ 同上教材による研修の実施

⑤ CCPP 保守規定審査（電気機器）

⑥ CCPP 運転規定提案（電気機器）

これらの業務を行うため，2016 年 9 月 25 日に初めてウズベキスタンを訪問し，その後，2019 年 3 月 19 日の業務終了までに 9 回渡航し，ウズベキスタン出張は延べ 110 日間であった。現地に合った研修に使用するテキスト作りに苦労した。原案は日本語で作成し，それを基に英文テキストを作成する。そしてロシア語版への翻訳を依頼し，これを主テキストとして現地での講義で使う予定であった。ところが，現地の発電所職員の日常語はロシア語よりもウズベク語であり，筆者の日本語による説明を，現地通訳が直接ウズベク語に翻訳したので彼らの理解が深まった。

4　ウズベキスタンでの生活

　首都や「青の都」サマルカンドや町は，綺麗に整備されており清潔感があった。利用したホテルも快適で，時々地元のレストランに顔を出し，言葉は通じないが身振り手振りでオーダーした。イスラームの国なので，地元のレストランは酒の販売はしていないが，酒屋で購入した酒類の持ち込みは認められていた。ウオッカの美味しさも理解したが，深酒に注意して現地の方々と友好を深めた。

5　おわりに【海外活動支援委員会】

　今後，さらなる経済成長を続ける途上国や欧米等から日本の技術者，技術士による技術的貢献への期待は増してくると考える。技術士が日本国内だけに留まることなく，世界に向けて羽ばたくために知を深め，技を磨き，研鑽を続け世界に対しても社会貢献ができるように努めていくことが望まれる。

　なお，2020 年 2 月に始まった「海外活動支援・国際協力特集」の連載は委員会関係 4，東アジア 3，東南アジア 3，中央アジア 2 の合計 12 編をもって終了する。これまでの広報委員会との連携，読者からのご意見や支援に感謝し，今後直接お会いし意見，情報を交換する機会を楽しみにしております。

註1：タリマルジャン火力発電所増設事業，ナヴォイ火力発電所近代化事業，トゥラクルガン火力発電所建設事業

＜参考文献・引用文献＞

1）寺山恭輔，「9.2.5　ナーヴァーイー劇場」，『朝倉世界地理講座　中央アジア』，pp.451－453，2012 年，朝倉書店.

2）JETRO，ホームページ「ウズベキスタン基本情報」，2020 年，日本貿易振興会編，（2021.4.13 アクセス）.

3）JICA，「JICA による対ウズベキスタン支援」，2020 年，国際協力機構，（2021.3.1 アクセス）.

１０．日越「フォードンの会」の研修報告と技術士の役割

The report on Phở-Don association and the Role of the Professional Engineers, Jp.

坂本　文夫，森山　浩光，辻井　健

SAKAMOTO Fumio, MORIYAMA Hiromitsu, TSUJII Takeshi

「フォードンの会」（日越技術経済発展研究会）は海外活動支援委員会の中で，日本人技術士と在日ベトナム人技術者及び留学生がベトナムの現状と技術的課題について議論する場として活発な意見交換を行っている。本稿では 2017 年度から 2021 年度までの 12 回の研修会の内容を報告し，本会の今後の方向と技術士の国際貢献の展望を記す。

The phở don Association （"Japan-Vietnam Technology and Economic Development Study Group"）is a lively exchange of opinions on technical issues between Japanese P.E and Vietnamese engineers and international students in Japan to discuss the current situation and technical problems in Vietnam. The authors introduce the twelve times seminars and show the outlook of international contributions.

キーワード：日越技術経済発展研究会（フォードンの会），ベトナム，研修，技術的課題

1　はじめに

「日越技術経済発展研究会（フォードンの会）」は，2015 年海外活動支援委員会ベトナム小委員会の中に設立された会で，日本人技術士とベトナム人との間で技術情報や意見の交換を行い，技術的課題を検討している。親しみを持っていただくようにベトナム伝統食品である米粉の麺の「フォー（phở）」と日本の「うどん」を足して「フォードンの会」と称している。本会に参加しているベトナム人の多くは，日本の大学院への留学生や引き続き日本企業に就職した方々である。ダナン，ハノイ，ホーチミン，フエなど幅広い出身者が集まる。

第 1 回から第 6 回までは前任の海外活動支援委員会ベトナム小委員長福島晴夫氏が中心となって開催した。福島氏の海外転勤により，その会に参加していた森山（農業部門）と坂本（建設部門）が海外活動支援委員会委員となり，2017 年 7 月からフォードンの会（第 7 回～）の運営を継続している。2021 年から筆者の一人辻井（建設部門）も委員に加わっている。

フォードンの会では年に 2～4 回講演会を開催してきた。原則，土曜日の午前 10～12 時に，日本技術士会事務局横の会議室で行ってきた。本稿では，これまでの講演会の報告を行い，技術士の役割について考察し，国際貢献の展望を示す。

2　フォードンの会の開催実績

第 7 回，第 8 回の講演会について報告する。

（1）第 7 回講演会　2017 年 12 月 21 日（木）。

出席者のうちベトナム人技術者 3 名。

講演 1 は，吉村元一技術士（情報工学部門）による「実践的・体系的な日本式経営に通じた人材育成」の題目で，高品質なものを生み出す日本式経営により企業や工場における生産性・品質の向上を図るための 5S など管理方法を説明した。特にリーン方式は企業体質を強化し，企業を成長させ，「カイゼン」による効果で固定費・変動費を

削減できるメリットを強調した。

講演2では，橋本孝氏による「日本に滞在するベトナム人の課題」の題目で，内容は，来日したベトナム人の就業状況を調査分析し，日本企業に勤務した際の課題と2つの成功事例（製造工場の工場長を任せられるまで成長する過程）の報告がされた。

（2）第8回講演会　2018年6月23日（土）。

出席者のうちベトナム人技術者5名。

講演1は，佐藤修技術士（建設部門）による「ベトナムが必要とする技術士としての支援・協力の姿」の題目で，ベトナムの機関の説明と主要交通（港湾，空港，道路，地下鉄）は日本のODAにより整備が進んでいること，しかし鉄道はほとんどがまだ単線であること，ベトナムが必要とするインフラ・技術と協力・支援の形態についての紹介があった。

講演2は，ベトナム人留学生のPham Ngoc Duc氏（東京大学大学院博士課程（当時），現ダナン教育大学講師）による「ダナン市中部の環境問題」の講演であった。ダナン市はベトナムのほぼ中央に位置し，東西回廊やダナン港へのアクセスが良く，工場地域が整備され日本企業の工場も建設されている。しかし，ダナン市内は局地的豪雨によって洪水が発生している。また，近年海岸線が浸食され，美しい海岸線を保全する対策を検討する必要がある。さらに人口増加により海の汚染が進んでいる。その対策としてごみの分別収集を行っていること等が紹介された。

（3）第9回～第14回の講演会

第9回～第14回の開催日と講演テーマについて，**表1**にまとめて記載した。

表1　第9回～第14回の講演会

区分	開催日	講演テーマ
第 9 回	2018 年 9 月 29 日	ベトナムと日本の協力の在り方 経済学から見たインフラ整備
第 10 回	12 月 1 日	実践的なインフラ整備 ベトナムカントー市訪問報告
第 11 回	12 月 22 日	デジタル革命に向けた経営革新と人材育成
第 12 回	2019 年 6 月 1 日	ベトナムにおける技術士の活躍 東南アジアの名称の歴史的由来
第 13 回	9 月 7 日	クワンガイ省工業団地訪問報告
第 14 回	12 月 7 日	ベトナムのインフラ（Nghia 氏） ベトナム最初の長大トンネル建設工事

出典：フォードンの会議事録から作成

（4）第15回講演会　2020年9月5日（土）。

出席者のうちベトナム人技術者4名。

講演1は，Nguyen Hong Son氏により「ベトナムにおける地盤工学に関する課題」の題目で，ベトナムの地形の特徴と軟弱地盤の課題と対策及びベトナムの将来の開発プロジェクトについて報告された。

ベトナムの地形の特徴は山岳地帯が多いが，標高3m以下の低地帯が約20％を占める。国民の多くは，その低地帯（デルタ及び沿岸地帯）で生活している。インフラ整備を進める上で重要な基礎地盤に関して，山岳地帯では洪積土の風化が進んでいる。低地帯には軟弱な沖積土が分布している。**研修，**

4～8月の雨季においては山岳地帯で地すべりや土砂崩れが多く発生する。次に問題となるのが道路法面の円弧すべり及び河川の岸辺の浸食である。ベトナムは，北部から南部に行くほど地盤が弱く，特にメコンデルタエリアにおいては極めて軟らかい地盤が分布し地盤沈下（長期沈下，不同沈下）がある。軟弱地盤対策工は，バーチカルドレーンとプレロードの併用工法，深層混合処理工法，真空圧密工法，パイルスラブ工法が広く普及している。

将来，軟弱地盤上に構築せざるを得ない高速道路，高速鉄道，地下鉄，港湾，空港等の開発プロジェクトがあるとの報告があった。日本の経験豊富な技術士の貢献が期待されている。

講演2では，辻井健技術士による「道路の役割と機能，ベトナムの道路事情について」の報告が行われた。

先ず，道路の基本的役割と機能，道路整備によるインフラ効果の概要や主要幹線道路の重要性について説明がなされた。次いで，各国の道路整備とGDPの相関について先進国とASEAN諸国を比較した。また，ベトナムの幹線道路整備状況や二輪車交通事情等の課題を紹介し，交通渋滞対策事例の紹介とベトナムにおける交通事故の特性と対策事例，道路整備の進んでいない地方道のアクセス網の確保やベトナムの軟弱な地盤特性と自然災害等の地域特性を紹介し，簡易的な道路基盤整備の事例を紹介した。

（5）第16回講演会　2021年4月17日（土）。
出席者のうちベトナム人技術者4名。

講演1は，坂本文夫技術士による「ベトナムを取巻く環境と最新の経済情報」であった。ベトナムを取巻く環境を注視するものとして，台頭する中国，南シナ海をめぐる領有権問題，中国が進める「一帯一路」構想における債務の罠，TPP11への参加，RCEP発効，米国と中国の対立の激化，コロナ禍におけるベトナムの対応を説明した。また，これまで恒常的な経常収支の赤字が2012年に黒字に転換し，経済発展基盤となるインフラ整備，政治の安定，経済成長が期待されている。ベトナムでは，大都市部の工業労働力は不足気味であるが，人口が増加しているので，中核都市部や農村部においては労働力にはまだ余裕がある。労働力の供給は，中核都市部や農村部の余剰労働力が大都市部の工業労働力に移動するが，「ルイスの転換点」は少し先になると思われる[1]。人口ボーナス期の中であるものの，工業化の水準が低いことが懸念材料として挙げられた。

ベトナム経済の課題は「中所得国の罠」に陥る可能性があり，労働生産性の向上が持続的発展の鍵となるので工業化を進めるための人材育成を急ぐ必要がある[2][3]。

進出各社とも国内原料の入手と共に人材育成，技術の向上が課題として挙げられる。

講演2では，ベトナム本国とオンラインにより講演を行った。Le Anh Dung氏（一般社団法人ITP日越建設業推進会）が，「ベトナムの技術資格の現状」について，ベトナムの建設業のライセンスの原則についての報告があった。

また，同じくITPのNguyen Cong Khanh氏から，日本の大学院を修了したベトナム人が一般社団法人ITPを作り，日本で勤務しているベトナム人のために，日本の建設や電気の技術資格を取得するための研修指導を行っており，その合格率は8割を超えているとの説明があった。

（6）第17回講演会　2021年9月11日（土）。
出席者はオンライン104名，うちベトナム人技術者は14名（会場は，委員6名と事務局1名）。

ベトナム小委員会のフォードンの会の講演会を海外活動支援委員会のベトナム研修会として開催した。ベトナムにもオンラインでつなぎ実施した。

講演1は，JICA東南アジア・大洋州部東南アジア第三課稲垣良隆氏による「ベトナムにおける技術協力プロジェクト」の紹介であった。ベトナムでは，技術協力「ホーチミン工業大学重化学工業人材育成支援プロジェクト」が実施され，終了後は国立高専機構が対応し，ベトナムの3地域に拡大し技術支援を実施している。また，日越大学のプロジェクトは，日本政府とベトナム政府の高いレベルの合意を基に開始され，ホアラック・ハイテクパークにも近いハノイ市で実施されている。すでに大学院の開設支援プロジェクトを終了し，大学の教育・研究・運営能力強化プロジェクトを開始したが，2025年に終了する。その後は，ベトナムの要望（農畜産業分野を含む）も入れて，学部生を約10倍の6,000人規模にしたいとのことであった。

講演2は，ベトナム支社もあるコンサル企業のHuynh Cam Huy氏による「ベトナム公共工事における行政の課題」で，交通運輸，エネルギー，港湾等のインフラ整備の必要性とODAとPPP（官民連携）の連携と課題を説明された。

講演3は，Nguyen Cong Khanh氏による「ベトナムの技術資格の現状とベトナム人技術者の資格取得の支援」についての報告があった。ベトナムの建設セクターの技術者の制度は職業資格であ

り，現在 20 資格（地形調査，構造設計，給排水設計，交通施設設計，建築・工業・技術インフラ工事，設備設置工事，プロジェクト管理等）が公認されている。日本では，監督者や管理者を育成した結果の評価に重点をおいた資格制度になっている。

ベトナムでは，建設業のライセンスと人的要件となる個人に対して発給されるライセンスがあり，共にレベルⅠ，Ⅱ，Ⅲに分かれている（表２）。工事実施の場合は，標準分類としてⅠ，Ⅱ，Ⅲ，Ⅳに分かれている。

また，ベトナムでは，MOC（建設省）がASEAN 公認技術資格（ACPE，ASEAN Chartered Professional Engineer）を批准しており，ベトナムの技術資格を保有する者は，ASEAN 公認技術者に登録できるとのことであった。

表２　施工管理資格の場合のレベル区分

区分	条　件	活　動　範　囲
レベルⅠ	1つのレベルⅠ工事以上若しくは2つの同種のレベルⅡ工事以上で施工管理士長又は現場指揮長等の経験がある。	全てのレベル工事の施工管理士長・現場指揮長になれる。
レベルⅡ	1つのレベルⅡ工事以上若しくは2つの同種のレベルⅢ工事以上で施工管理士長又は現場指揮長等の経験がある。	レベルⅡ工事以下の施工管理士長・現場指揮長になれる。
レベルⅢ	1つのレベルⅢ工事以上若しくは2つの同種のレベルⅣ工事以上で施工管理士又は現場指揮等の経験がある。	レベルⅢ工事以下の施工管理士長・現場指揮長になれる。

出典；Chin phu so 15/2021/ND-CP, NGHI DINH Quy dinh chi tiet mot so noi dung ve quan ly du an dau tu xay dung（2021年3月3日）

（7）第18回講演会　　2022年1月29日（土）。

出席者はオンライン 42 名，出席者のうちベトナム人技術者6名。ベトナムにもオンラインでつなぎリモート研修会を実施した。第 17 回講演会の JICA からの講師が日越大学に関して，2025年以降学生を増加させると共に，部門にベトナム人が希望している農業を加えたいという話を受けて，農業，環境をテーマとした。

講演1は，森山浩光技術士（農業部門）が，ベトナムの農業全般の情報と課題と戦略について報告した。

講演2は，フエ師範大学 Pham Thanh 講師から「ベトナム中部の農業と課題」について英語で報告があった。

3　フォードンの会の今後の方向と展望

3.1　フォードンの会の今後の方向

フォードンの会は，ベトナム人講師を積極的に招聘し，回を重ねるごとに内容が深まっている。第 16 回のフォードンの会からはオンラインによりベトナム本国と日本を結び，講演会を行った。コロナ禍で，国内でもリモート会議が増えたが，今後も会場参加とリモート参加を併用して，直接情報交換が活発になるように企画していく。

3.2　フォードンの会の展望と技術士の国際貢献

フォードンの会に参加するベトナム人は優秀で大変熱心である。参加者の出身大学はダナン工科大学，ハノイ建設大学，ハノイ交通運輸大学等多様であった。日本企業に勤める方もおり，信頼も厚い。帰国すると，行政府の要職や大学に勤める人や起業する人も多い。本会を通じた交流は今後の日越の情報交換と信頼醸成に大きく寄与し，両国の発展につながろう。今後，ベトナム本国の学生や卒業生，企業従業員らも参加できるようにしたいという要望もあった。その中で，技術士が持つポテンシャルを有効に活用できるようにし，国際貢献の一助になることが期待される。

4　おわりに

　2017 年にフォードンの会を引き継ぎ，第 7 回から 2022 年 1 月の第 18 回までの講演会の報告をまとめた。フォードンの会は，日越交流の中で技術士とベトナム人との協働が互いの発展につながる面がある。

　2021 年 9 月からベトナム本国とオンラインで結び講演会を滞りなく行っている。今後，ベトナム在住の技術者や学生にも枠が広がっていこう。

　多くの技術士の方々が参加され，国際協力を推進し貢献されることが期待されている。

＜参考文献・引用文献＞

1）梅田邦夫前駐ベトナム全権大使，オンライン講座
　　「政治からの視点：激変する東南アジアの安全保障環境と最も信頼できるパートナー（自然の同盟）」
　　（2020 年 10 月 9 日講演）

2）大野健一政策研究大学院大学教授，オンライン講座
　　「ベトナム生産性レポートのハイライトと新たな産業協力の可能性」，（2020 年 10 月 27 日講演）

3）Tran Van Tho 早稲田大学名誉教授，オンライン講座
　　「ベトナム経済の発展課題」，（2020 年 10 月 27 日講演）

１１．日本技術士会による台湾技術協力推進活動

On technical cooperation promotion activity for Taiwan by IPEJ

森山　浩光，春原　一義，酒井　重嘉
MORIYAMA Hiromitsu，HARUHARA Kazuyoshi，SAKAI Kazuyoshi

　日本技術士会は各国関係機関と協力協定を締結している。また，海外活動支援委員会は多くの研修会などを開催してきた。本稿では，2020 年 12 月に締結された台湾との協力協定，台湾に関する研修会，また 2021 年 1 月台湾と日本をリモートで接続し行った講習会の概要について報告する。

　IPEJ has held cooperation agreements with related organizations in each country and the Overseas Business Promotions Committee held many seminars. This paper reports on the outline of the cooperation agreement with Taiwan, the Taiwan seminar, and the seminar that connected Taiwan and Japan.

キーワード：台湾，経済部業務投資處，日本技術士会，協力協定，研修会，講習会，リモート

1　はじめに

　海外活動支援委員会の中に台湾小委員会がある。本小委員会ではこれまで既に本書において報告した台湾の各種機関との情報交換を積極的に行ってきた。この成果として，2020 年 12 月 11 経済部業務投資處と協力協定を締結した。

　新型コロナ感染症がこれほどまでに社会活動へ影響を及ぼすとは誰も想像しない中，ほぼすべてメールでのやり取りをし，相互の意思疎通という点で苦労した。2020 年 12 月には台湾に関する研修会を開催，また 2021 年 1 月に台湾と日本を Web で接続し，リモート講習会を開催した。

　今後，リモートが会議や講習会開催の選択肢の一つになる中，コミュニケーションの難しさなどデメリットがある一方でメリットも多くあった。本稿では 2020 年度の業務概要を報告し，リモート活動における注意点，デメリットを克服するうえでのポイントをまとめる。

2　経済部業務投資處との協力協定

（1）関係機関の概要

① 台北駐日経済文化代表處の概要

　台北駐日経済文化代表處は，非政府組織の駐在事務所ではあるものの，台湾と諸外国との間の対外業務を所掌しており，外交の窓口機関の役割を果たしている。ビザ発給，貿易の推進，学術や文化，スポーツ交流など多くの業務を行っている。

② 台北駐日経済文化代表處との情報交換

　2020 年 1 月 7 日に日本側の機関である公益財団法人日本台湾交流協会を通じ，経済部業務投資處の面談を予約した。しかし，新型コロナ感染症が拡大しつつあり先方と面談が中止なり代わりに台湾貿易センター台北事務所より台北駐日経済文化代表處を紹介された。3 月 17 日に港区白金の事務所を訪問し，日本技術士会の紹介，協力協定について協議した。訪問した際，会議室ではなく入り口脇にある待合せコーナーでの打合せを行った。

（2）協力協定締結への活動

　先ず，2020 年 7 月，日本台湾交流協会を通して，国際委員会が基本案を作成している協力協定を提示し双方で確認した。一部修正を行い，11 月に一旦最終確認とした。通常行う調印式を開催することができず，12 月初め郵送した。台湾側代表の署名を得て日本技術士会会長署名，12 月 11 日に双方の署名を確認し，協定締結を完了し

た。
① メリット

相手先への移動時間の節約だけでなく，その前後で余裕をみたりすることから，予想外に多くの時間を消費していることに気づかされた。移動がなくなることにより，交通費など経費削減にもつながった。

② デメリット

今回，担当者間で半年かけて十分な確認を行い，メールで台湾側のリーガルチェックも終了していたが，詳細確認や相手側の反応，ニュアンスが確認できなかった。署名直前に台湾側からの指摘により文書の一部修正があった。対面確認ができない中，これまでより注意を払う必要がある。

3 台湾に関する研修会報告

（1）台湾に関する研修会の概要

2020年12月18日機械振興会館6階会議室にて「台湾に関する研修会」を開催した。当該研修会はリモート聴講（参加費無料）を認め，リモート聴講者61名，会場での聴講者は人数を制限し18名であった。

会場では新型コロナ感染症対策に十分考慮し入室前の検温，手指の消毒，マスクを着用し聴講者相互の距離を十分とった。講師は3名とも機械振興会館において講演した。

（2）各講演の概要紹介
① 講演1

「台湾OEM/ODMビジネスモデルから5+2イノベーションへの可能性」春原一義委員（情報工学部門）

1970年代，欧米日の半導体産業の後工程部分を誘致したところから，ITRI（工業技術研究院, Industrial Technology Research Institute）を設立し半導体，PC，通信産業区クラスター化を目的に新規産業を構築していった。1980年に世界最初の半導体ファウンドリー（受託生産会社）のUMC，現在生産世界第一位のTSMC（1985年～）などが設立された。台湾のPC産業もACERにはじまり（1976年～）ASUS（1989年～）など世界ブランドが確立していった（図1）。

これらの歴史的成功事例をもとに旧来のOEM／ODMビジネスモデルから5+2イノベーション[1]を蔡政権の下，新たな産業構造開発に着手している。この新しい局面において，技術士がお互い協力し，1980年代にメモリー分野で繁栄していた日本が世界で競争できる力をつけ再興するような活動ができるかを考えていくことが必要となる。

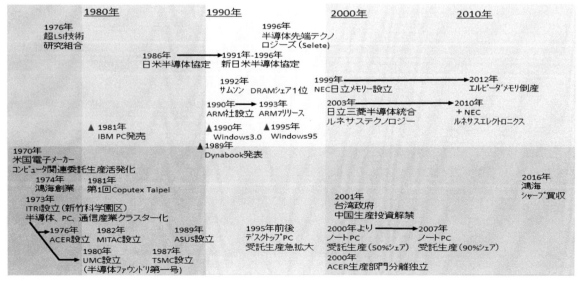

図1 台湾半導体産業，PC産業の経緯から考えるOEM/ODM ～PC産業と半導体産業の推移
出典：春原一義原図

③　講演 2

「台湾における短期及び長期プロジェクト対応に関する注意点そして台湾の魅力・思い出」清水健二氏（（株）関電工）及び酒井重嘉委員（電気電子部門，同）

　急な海外赴任を依頼される可能性がある。その対応についての事例紹介があった。また，実際の海外プロジェクトにおける経験を基に，電気設備設計や電源品質への取組みなど，基盤となる技術について見逃されている場合が多く過去に発生した事故事例などに基づいた制度設計や，経験値を積み重ねてきている日本の技術者によって活躍できる分野が多く残っていると考えらえる。さらに現地赴任までの準備業務，業務を進めるうえでの現地スタッフとのコミュニケーション，特に現地スタッフは専門家意識が強く，指導時にはできるだけ人前では行わないなど，細かい点についても報告された。

（3）聴講者アンケートの結果と評価

　セミナー終了後，聴講者にアンケートを実施した。参加動機は「知識習得」や「今後の海外業務に役立てたい」などが約6割を占めており，今後の海外業務の予定・希望については「機会があれば海外業務を経験したい」といった声が5割以上あり今後に向けたきっかけづくりとなっている。一方で，今後の海外業務の課題・障害については，知識・経験・ノウハウ不足や語学力不足等を心配する声があった。回答者の年齢層にもよるが技術士として更なる自学自習が不可欠である。

（4）遠隔セミナーのメリット・デメリット

　メリットは，これまで研修会は東京で開催されることが多く，地域本部・支部からの参加が困難な場合が多かった。これに比べリモートでは開催場所にとらわれることがない。どこでも開催・参加でき，多くの聴講者が見込まれる。リアルタイムで出席状況を確認できたり，講演内容に対し反応を返したりすることもできる。録画機能を活用することにより講演者の「振り返り」にも活用できる。

デメリットは，リモート参加であると，臨場感がなく，質問のタイミングがとりづらく「質問しづらい」という意見があった。司会役となるファシリテーターが，質問時間を現地とリモート参加者で分けたり，チャット機能を活用したりするなど，工夫することで解決できる。

4　台湾向け講習会報告

（1）台湾側機関の概要

　2020年2月，海外活動支援委員会より台湾産業関連機関との関係構築を目的とした出張を行った。その一つの三建産業情報社から台湾での講演依頼があった。同社は主に樹脂材料，高分子化学材料，その量産化技術について継続的にセミナーを開催している。

　今回は，「Liquid Crystal Polymer（LCP）材料の量産化」について講演会講師派遣の依頼があった。

（2）講習会開催までのスケジュール

　2020年3月，指導内容について技術士パーソナルデータベースに掲載するとともに，該当する部会へ案内を行った。その結果，応用理学部門，化学部門から講師応募があった。台湾側と調整を行ったが，感染症の状況から一旦中止する旨の連絡があった。その後，2020年9月に，台湾側より同内容にて講習会を開催したいとの連絡を受け，2021年1月18日と19日の二日間にわたる講習会を開催するに至った。

（3）講習会の概要

① 講演 1

「液晶ポリマーの現状と将来動向」八角克夫氏（化学部門）

　講演内容は（1）世界の液晶ポリマー，LCPの市場，（2）LCPの基礎，（3）LCPのモノマーと用途，（4）LCPの成形加工，（5）5G技術を支えるLCPの動向である。特に量産化技術に関しての要望が強くその点に注力し講演を行った。LCPは，近年，5Gへの適用が高まり内外を問わず急速に関心が高まっている耐熱性高分子である（図2）。

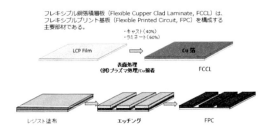

図2　LCPフィルムを使ったFCCPとFCLの製造原図
出典：八角克夫原図

② 講演2

「量産化技術を支える真空技術とプラズマ技術」坪井秀夫氏（応用理学部門，博士（工学））

講演内容は，（1）液晶ポリマーの製造技術，（2）量産化のために必要な技術，（3）現象の理解：無次元数の応用，（4）真空技術，（5）プラズマ技術である。量産化技術に関する講演を強く要望されていたので，量産化のために必要な種々の技術と量産化を支える真空技術とプラズマ技術に関し，講師自身の経験を踏まえながら講演した（図3）。

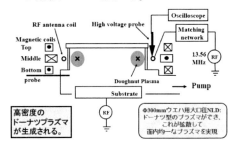

図3　磁気中性線放電(NLD)プラズマエッチング装置
出典：坪井秀夫原図

（4）今回の講習会の良かった点と課題

① 異なる技術部門の協力

講習会で講演した両技術士から「二人で対応したメリット」について貴重な意見をいただいた。昨今，技術ニーズは細分化され，記載された依頼内容から，自分の専門外であると判断し対応を断るケースがある。今回，一部門の技術士では範囲が広く対応不可能であるが，異なる部門の技術士と協業することで依頼要請に対応した。異なる部門の技術士とのコミュニケーションが重要であることを知るよい事例となった。

② コミュニケーションの課題

参加者とのコミュニケーション不足が指摘された。「対面でない分，講習中の言葉の抑揚が難しい。」「参加者の顔が見えず講演しづらい。」とのことであった。講演者にとってこれまでリアルに参加者の雰囲気を感じることができていたが今後はこのようなリモート講習会の機会が増えることを考えると講演者側にも慣れが必要である。

（5）台湾との技術支援コンタクト

經濟部業務投資處との協力協定締結仲介の御礼に，2021年4月15日，台北駐日經濟文化代表處を訪問した。その際，"Contact TAIWAN"を紹介された。これは台湾企業がグローバル人材を採用するプラットフォームで，1,800以上の台湾企業が登録，18,000人以上，140以上の国々が登録されている。コンタクトを取る際は"Contact TAIWAN"のホームページ（www.4 contacttaiwan.tw）を参照されたい。

5　おわりに

本稿では，台湾との協力協定締結，台湾での実務経験者を講師とした研修会，台湾と日本をリモート接続して開催した講習会についてその概要を報告し，長所と短所を報告した。技術士が社会的貢献をできる場所は，世界に広がっている。海外活動支援委員会は，今後も台湾をはじめ多くの国々に関する情報を提供していく。新型コロナ感染症の拡大による新しい時代が始まり，働き方やセミナーの開催方法も大きく変化した。新しい時代に向かってさらなる研鑽が求められる。その上で，新たな研究成果を発揮できるように，技術士自身が成長をしていくことで日本の産業発展につながるものと考えられる。クロステック（xTech）というキーワードがある。新しい技術と組み合わせることにより活躍できるフィールドは大いに広がるものと思われる。

１２．技術士が海外で活躍するための有益な情報の提供に向けて

To provide useful information for professional engineers to work overseas

辻　隆治

TSUJI　Ryuji

　海外活動支援委員会は，技術士支援の一環として「海外技術協力講習会」を毎年主催している。2019年度の講習会を12月13日，2020年1月24日に開催したので，この内容について報告する。

The Overseas business promotion committee organizes "seminar to support overseas business" every year as part of support for Professional Engineers. The author will report on the contents of the seminars for fiscal year 2019, which were held on December 13 and January 24 in 2020.

キーワード：海外活動，国際貢献，課題解決，自己実現

1　はじめに

　海外活動支援委員会には活動機会促進，研修，情報統括と5つの国別の8小委員会がある。
　研修小委員会では，地域やテーマに工夫を凝らし，年2回の講習会を行っている。昨年度の講習会報告を通じて，海外活動の始め方について述べてみたい。

2　講習会開催報告

2.1　海外技術協力講習会－1　（写真1）

（2019年12月13日（金）開催）
　「海外活動を行う技術士への事例紹介，情報提供」というサブタイトルで開催した。
　参加者は地域本部のWeb参加者15名を含め54名であった。

（1）　メコン地域における経済回廊
　日本貿易振興機構（JETRO）アジア経済研究所　上席主任調査研究員　石田正美氏

　大メコン圏は，メコン地域（カンボジア，ラオス，ミャンマー，ベトナム，タイ）に雲南省，広西チワン族自治区を加えた範囲で，南北，東西，南部の3つの経済回廊（特定の地理的枠組みで生産，貿易，インフラを結びつける道路）がある。経済回廊に指定された区間では，舗装化，片側2車線化，橋梁建設，高速道路建設が進められた。経済回廊の建設を通じ陸上国境貿易が活性化するが，中国やタイに対するカンボジアやラオスやミャンマーの貿易不均衡も存在する。
　投資面では，タイ・プラス・ワンの投資がカンボジアとラオスに拡大し，今後はミャンマーへの外国投資増が焦点だが，越境手続きの簡素化が課題である。越境交通協定により，シングル・ストップ化の実現が期待されるが，見通しはまだ立たない。通関費の削減も大きな課題である。
　中国の一帯一路構想のもとで，ラオスとミャンマーで高速道路及び高速鉄道の建設と計画が進んでいる。

写真1　海外技術協力講習会-1の様子

（2）JICA食と農の協働プラットフォーム

国際協力機構（JICA）農村開発部
計画・調整課課長　日高弘氏

農業・農村開発分野の主なプラットフォームには，①JICA食と農の協働プラットフォーム（JiPFA），②栄養改善パートナー，③グローバル・フードバリューチェーン（GFVC）推進官民協議会，および ④農学知的支援ネットワーク（JISNAS）がある。JiPFAは，「持続可能な開発目標（SDGs）」の達成に向けて，国内の産官学関係者が途上国及び日本の課題解決のためにゆるやかなネットワークを設置するものであり情報や経験の共有等を通じて，様々な『共同活動』を産み出すことを目標とする。2019年4月の設立後，多くの分科会で100名規模の参加があり，現在，分科会テーマと基礎情報収集調査等を組み合わせ，企業の調査ニーズの取り込み，調査への参加，技術協力プロジェクト活動への付加等の共同活動を模索している。

JICAには，途上国政府への各種要請のほか，信頼できる現地パートナー企業の紹介，技術協力で育成した農家グループ，デモンストレーション用の農地等の紹介が期待されている。

（3）PPP事業（海外）の現状とミャンマー国の建設工事事情

一般社団法人 東京技術士会 代表理事
技術士（経営工学部門）　二宮孝夫氏

PPP（Public-Private-Partnerships）事業は，公共サービスに市場メカニズムを導入して効率化を図るとともに，リスクは官民で分担する仕組みで，1980年代から世界各国でクローズアップされた。PPPによる海外インフラ事業の多くは，行政機関による事業選定が主である。PPP事業者は，建設費用や運営・維持管理費用の積算，需要予測，建設期間及び運営期間，キャッシュフロー計算書の作成入札条件書の要求水準の総合的検討を経て事業参画の是非の判断を行う。

ミャンマー国においては，大型インフラ事業は調査・FS段階であり実施案件数は多くない。

また，発注機関・主管官庁・カウンターパートの行政能力の低さにより，事業者の負担増，現場の遅れも散見される。このほか，土地所有問題の特殊性（政府や軍が所有）や建築資材の不足，協力事業者のレベル，建設関連法制度への認識不足や雨期の存在等多くの課題がある。

（4）海外業務の留意点

技術士（建設部門）福島晴夫氏
（前ベトナム小委員会委員長）

企業内技術士として行う海外業務は，多くの場合，オフィスが海外に移動しただけで，決定権や責任は会社にある。独立した技術士の海外業務は情報収集や業務獲得はもちろん，責任も自分となるほか相手（発注機関）次第といった面もある。JICAやJETRO等との契約で業務を行うが，相手が公的機関の場合は現地事務所との綿密な打合せも可能で，安全性も高い。一般企業の場合は，状況により危険な面をはらみ契約交渉・内容には十分な注意を払う必要がある。課題解決にはこれまでに築いた人脈が役に立つ。現在のIT化，AI化の技術活用はマストアイテムである。

海外ではどこの国でも宗教を尋ねられるため経済・宗教・民族性を調べておくことが重要となる。

海外は契約社会が基本で，全てについて書面とサインが必要である。インフラ整備プロジェクトでは，経験に乏しい現地業者が多く設計図どおりの施工をしない，できないなどの技術的課題，工程管理や安全管理といった施工管理上の問題がある。

2.2 海外技術協力講習会－2　（写真2）

(2020年1月24日（金）開催)

「海外活動の始め方，心構え」というサブタイトルで開催した。参加者は78名（地域本部のWeb参加者15名を含む）であった。

（1）バングラデシュの地下水ヒ素汚染と安全な水供給への取り組み

（株）地球システム科学 水資源事業部 次長
技術士（応用理学部門，総合技術監理部門）末永和幸氏

アジアのヒ素汚染地域は，鉱山開発に伴う鉱害はスポット的に，自然界の物質循環過程は流域に沿って広がる。バングラデシュはほぼ全域が自然要因による被害地域であり，地下水利用への依存度が高いことから，健康被害も広範囲に及ぶ。ヒ素汚染対策には，深井戸によるヒ素を含まない地下水の採取，表流水の利用，ヒ素除却などがあり，地質条件，維持管理，乾季の水不足，スラッジの処理などの方法と課題がある。それぞれにメリット・デメリットがある。安全な水供給には，これら技術的要因に限らず行政組織能力，住民の意識，政治的圧力といった社会的要因もある。

社会的要因に対する国際協力としては2つのアプローチがある。

行政組織能力の強化や制度・仕組み作りでは，包括的技術ガイドラインの整備，情報システムの強化，中長期の給水計画の作成などがある。人材育成や住民意識の改善では，学校での啓発活動や停止中給水施設の修繕・再稼働，維持管理トレーニングといった維持管理技術支援がある。

写真2　海外技術協力講習会－2の様子

（2）開発途上国の都市・交通問題の解決を仕事にする～国際協力と都市・交通計画～

（株）アルメックVPI 海外事業本部
交通計画部 グループマネージャー関陽水氏

途上国におけるバランスの取れた都市の構築は都市の持続的成長と地球全体の持続性にとっても重要であり，開発途上国を支援する取り組みが不可欠である。ODAによる技術協力プロジェクトは，開発途上国の人が自ら課題解決できるように知識やノウハウを教える取り組みで，教育や保健医療をはじめ，都市開発・地域開発や運輸交通など，多岐に及ぶ。

都市・交通計画分野における技術協力のプロセスは基礎情報の収集，都市のプランニング，セクター別計画，人づくり・組織づくり，インフラ整備，運営・維持管理という流れになる。

ミャンマー国ヤンゴン市では，都市交通マスタープラン更新に関する基礎情報の収集，プランニングに携わる。

ベトナム国ビンズオン省では，公共交通改善に向けたパイロットプロジェクトの企画・実施に携わる。また，途上国の行政職員を日本へ招いての技術指導を実施している。このほか，海外協力・支援の方法として，土木学会による取り組みを紹介された。

（3）技術を武器に途上国の社会課題を解決する仕事

（独）国際協力機構（JICA）国際協力人材部
人材養成課主任調査役　川角みのり氏

日本が開発協力を行う背景には，①世界の中の日本の役割，②途上国の問題は世界の問題，③安定と繁栄の相互依存，④海外援助（資源・食料・労働力・製品等）に支えられた日本，がある。政府による支援は外交のツールであり，先進国としての責務を果たすこと，日本の国益に合致する環境づくりが目的である。

JICAにはいくつかの国際協力のアプローチがあり，開発途上国からの要請に基づき現地の人びとと共に途上国の課題解決に取り組む「海外協力隊」，専門知識・技術を活かし途上国へ技術移転や組織・制度改善を提案する「技術協力専門家」がいる。

海外協力隊の職種は120種以上で，派遣期間は1～2年で，毎年募集がある。

技術協力専門家は，課題解決のプロジェクトにチームの一員として活動するもので，求人情報等はPARTNER（国際キャリア総合情報サイト）に登録することで得ることができる。

（4）海外業務に必要な技術提供管理基礎知識

中村テクノサプライ事務所 所長
安全保障貿易管理士（総合），
技術士（化学部門）　中村英夫氏

安全保障貿易管理とは，我が国又は国際社会の平和及び安全を維持するため，他国やテロリストから攻撃を受けないようにするための方策である。海外で活躍する技術士が増えているが業務で最小限の安全保障貿易管理上の位置付を行うこと，法令違反をしないことは，技術士の責務である。我が国における輸出，技術提供規制には，外国為替及び外国貿易法（外為法）の輸出令，外為令に定められたリスト規制と用途やユーザーによって該否判定されるキャッチオール規制がある。

いずれも，兵器，兵器の開発等に利用できる貨物や技術の提供を規制するものであり，違反すると罰則や行政制裁の対象となる。

次世代及び先端技術の米中覇権争いの中，米国の製品，技術及びこれに基づく日本製品，技術の日本からの中国へつながる輸出，技術提供も規制が強化される動向にあり，安全保障貿易管理，特に技術提供の管理が今後一層重要となる。

3　海外活動へのロードマップ

3.1　アンケート結果にみる海外業務への意向

参加者へのアンケートによると，将来を含め，海外業務を希望する者は74％に上る（図1）。

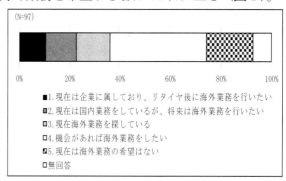

図1　海外業務の希望

海外業務の目的は，「国際貢献」が51名，「プロとしてのビジネス」が49名となっている

また，不安に思うことは，複数回答であるが海外業務の場を見つけ出すこと」が最も多く，次いで知識や経験，語学力，安全に対する不安も多くなっている（図2）。

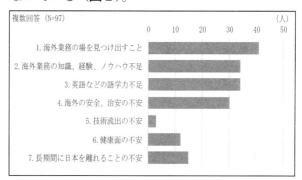

図2　海外業務への不安

3.2　ロードマップ（試案）

アンケートの結果を受けて，海外業務の始め方について触れたい。ロードマップ的に考えれば，スタートは「将来，海外で仕事をしてみたい」という発意，ゴールは「海外で仕事をして，良かったな」という満足感といったところであろうか。そのプロセスには，準備段階，実践段階それぞれには，いくつかのステップがある。

（1）準備段階

「やってみたい」と思うだけでは何も始まらない。先ずはいつ頃までにどのレベルまで到達すべきかといった「①目標設定」が大切である。

そして，自分に何ができるのか，どういう能力・人材が求められているのかを知る「②棚卸し」の段階がある。

並行して，研修・講習会に参加して，経験者の情報に耳を傾けたり，興味のある国の実情を調べたりする「③情報収集」の段階がある。

講習会等の機会を活かして人的ネットワークを作ることも重要となる。

一方で，語学や生活様式への対応，文化・宗教など，「④海外での生活スキル」も身に付けておく必要がある。

特に，語学は個別専門家であれば，英語は最低限 TOEIC スコア 600 点以上，できれば 730 点以上は必要となる。

また，種々のコミュニケーションスキルと IT 機器を使いこなすこともマストである。なお，IT 化やキャッシュレス化は日本以上に進んでいる場合がある。

（2）実践段階

具体的な「⑤職探し」は，JICA（国際協力機構）の「PARTNER」や JETRO（日本貿易振興会）といった機関を通じて探すことが第一歩となる。土木学会等の団体にも門戸は広がっている。

海外活動支援委員会でも，技術士パーソナルデータベース（PDB）の登録者に中国や台湾からの求人情報（研修講師や技術指導）を提供している。

なかなか要請と技術，派遣のタイミング等がマッチングしないが，成約率の向上と対象国の拡大（ベトナム等）に取り組んでいるところである。

「⑥実践」段階では，小規模，個人単位のものから始めて，大規模，さらにプロジェクトチーム単位のものにステップアップしていくことも考えられる。企業在籍中に海外業務経験がある方には企業と連携した参加機会もあると考える。

4　おわりに

海外活動支援委員会主催の講習会情報は，会報の月刊『技術士』やホームページで確認できる。国別の講習会も開催していく。より具体的なロードマップの試案については，現在，委員会内で検討中であり，別途，講演会を開催し報告する。
【2020 年 10 月に，機械部門，農業部門の技術士を講師としてロードマップに関する講習会を開催した。】

１３．海外活動支援委員会における ICT を活用した取り組み

The Efforts to Utilize Information and Communication Technology for Overseas Business Promotion Committee

三谷　洋之

MITANI　Hiroyuki

　海外活動支援委員会の広報活動と ICT 活用による委員会活動支援を行うために情報統括小委員会が設置されている。本稿では小委員会の活動内容と今後の取り組みを紹介する。

　The sub-committee on information management has been established to provide publicity and to support the activities for the overseas business promotions committee through information and communication technology (ICT). This paper introduces the activities of the sub-committee and future initiatives.

キーワード：海外活動，広報活動，ICT 活用，新型コロナウイルス感染症

1　はじめに

　海外活動支援委員会には活動機会促進，研修，情報統括の小委員会と，台湾，中国，ベトナム，韓国，ミャンマーの国別小委員会が設置されている。

　情報統括小委員会は，今期は情報工学部門，電気電子部門の２名の委員によって構成されている。他の小委員会は講習会や技術士パーソナルデータベース（PDB）等を通して直接本会会員向けに情報提供を行っているが,情報統括小委員会は海外活動支援委員会の活動紹介や海外活動に関心がある会員への情報提供，各小委員会の活動が円滑に行われるよう情報技術を用いてサポートするといった，いわば縁の下の力持ちという立場で活動している。今回は，情報統括小委員会がどのような活動をしているか紹介する。

2　情報統括小委員会の役割

2.1　ミッション

　情報統括小委員会のミッションとして，「広報活動」「ICT（Information and Communication Technology）活用による委員会活動支援」がある。広報活動では主に本委員会ホームページを通した講習会の案内や毎月実施している委員会の議事録公開，国別ミニクイズ等を通して会員への情報提供や活動報告を実施している。ICT 活用による委員会活動支援では，地域本部や県支部への講習会の Web 中継や，会員への海外活動に関する Web アンケートを実施している。

2.2　広報活動

　本委員会では定期的に海外活動・経験が豊富な技術士や外部講師を招いて海外活動に関する講習会と研修会を開催している。昨年度は４回実施し，いずれも多くの方にご参加頂き好評を博した。講習会等は本誌の会合・行事予定や日本技術士会ホームページの CPD 行事等予定で案内しているが，それらの案内では概要しか掲載することができず，詳細内容まで表示することは難しい。そのため本委員会ホームページにおいて詳細内容を紹介し，参加のための情報提供を行っている。

　海外活動を支援するにあたり，定期的に海外の諸団体と情報交換を行い良好な関係を構築・維持することは円滑な活動を行ううえで重要である。

近年のICT技術発展に伴いメールやWeb等によるオンライン会議を活用することで直接対面しなくともコミュニケーションを図ることが可能になった。しかし、これらのツールを活用したとしても細かな意思疎通を行うには直接対面した方が良い。

初対面で母国語が異なる相手にとっては、なおさら直接対面した方が意思疎通を図りやすい。委員が海外出張を通して諸団体と交渉・情報交換を行う場合には、詳細内容および成果を本委員会ホームページで出張報告書として会員に報告している。ご覧頂き、業務や活動の一助として頂ければ幸いである。

また、本会には海外に関連した活動を実施している会員が多く所属している。その実績を委員会ホームページで「会員による海外活動実績」として紹介している（図1）。

図1　会員による海外活動実績

2.3　ICT活用

本委員会の活動主体が統括本部ということもあり、講習会は原則として東京都港区の機械振興会館で実施している。

しかし海外活動に興味を持たれている会員は日本全国に在住されているため、何らかの方法でその方達に講習会に参加頂き、有用な情報を伝える必要がある。本委員会では参加希望があった地域本部や県支部とWeb中継を実施し、遠方であっても講習に参加頂けるような仕組みを取り入れている。Web中継はこれまで日本技術士会事務局が使用しているMicrosoft社のSkype for Businessを用いて実施していたが、今後は同事務局が最近使い始めた同社のTeamsで実施していく予定である。

地域本部や県支部とWeb中継を実施しているから統括本部と各地域との情報格差が無くなるかというと必ずしもそうではない。現状では地域本部や県支部が確保した会場とのWeb中継であるため、Web中継で聴講される方がその会場まで移動する必要があり、地域や県によってはその移動距離によってWeb中継での聴講を断念せざるを得ないケースもあると理解している。

ICTを活用することで従来よりも地域との情報格差は軽減していくが、さらに軽減するための方法をこれからも模索していきたい。

本委員会ではPDBを通して登録会員へ海外業務の紹介を行っている。2020年1月時点で約350名の方に登録頂いているが、近年はマッチング率が低下している。マッチング率を高めるために、PDB登録会員（海外）が本会のシステムをどのように利用し、評価し、またどのような改善が必要なのか調査する必要が生じた。そのため2020年1月に登録会員に対してアンケート調査を実施した。アンケートの詳細は月刊『技術士』4月号に掲載されている。情報統括小委員会ではオンラインのアンケートシステムを準備することで、アンケートの円滑な実施および集計を行えるようにした（図2）。

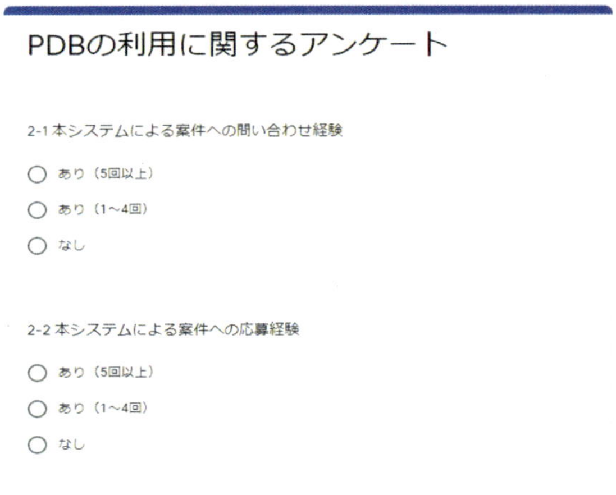

図2　PDBの利用に関するアンケート

約25問の設問に対して100名強の方から回答があった。アンケートで最も時間がかかる集計作

業はおおむね円滑に実施できた。

既存のアンケートシステムを利用する際の問題点として，例えば多肢選択や数値入力等のあらかじめ用意されたテンプレートに沿った設問であれば問題ない。しかし複雑な条件の設問にはアンケートシステムが対応することができず，設問そのものを変えるか，あるいは文字で自由入力してもらうしかない場合があった。前者は質問そのものを変えることになるため，知りたい情報を正しく得ることが難しくなるという問題があり，後者は集計作業が増えると行った問題がある。今回はアンケートシステムとして Google Forms を利用したが，他にも適したシステムが無いか調査を継続していきたい。

3　最近の取り組み

3.1　国別知識ミニクイズ

本委員会の名称は海外活動支援委員会である。読んで字の如く，海外活動を支援する委員会であるが，支援するためには海外活動をしているか，あるいはしたいと考えている会員が必要不可欠である。業務で海外活動するケースもあれば，業務経験を活かして海外活動を希望されるケースもあり，いずれにしろ海外活動に関心を持って頂くことが，国内のみならず海外でも十分活躍できる会員を増やすために必要である。海外活動に関心を持って頂くために，本委員会ホームページにおいてクイズ形式の国別知識を提示した。これには多くの青年層の会員が関心を持たれている，今後，技術士の活躍の場となると考えられる国や地域を取り上げ，その国・地域の文化・歴史・地理に関するミニクイズを通して理解を深めて頂ければと思い 2019 年度に作成した。すでに東南アジア・ベトナム等を掲載したが，これからも拡充していく予定である。

3.2　月刊『技術士』アーカイブス

月刊『技術士』では，様々な技術分野に関する興味深い記事が毎月掲載されており，その中には海外での経験や実績に基づいて記述されたものも数多くある。それらの海外に関する有用な記事を「月刊『技術士』アーカイブス」として集約し，本委員会のホームページで 2019 年から公開している。

海外で活動するにあたり，具体的にどのような活動をしているのか，あるいはどのような事に注意しなければいけないのかといった情報を得ることは比較的難しい。講習会を通して得る方法もあるが日程が合わず参加できないケースも多いと考えられる。月刊『技術士』に掲載された海外活動に関する記事をアーカイブス形式で紹介することで，有用な情報を比較的容易に入手できると考え実施することとした。過去 10 年間の会報を調査したところ，海外に関する約 50 本の掲載記事が見つかった。これらの記事を精査し，執筆者の許可が得られた記事を順次公開していくので，海外活動の一助になれば幸いである。

この連載も本委員会のホームページで公開しているので是非ともご覧頂きたい（**図3**）。

また，アーカイブスがきっかけで海外活動に関心を持つ人が増えることを願っている。

図3　海外活動支援委員会の連載記事

3.3　情報共有システム

実行委員会委員は1期2年の任期で，連続して2期4年就任することができる。管轄する常設委員会が必要に応じ委員を継続する必要があると認めた場合は再任することもできる。しかし，一般

に2年ごとに約半数の委員が入れ替わり，数年で全委員が入れ替わることになる。

海外活動を支援するために，国内外の諸団体と交渉を行い，必要に応じて文書を取り交わすこともあるが，4，5年以上経過した内容に関しては当時の担当者が委員を外れており，引継書類に記載されている以上の細かな経緯を追いにくくなるという問題がある。そのため情報共有は非常に重要である。

ICTを用いた情報共有を行う場合に，先ず思いつくのがファイル共有である。

ファイル共有を行う上で重要なことは，利便性とセキュリティの両立である。利便性を高めてセキュリティ対策が疎かになると使い勝手は良くなるが情報漏洩のリスクが高まる。しかし利便性を低くしてセキュリティを高くすると，情報漏洩のリスクは低くなるが誰にも使われないシステムになってしまう。そのため利便性を損なわない程度にセキュリティ対策をとった情報共有システムとする必要がある。

ファイル共有を実現する場合，OSS（Open Source Software）を使用してファイル共有サービスを自前で準備する方法と，有償あるいは無償のファイル共有サービスを利用する方法がある。

前者であれば，サービスを動かすためのサーバ使用料金等が必要になるが，ファイル共有サービスに比べると比較的安価に実現可能である。しかしながら構築・運用に関する知識を持った委員がいない場合は情報漏洩等のリスクにつながるため，定期的に人の入れ替えが発生する委員会での利用は困難である。

後者の場合，有償であれば当然ながら使用料金が必要となり，無償の場合は使用可能な容量やセキュリティ機能に制約が設けられる場合がある。それぞれ長所と短所があるが，後者を軸とした情報共有の方法を検討していく必要がある。

4 新型コロナウイルス感染症の影響

4.1 委員会活動への影響

新型コロナウイルス感染症（COVID-19）が猛威を振るい，WHOの発表では2020年5月31日時点において184の国と地域で550万人以上の感染者と35万人以上の死者が出ている。多くの国と地域で移動の禁止・制限や，入国者に対して一定期間隔離をする等，拡大防止のための様々な措置が取られている。

我が国でも2020年4月7日に新型コロナウイルス感染症緊急事態宣言が一部都府県に対して発令され，その後4月16日に全都道府県に拡大された。本稿執筆時の2020年5月に宣言は解除されたが，1918年に発生したスペイン風邪同様第2波，第3波も予想され予断を許さない状況である。

本委員会では毎月第4金曜日に委員会を開催しているが，COVID-19の感染拡大に伴い4月の委員会から対面での開催を見合わせている。4月はメールでの議論を中心として委員会活動を実施していたが，5月度委員会ではMicrosoft社のTeamsを用いて委員会を開催した。本委員会では初めての試みであったがおおむね問題なく開催できた。今後もCOVID-19の感染状況を注視しつつ必要に応じてオンラインで委員会を実施していくことになるが，今回の経験をこれからの活動に活かしていきたい

4.2 講習会への影響

毎年講習会を実施しているが，COVID-19の状況によっては従来のように会議室に多くの受講者を集めて開催することが困難になる場合も考えられる。そのため人が密集しないように，Web中継等を活用して講習会を実施する方法を考える必要がある。日本技術士会のみならずさまざまな学協会においてオンラインでの会議が開催されているため，それらの情報を収集しつつ，COVID-19による制約下でも講習会等で情報提供できるような仕組みの検討を進めている。

5　おわりに

　情報統括小委員会の活動内容を紹介した。ICT活用によりオンラインでのアンケートやオンライン会議等が実施できるようになり，従来よりも利便性が向上している。特にオンライン会議に関しては，密集・密閉・密接を避け COVID-19 の集団感染を防ぐために幅広く利用されるようになり，多くの知見が得られている。

　これらの技術や知見を活用し，今後も広報活動を通した会員への情報提供と委員会活動の円滑な実施に努めていきたい。

第Ⅱ章　SDGs の目指す社会に向けて

1．SDGs が目指す「誰一人置き去りにしない」未来に向けて
Towards our future "No one will be left behind"

森山　浩光
MORIYAMA Hiromitsu

1　はじめに

日本は，平成から令和の時代に移り，やや明るいムードも漂うこの頃である。平成の時代が「経済不況の30年」とか「災害の多かった時代」と言われつつも，戦争の無い平和な時代であったことは喜ばしい。しかし，世界各国の状況を見ると，信用が破綻したり，気候変動を思わせる大災害が発生したり，各地で紛争や戦争が絶え間なく起った時代であった。歴史を紐解き，中世以降を眺めてみても，封建時代から王朝時代，宗教戦争，産業革命，資本主義社会の進展，市民革命，ロシア革命と社会主義国の建設，東西冷戦，南北問題，ベルリンの壁崩壊，ソ連の解体，BRICs の進展，中国等の発展等々とつながり，今日に至る。その間には，大航海時代，植民地侵略，帝国主義，ファシズム，二つの大戦，経済復興，グローバル化が見られる。歴史が進むにつれ，より良くなるといった一方向的な，安易に全てを何かに預けた様な歴史観では，複雑な人間社会の見通しは難しい。

2　現代社会の課題と SDGs

現代において，米国，欧州を統合する EU，ロシア，そして中国やその他先進国となお途上国の位置づけにあるアジア，中南米，アフリカ，島嶼諸国などとの関係は複雑である。「宇宙船地球号」と言われて久しいが，平和な環境下にあっても，相互依存関係というよりは経済的な支配関係があり，他国の資源を奪いつくした植民地時代と似たような状況が見られる地域もある。そして，世界各地で食料，資源，人種，宗教等を背景に多くの紛争や戦争が実際に起きて

いる。世界で人間の数が一方的に増加し，動植物昆虫が減少している。地球は，温暖化現象や貧困，飢餓を含め待ったなしの多くの課題を抱えている。

国際連合はそれらの課題を解決するため，2000年に MDGs（Millennium Development Goals,（ミレニアム開発目標））で8つの目標を示し，2015年に向けて取組んだ。地域，性別，年齢等によっては一部達成されたが，まだ達成できない課題が残されている。地球温暖化による海面上昇により国土を失う島嶼国や沿岸部地域があり，一日 1.25 ドル以下の収入しかない人々が8.3億人存在し，地域的な食料の偏在による飢餓や栄養不足により8.1億人の人が苦しんでいる。マラリア，エイズ，結核など疾病，きれいな水やトイレがない生活環境では，5歳以下で亡くなる子供たちが毎日 15,300 人いる。種々の理由で，初等教育さえ受けられない環境の子供が 6300 万人いる。そのうち，女子が半数以上の 3430 万人を越えている。全世界でジェンダー平等を実現する必要がある。

そこで，国連では2015年9月に，「持続可能な開発目標」（SDGs（Sustainable Development Goals））を採択した。野心的かつかなり高い目標を掲げた SDGs の目標年は2030年であり，持続可能な社会を実現するために，途上国だけでなく先進国を含む世界共通の課題解決のために 17 の目標を掲げ，さらに 169 のターゲットで構成されている。経済・社会・環境の3つの調和と5つの P（People, Planet, Prosperity, Peace, Partnership）との関わりを重視している。

重要なことは「誰一人取り残さない（No one will be left behind）」と理想を掲げたことである。

その取組みは，援助機関，政府，企業，大学，研究機関，市民社会などあらゆるアクターによることが期待されており，毎年7月には，国連ハイレベル政治フォーラム（HLPF）で，各国のSDGsの取組み状況を報告することになっている。

日本は，政府がSDGs推進本部を2016年5月に設置し，実施指針を同年12月に策定した。実施指針に基づいたSDGsアクションプランにより各施策の具体化を図ることとしており，「Society 5.0の推進」，「地方創生・まちづくり」，「次世代・女性のエンパワーメント」の3本の柱を提示した。また，金融業界は，ESG投資（投資する際の企業価値の測定に，環境（Environment），社会（Social），ガバナンス（Governance）という非財務情報）を考慮することとしている。経団連は2017年11月に，新たな成長モデルSociety 5.0とSDGsへの貢献を柱として，企業行動憲章を改訂した。大学でもSDGsを意識した行動指針を設置したり，講義を増やしたりしている。こうした産学官連携の動きが少しずつ浸透してきた。

SDGsの目標（図1）とターゲットは，世界の途上国向けだけでなく，先進国向けの課題も含まれている。もちろん，日本社会における同様の課題解決も必要である。また，2019年4月から認可された日本への単純技術労働者の導入により，国内における外国人問題も含まれよう。これらSDGsの目標を達成するためには，イノベーションや投資，さらにライフスタイルの変革が求められる。

SDGsの内容は，画期的かつ野心的なものと言えよう。17の目標は，3つのカテゴリに分かれていると考えられる。1から6は貧困，飢餓，健康，教育や，ジェンダーなど途上国を中心とした問題。7から12は働きがいや経済成長など先進国の問題。13から17は気候変動や海及び陸の資源，平和構築など世界が抱える問題。そ
れらを，グローバル・パートナーシップを活性化して目標を達成しようとするものである。これら17の目標を具体的にしたものとして169のターゲットが示されている。誰一人置き去りにしないで，直面する諸課題の解決に取り組むこと，そして各目標，ターゲットを2030年までに達成することを求めている。

図1　SDGsの17目標
出典：国際連合（the United Nations）

3　SDGsと私たちのなすべきこと

何千年も何万年もの昔から，地球には同じように，朝露に光射し，花が咲き，風が吹き，人々が満天に輝く星を見上げてきた。そんな中，戦争があり，飢餓と貧困の問題があった。現代においても，増加する人口の下で貧困や栄養不足，教育など途上国に多い課題があり，先進国にも多様な課題が残る。国のみによる解決でなく，企業など全てのステークホルダーの参加を得た連携を図り，SDGsが掲げる17の目標を解決することが，持続可能で平和な世界の構築につながろう。

21世紀の今，生まれた国が違うだけで，多くの幼い生命が消え去り，アフリカや中南米では生活・労働問題が大きな課題となっている。生まれ育った国を捨てた人々の欧州や米国への移動も始まっている。日本は国内の生活改善を図りつつ，ODAによる国際協力の推進により，世

界に大きく貢献してきた。それでも，地球規模の課題を一つの国だけで解決することは難しい。貧富の差があることにより，教育の機会を失い，自由を損ない，子や孫の世代に貧しさが連鎖する。

動物の中で特に身体が大きいわけでもない，哺乳類のヒトが生き残れたのは，脳の発達，火の利用，道具の発明，そして社会を形成し，抽象的概念を理解する動物であったからだといわれる。厳しい環境の中，連携し協力し合い，食料を得たり，外敵と闘ったりしてきたのであろう。人は家族や愛する者には極めて優しい面を持つ。しかし，知らないものや意見を異にする者には情け容赦がないほどの，時には大きく道を間違えるほどの仕打ちをする存在でもある。ただ，動物本能的な恐れや敵対の感情のままに動くのではなく，理性を持つ存在として，共感する心を大切にし，身近なものへの愛情を周りの人々に，さらにこのかけがえのない地球の自然や動植物にまで広げよう。

人間存在は，生存する地球の陸や海，宇宙まで知的好奇心で探ろうとする。火の利用はさらに新たなエネルギーを求め産業革命を生み出し，現代につながっている。道具や機械は幾世代にも亘る多くの人々により改良され，現代の先進国では便利で快適な生活環境を作り出した。人間として社会を形成し，健康で文化的な生活をするためには，食料，水，衣類，住宅そして安全の確保，人々との交流，情報，知識，芸術など多くの要素が必要である。技術面では，まさに技術士や獣医師などの活動との関連が深い。

人々の生活に潤いを与え，豊かな環境と文化を創出していくため，私たちが世界の人々と連携して行うべきことが，今，目の前にある。

4　おわりに

私の机の上に小さな木彫りの亀がいる。もう10年以上も前になろうか，ベトナムの首都ハノイ市の三十六市街ドンスワン市場でその亀に目をとめた。昼の弁当を食べていた店の小母さんから売ってもらったものだ。丸い半球の甲羅に四つの小さな足，首はすっくと立っている。甲羅の真ん中には水牛に乗った少年。絵の周りには十二支の絵と文字。甲羅を半回転回すと，中に丸く白い貝が埋め込まれ，その中央には磁石があり，北を示す磁針で方角が知れる。SDGsの目標年は2030年である。今後，途上国の課題解決も，先進国や企業の発展もSDGsの高い目標の「ものさし」が基準になって進む。その間，日本では東京オリンピックや大阪万博が開催される。世界の人々が日本を訪れる。

国際協力は困っている人がいるからと援助するだけでなく，地元の人の切実な思いを胸に，新たな体制の維持発展を目指さないと残らない。

亀の歩みはのろいが，方角を定め時間をかければ，着実に前に進む。私たちの小さな一歩が，新しい世界を創っていく。

干支を一巡りする間，平和でより良い世界を目指して歩んでいこう。

2．SDGs を考える　－世界に向けた技術士の役割－
Think on SDGs　– The role of PE toward the World –

野々村　琢人，小林　成嘉，高橋　俊哉，森山　浩光
NONOMURA Takuto, KOBAYASHI Shigeyoshi, TAKAHASHI Shun-ya, MORIYAMA Hiromitsu

1　はじめに

今回の特集は，国連が 2015 年に採択した SDGs（持続可能な開発目標）に関連して実施している技術および日本技術士会の専門部門と男女共同参画推進委員会の活動等について，執筆していただいた。今後，2030 年を目標年次とするグローバルな課題に，技術士がどのような取組みを行っており，部門横断的にどのようなことを進めていくのかを検討する材料となることが期待できる。

2　SDGs（持続可能な開発目標）

SDGs の内容は，画期的かつ野心的なものといえよう。17 の目標は，3 つのカテゴリに分かれていると考えられる。1 から 6 は貧困，飢餓，健康，教育や，ジェンダーなど途上国を中心とした問題。7 から 12 は働きがいや経済成長など先進国の問題。13 から 16 は気候変動や海および陸の資源，平和構築など世界が抱える問題。それらを，17 のグローバル・パートナーシップを活性化して目標を達成しようとするものである。これら 17 の目標を具体的にしたものとして 169 のターゲットが示されている。「誰一人置き去りにしない」で，直面する諸課題の解決に取組むこと，そして各目標，ターゲットを 2030 年までに達成することを求めている。

3　各部門の執筆内容

本特集では，技術士の各部門が，それぞれ推敲を重ねた執筆内容は，各 2 ページの原稿記事と短い中に，多様な広い内容を含んでいる（表 1）。

これを分析し，次の 3 グループに分類してみた。まず，SDGs に対する技術の関わりや貢献を記載したものは，航空・宇宙，電気電子，繊維，金属，農業，水産，情報工学，環境，原子力・放射線の 9 部門が該当する。

次に個別のプロジェクト，企業の活動テーマを中心に記述したものは，資源工学，建設，上下水道，森林，応用理学，生物工学の 6 部門が該当する。

最後に，部会や委員会の活動，イベントを記述したものである。これには，機械，衛生工学，経営工学の 3 部会，主に国内状況をまとめた男女共同参画推進委員会が該当する。

内容は多岐にわたるものであり，SDGs の 17 の目標に対して，各部門の技術士が国内外の現場で活躍し，社会に貢献する様子と将来の方向性を伝えている。

4　おわりに

執筆者におかれては，「他の部門の技術士に新しい動きを示すよう記述した」，「会員に紹介するに値するものを選ぶよう努めた」，「これらの実践を通じて社会に貢献していきたい」と広い視野と高い志を示された。

日本技術士会のミッションは，今後の世界と日本の新しいものさしを示す SDGs に対して直接貢献できるものである。その実践状況を紹介した。

今後益々の活躍が期待される。

表1　技術士各部門の SDGs 活動の概要（各部門の記事詳細は，会報 2019 年 7 月号に掲載）

技術士部門：　記事の概要

機械：水素社会へ向けての技術動向を，部会の講演会活動から取り上げている。水素社会の実現は，エネルギー安全保障，温暖化対策の切り札となりうるが，いまだ技術的課題が大きい。余剰電力の水素変換，貯蔵技術の技術革新や，製造，貯蔵，輸送および水素発電技術の技術革新や低コスト化が待たれる。

航空・宇宙：SDGs の目標 17 に「パートナーシップで目標を実現しよう」がある。航空・宇宙もまた，様々な分野の技術を融合してロケット・人工衛星・航空機の開発・運用等を行い，所期の目的を果たす分野であり，SDGs の各目標にも深く関連している。SDGs と航空・宇宙分野の関わりについて，多くの技術を紹介した。

電気電子：電気電子部門として特に貢献可能な目標 4，7，13 に対して適用できる技術を，発送変配電，電気応用，電子応用，情報通信および電気設備の分野ごとに整理し，各目標に貢献が期待される技術項目について達成のイメージを検討した。

化学：化学部会の SDGs の活動例の報告は，月刊『技術士』2019 年 2 月号で既に紹介したので，7 月号の本特集の掲載は見合わせた。

繊維：繊維部門は，SDGs の 17 の目標のほとんど全てに関わり，グローバルでは成長産業，途上国では基幹産業である。繊維技術として，中空糸膜繊維技術や極細繊維・超極細繊維技術，炭素繊維などの高性能繊維技術，ポリエステル繊維の環境技術を紹介し，繊維が生活に密着した様々な分野で使用されていること，持続可能な社会の構築に貢献していることを紹介した。

金属：部門別 CO_2 排出量に占める割合の大きな運輸部門。自動車のエンジンの効率化，電動化や使用材料の改良が試みられている。構成部材の 78 ％を占める金属材料の形状や強度の改善が進む。金属材料の長寿命化と劣化診断技術の高度化も重要である。

資源工学：資源の有効活用はリサイクルと省資源化が重要。開発途上国の経済発展の多くは地下資源開発を端緒とするが，開発が及ぼす環境負荷の対策を含む支援が必要である。国内では地熱エネルギーの利用拡大を模索。探査，掘削から発電までの一連の技術は世界トップクラスである。

建設：建設部門と SDGs は，日本のモデル都市構想などで親和性が高い。インフラ老朽化対策を通じてゴール 9，防災を意識した地域復興まちづくりでゴール 11 を目指しており，さらに都市基盤整備での環境影響評価によるゴール 15 の達成，都市づくりの経験を共有することでゴール 17 を目指すなど事例を紹介した。

上下水道：上下水道事業は，行財政，土木，建築，物理，化学，衛生，住民協力など様々な分野が関係する総合事業である。また，途上国で事業支援を行う場合，SDGs の 17 分野の多くが該当する。毎年専門家が 15〜20 カ国に派遣されているが，パプアニューギニア国の首都ポートモレスビーでの技術協力の詳細を紹介した。

衛生工学：廃棄物処理の 3R によるゴール 12（持続可能な生産消費形態の確保）および地域低酸素化案件支援事業への協力を紹介し，合わせて技術士活性化委員会との関わりを紹介した。

農業：農業部門の内容は多岐にわたり，「貧困」，「飢餓」，「陸の豊かさ」等が SDGs の目標に関連する分野である。本稿では，持続可能な社会の実現に貢献している 3 つの事例を紹介した。農村環境分野では農村地域の生物多様性の確保・環境配慮技術指針作成，農芸化学部門では循環型社会の実現のための食品の 3R の取組み，畜産部門では感染症の脅威と鳥獣被害対策を取り上げた。

森林：SDGs における「陸のゆたかさ」を代表する森林には，そこに生息する動植物や人間生活とは切っても切れない関係がある。イランの参加型森林草地管理プロジェクトを事例に，荒廃した森林を住民参加によって保護・保全を進めた。持続性の確保には住民のニーズ，信頼そしてプロジェクトの成果を長い目で見ることが重要である。

水産：持続可能な水産資源管理のために，IUU（違法・無報告・無規制）漁業の撲滅を提言している。トレーサビリティシステムやエコラベル認証などの管理支援システムが広がる中，長い海岸線に息づく水産業の現場で，沿岸域整備への支援や，水産食品の衛生管理システム構築への支援，漁業・漁村の活力再生への取り組み等様々な分野で技術士が活躍していることを紹介した。

経営工学：2009 年にテーマ設定し，2011 年 5 月に発刊した「経営工学ビジョン 2050」の副題は「持続可能で幸福な社会の実現と経営工学」であり，SDGs に向けた取組の実現への提言と重なる。このビジョンから 10 年後の現状と 20 年後の予測を半導体産業や原子力発電の事例で紹介している。また東日本大震災復興協力としての人材育成プログラムをビジョンの実践の一つとして実行してきた。

情報工学：2016 年に部会で取り上げるなど SDGs 取組みを先駆け。ICT イノベーションと Society 5.0（超スマート社会）と SDGs の 17 目標の強い関係について，貢献例と成功要因を「スマート XX」の切り口で具体的に解説した。

応用理学：海面上昇による都市域の氾濫や異常気象による洪水など，地球温暖化に対する持続可能な対応策として水上都市構想を提案している。水上都市建設の目的，建設方法，使用システム，ケーススタディの詳細を紹介した。

生物工学：SDGs における生物工学の貢献分野は幅広く，食品・農業，健康・医療，環境・エネルギーと多岐にわたる。環境負荷低減を基本としたモノづくりを進める一企業の SDGs への取組みを紹介し，生物工学が SDGs 達成に有用な技術分野であることを示した。

環境：環境問題は，SDGs の社会・経済・環境の一つの側面として捉えるのではなく，17 ゴール全ての目標と関連させて対処すべき問題である。環境部会の活動とその活躍を紹介し，環境部門の技術士の役割を述べた。環境対策の実践には「礼節」が不可欠で，「足るを知る」ことが重要であるとの見解を示した。かけがえのない環境を未来につなぐため，SDGs の理念「誰一人取り残さない」を思料した。

原子力・放射線：技術革新，産業基盤，エネルギーの観点から，SDGs の目標に対する原子力・放射線部門の寄与について概説し，医療・医学分野での放射線利用を例に現状の課題と将来の展望を示した。

（註）各部門の執筆者の記事原稿をもとに，特集担当の委員が一覧用として整理した。

3．国連 SDGs への技術士としての社会貢献活動

Contribution activities along to the SDGs as Professional Engineers

松井　武久

MATSUI Takehisa

技術革新（ICT，AI，ロボット，生命科学，医療，宇宙）は，世界の経済発展に大きく寄与している反面，環境汚染，自然破壊，兵器拡散に加え，グローバル化と自由貿易により，「貿易摩擦，貧富の格差拡大」が「世界平和と国民の幸福の構築」の阻害要因となっている。その対応として，国連サミットで「SDGs」が採択され，世界中で各種の活動が推進されている。筆者は，これまで技術士として「SDGs」に関連する活動を国内外で行っている。その実績を纏め発表する。

キーワード：技術革新，SDGs，世界平和，グローバル化，環境汚染，社会貢献，J－SCORE

1　SDGs とは

SDGs（Sustainable Development Goals）とは，日本語訳は「持続可能な開発目標」である。「2030 年までに持続可能でよりよい世界を目指す国際目標」であり，**表1**に示す 17 の目標から構成され，地球上の「誰一人取り残さない（leave no one behind）」ことを誓っている。

表1　持続可能な開発目標（SDG s）

目標	内　　　容
1	（貧困）あらゆる場所・形態の貧困を終結
2	（飢餓）食料安全保障，持続可能な農業
3	（保健）健康な生活確保と福祉の促進
4	（教育）公正な質の高い教育，生涯学習
5	（ジェンダー）性の平等，女性・女児の能力強化
6	（水・衛生）水・衛生の持続可能な確保・管理
7	（エネルギー）安価で信頼できる持続可能
8	（経済成長と雇用）包括的かつ持続可能な経済成長および働き甲斐のある人間らしい雇用
9	（インフラ，産業化，イノベーション）
10	（不平等）各国内および各国内の不平等の是正
11	（持続可能な都市）包括的で安全・強靱な都市
12	（持続可能な生産と消費）生産消費形態の確保
13	（気候変動）気候変動とその影響を軽減
14	（海洋資源）海洋・海洋資源を保全し利用する
15	（陸上資源）生態多様性の保全，森林の経営，砂漠対応，土地劣化阻止・回復
16	（平和）持続可能な開発のための平和で包括的な社会の推進，包括的な制度の構築
17	（実施手段）持続可能な開発のための実施手段

出典：外務省ホームページ SDGs をもとに筆者作成

SDGs は発展途上国のみならず，先進国自身が取り組むユニバーサル（普遍的）なものであり，日本としても積極的に取り組んでいる。

2　SDGs に関する具体的な活動事例紹介

筆者は個人事業主として 2009 年に「技術経営研究センター」を設立し，コンサルタント事業を営む傍ら，幾つかの団体・組織に所属し，社会貢献活動をしている。そのうちの主な団体は（公益社団法人）日本技術士会と（一般社団法人）日本シニア起業支援機構（以下，J-SCORE）である。

活動事例を SDGs の目標に分類して紹介する。

2.1 目標 4（教育）について

国内は大企業と比較して人材育成が遅れている「中小企業・個人事業主」を，海外は開発途上国を対象に指導している。以下，紹介する。

（1）日本技術士会海外活動支援委員会での活動

中国・韓国・台湾・ベトナム等との両国間の技術交流会に参加し，専門分野である「生産技術，環境技術，農業」について講演活動を行った。

（2）J-SCORE を活動拠点とした活動

定期的に経営者・管理者向けのセミナーを企画

し，産学官から専門家を講師として招き，人材育成に努めている。過去 10 年近く継続しており，技術士も講師または受講者として参加している。

筆者自身も講師として「企業統治，内部統制，技術経営，管理技術（生産，工程，設備，購買，物流，安全）と要素技術（機械，金属，材料，化学装置等）と管理工学（価値分析・価値工学：VA/VE，問題解決法（KT 法），原因解析法」のうち幾つかを毎年数回の頻度で務めている。

（3）新潟県燕三条地場産業振興センター

燕三条の中小企業を対象に，「課題解決力強化，生産管理（安全管理，品質管理，工程管理等），リスクマネジメント，価値工学，最新の生産技法（TMET）等」を数年間（2009～2015 年）指導し，地域産業の発展と人材育成に貢献した。

（4）神郡塾による講師

「神郡塾」とは，青谷洋治氏（坂東太郎社会長）が塾長を務める人間塾である。平成 24 年「千思万考」の塾訓のもと，優れた人材を育成し真の教育者・経営者・地域のリーダー輩出を目的として開校され，毎月第二日曜日に筑波山の麓（美六山荘）で教育が行われている。塾生は約 100 名，講師は教育・医学・歴史・文学・福祉・芸術等各分野の第一人者を招いている。塾長が吉田松陰を尊敬していることが縁（筆者は山口県萩出身）で講師を依頼され「経営と倫理」について講義をした。

その後毎年，春と秋に開催される午餐会（塾生と講師と関係者が参加）に参加し，自らも「生涯学習の場」としている。

2.2 目標 6（水・衛生）

J-SCORE で水に関する研究とその普及活動を継続中である。その概要を記述する。

（1）飲料水の機能評価と販売支援

健康飲料水と称して，「天然水，機能水，電気分解水，電気水，水素水，イオン水等」が高価な金額で販売されている。しかし，機能（効果）や売値に疑問がある商品が少なくない。そこで，各分野の専門家の意見を聞き，中立・公正な視点から，その商品の評価を価値工学的「機能／コスト」視点から解析し，疑わしきは指摘し，優れた商品は販売支援を行っている。筆者は，化学会社に勤務時代に，水の浄化技術「固形物の凝集・濾過，活性炭により有機物の除去，イオン交換樹脂による成分分離，電気分解水（水道水を電気分解することにより弱アルカリ水と弱酸性水に分離）」を経験した。その経験を活かし，安全な水を国内はじめ海外に普及することに注力している

（2）農業用水の機能評価と販売支援

農業用水として「農作物の生産が大幅に向上，機能が向上，農薬が不要」とその効果を宣伝している数多くの商品が販売されている。例えば，「ナノバブル水，ミネラル水，イオン水，電気水等」である。しかし，栽培効果は栽培条件（肥料，土壌，日光，気温，湿度等）により大きく異なるため，必ずしもその効果が理解されず，農家から信頼されず，普及が進んでいない。

そこで，飲料水同様に価値工学「機能／コスト」で評価を行い，農作物（野菜，果樹）の栽培にとって，天然水（雨水，地下水）に比較し優位性（経済性，農作物の成分）があると認められた商品については，積極的に販売支援をしている。

2.3 目標 7（エネルギー）

筆者は勤務時にプラントエンジニアとして，長期的に安定な電力を得るために，「安価な微粉炭，産業廃棄物，その他有機物を燃料源とした発電所の基本設計・メーカー選定・建設」を担当。その当時は新しい「流動床燃焼炉とボイラー」を採用した。なお，東日本大震災以降，原子力発電所の稼働が激減し，それに伴い化石燃料の依存度が高まり，目標13（気候変動）に逆行している。

筆者は，地球温暖化防止として「省エネルギーと再生エネルギー」に関する技術開発とその普及に長年注力している。

具体的な活動事例のうち2つを紹介する。

（1）海流発電技術の普及支援

　一般社団法人 GLETA[1) が推進中の事業：地球温暖化による海面上昇で島国全体が沈むといわれている「パラオ」で 2020 年内に実証プラントを設置し，技術の信頼性・経済性・優位性を確認後，海岸線を有する諸国（台湾，フィリピン，ベトナム等）および水流が豊富な河川のある地域にその技術を普及し，安価で安定した再生エネルギーの供給と併せて地球温暖化防止に貢献する活動，をJ-SCORE の有志と支援中。

（2）太陽光発電事業の普及活動

　農地を利用した太陽光発電事業として，その普及を推進中。具体的には，日陰に適した農作物（ミョウガ，アスパラガス，キノコ等）を太陽光発電パネルの下で栽培し，農業と電気事業の両方から収入を得る「魅力ある農業」を目指した普及活動である。

2.4 目標 8（経済成長と雇用）

（1）国内の地方創生への支援活動

　都会と地方の格差が大きな社会問題となっている。その対策として下記の活動を実施中である。

ａ）山口県（筆者の郷里）：山口県は IOT 技術を導入してユニークな都市つくりを計画している。J-SCORE 会員が有する新技術を介して支援中。

ｂ）つくば市：つくばの強み「筑波山とその麓の自然と国立研究所と筑波大学が存在している」を活かして日本を代表する「自然と技術の調和した街つくり」を夢追いサロンつくばの仲間で支援中。

ｃ）岩手県・岩手郡・岩手町：J-SCORE の未来農林事業開発研究会の研究成果（大麦，土壌改質水，ICT，自動化等）を活用して岩手町の創生を支援中。

（2）海外の経済発展と雇用の促進支援

ａ）内モンゴル自治州の地域創生支援：放牧が生活基盤である乾燥地域を「安定した経済発展と雇用促進の支援」を地元の人から依頼され，数年間（2014 年～2018 年）支援を行った。支援内容は

①「飲料水事業（地下水を水源に安全な飲料水の製造・販売），②「その水を活用した健康飲料事業（野菜および果樹のジュース）」，③「水耕栽培による安定した農業」，④「酪農事業」等の企画とその技術移転である。企画書はほぼ完成したが，資金調達に難があり，現在中断している。

ｂ）その他，発展途上国の支援：ベトナム，ミャンマー，フィリピンの産業の発展を目的として，定期的な国内での研究会・交流会および海外（現地）視察に参加し，依頼先への支援を行っている。

2.5 目標 15（陸上資源）生物多様性，砂漠対応

（1）浙江省浦江県の環境改善の支援

　10 年前は，ガラス加工工場の廃水で川が汚染され生き物が棲めない状態であった町が，日本の廃液処理技術(廃水処置と汚泥処理)を導入し，現在は美しい川に復活。人気の魚釣場となっている。

　また，生ごみの処理として，日本から生ごみ処理技術を導入し，有機肥料として地元のブドウ畑に供給している。地元関係者の努力により，過去10 年間で「美しい環境都市」に変貌している。

　その浦江県から，「現在の技術よりもさらに優れた「汚泥処理と生ごみ処理」の技術を導入し，中国１位の環境都市にしたいので支援してほしい」と頼まれ，他の団体と協力して支援中。

（2）土壌改質の技術の普及活動

　JWS インターナショナル[2) で開発された「優れた機能水」は，固化土壌・酸性土壌・汚染土壌（農薬・化学物質）の土壌改質に有効である。その普及は必ずしも進んでいない。そこで，国内および中国への普及（実証と販売）を支援中である。

2.6 目標 16（平和）

（1）寧海県（中国・浙江省）との友好促進

　旭東山森教育信息諮詢（寧波）有限公司（日系コンサルタント会社）の役員の一人として三つの事業「①高齢者向け福祉事業，②日中地域交流事業（日本語教室，日本の文化等），③産業高度化

支援事業」の支援をしている。

寧海県の橋頭胡眠牛山に1万本の桜を植樹し（山森一男会長が寄贈），毎年春に桜まつりを開催中。日本からは毎年50〜80名が参加した。

（2）楊凌農業ハイテク博覧会に参加

2018年秋に開催された第25回世界農業ハイテク博覧会に参加。大規模農業としてアメリカ，植物工場としてオランダ，地中潅水システムとしてイスラエル等，世界中から多くの国が参加した農業オリンピックである。日本からの参加は初めてであり，J-SCORE として日本の優れた農業技術・商品を展示し，注目を浴びた。

（3）山東省（青島市）との交流会への参加

2018年に開催された「日本技術士会（海外活動支援委員会）と山東省との技術交流会」に参加し，地元（淄博）の排水処理技術の指導を行った。現在も技術相談を受けている。また，鳩山由紀夫氏（元総理）が主宰する「友愛」の活動に参加し，環境保全と農業分野で支援中である。

3　技術士としての目標と活動について

（1）目標について

筆者は最上位の目標は，「世界平和と国民の幸福の構築」である。その実現のために「SDGs」を具体的な行動目標とし，活動をさらに強化したい。

（2）具体的な活動計画

①中小企業の収益性向上への支援

近年，日本の製造業は国際競争力が低下し，海外へ工場が移転されている。その主たる原因は，製造原価「原料費・エネルギー費・人件費」が高いことである。その内の人件費高の原因は，「デジタル社会（テレワーク，オンライン教育，キャッシュレス，ペーパーレス）」の遅れにより労働生産性が OECD で低位である（日本生産性本部，2019）。

AI・ICT・IOT を活用した働き方改革「テレワーク，オンライン教育，キャッシュレス，ペーパーレス」を基軸とし，日本の経済を下支えしている中小企業の国際競争力強化「人材育成，研究開発，生産コスト削減，事業化」の支援を強化する。

②山村地域の持続可能な地方創成への支援

最近，農林水産省はスマート農業を奨励している。過去10年間にわたる未来農林事業開発研究会の研究成果をフルに活用し，持続可能な地方創成の実現に貢献する。

③中国との友好促進に関する活動

両国間で「安全保障，民主主義，領土問題等，大きな難題」を抱えているが，国民の幸福の基盤である「水・環境・農業」分野の支援を通じて，日中友好促進に貢献する。

④アジアの発展途上国への支援活動

ベトナム，ミャンマー，フィリピン等の経済発展のために，人材育成（経営戦略，生産技術，環境技術），技術移転（農・食・健康分野）事業誘致（日本の中小企業の進出）の支援をする。

4　おわりに

2020年以来新型コロナウイルスが瞬く間に世界中に拡散し，パンデミックとなった。コロナ禍は日本の危機管理において，その特徴（長所と短所）を明確にした。特筆すべき短所（課題）は「デジタル化の遅れ，労働生産性の低さ，法規制の整備の遅れ」である。「革新技術5G」は将来の生活を一変させると注目されているが，日本は米中両国に比較し遅れており，産学官が協力して発展させることが急務である。筆者も上記の革新技術を習得し，日本技術士会および日本シニア起業支援機構の会員と協力して，「働き方改革，教育改革，工場改革，農業改革」の普及活動に努めたい。

＜参考文献・引用文献＞

1）GLETA：https://gleta.jp.

2）JWS インターナショナル：https://jws-intl.com.

4．ベトナムにおける技術士の役割と国際貢献の展望

The Role of the Professional Engineers for Vietnam and the prospect of international contribution

森山　浩光，坂本　文夫，吉村　元一

MORIYAMA Hiromitsu, SAKAMOTO Fumio, YOSHIMURA Motokazu

21 世紀に入り経済をはじめとするグローバル化の進展に伴い，相対的に低い賃金で優秀な労働力を求めてベトナムに進出する企業が増加している。しかし，ベトナムでは裾野産業の育成に課題があり，技術的課題を解決する必要に迫られている。そのためには，技術士が国際貢献することが期待されている。その期待に応え，ベトナムへの技術士派遣に向けた活動を紹介する。

In the 21st century, with the progress of globalization including the economy, a lot of number of companies moving into Vietnam in search of low wages and excellent labor. However, in Vietnam there are some problems in the development of supporting industries and technology.

There is a need to solve the problems. The solution is expected to be effective by the international contribution of the professional engineers. In order to meet the expectations, the authors introduce the activities for dispatching professional engineers to Vietnam.

キーワード：ベトナム，　グローバル化，　技術的課題，　国際貢献，　技術士派遣

1　海外活動支援委員会の活動とベトナムに関するこれまでの経緯

1.1　海外活動支援委員会とこれまでの経緯

　海外活動支援委員会は，各部会から推薦された委員が中心となって，海外での活動を希望する技術士に対して支援を行う組織である。活動機会の開拓・促進と技術士の海外での業務遂行能力を高めるための研鑽機会を提供している。また国内外の関係機関に対する日本技術士会，技術士の PR を行い，研修，活動機会促進，情報と国別の小委員会を持つ。日本技術士会会員でパーソナル・データを登録している方には，全員に公平に業務要請情報を提供している。これまでの委員会活動により，中国や韓国との間では，両国から海外活動支援委員会宛てに派遣要請が届く仕組みができている。これは当該国が旅費などの経費を支払い，技術士，専門家を招へいし，途上国から脱却して国を良くしたいという背景から進められている。

　なお，台湾も似た状況が一部あるが派遣を希望する窓口に関して近年見直しがあり，2018 年以降窓口決定の調整が進んでいる。

　ベトナムに対する協力支援の検討は，中国に進出した日本企業が「China プラス 1」として，今後の進出先を検討し始め，人件費の安さと労働の質の高さからベトナムを対象に技術交流を考える企業が多くなった。2010 年には技術士 3 名がハノイ市を訪問し，日本大使館や JICA を訪問し，工業や建設，交通輸送などについての調査を実施した。交通政策は交通事故が多かったベトナムの喫緊の課題であった。インフラとしての道路整備だけでなく，ハノイ市を事例に交通システム改善を示した JICA プロジェクトが実施された。すでに交通事故の減少には努めており，2006 年から法律でバイクに乗る際にヘルメット着用を義務づけ，交通システムの改善による交通渋滞の緩和とともに交通事故死傷者数の減少に貢献した。

その後，ベトナム小委員会は，日本人技術士と在日ベトナム人を結び付け，今後の協力の方針を検討するフォードンの会（2018 年から日越技術経済発展研究会に名称を変更）を毎年公開して開催してきた。2016 年 12 月に日本技術士会の 3 名の技術士（建設部門，化学部門，情報工学部門）が発展著しいダナン市を訪問し，人民委員会，ダナン大学，ダナン工業団地等を視察調査した。課題とされる部門は，建設，工業団地における経営工学，環境および農業が主とのことであった。

その報告を受け，フォードンの会で技術士の今後の活動の方向付けを検討した。

1.2 筆者ら委員の活動

2017 年 6 月にベトナム小委員会の委員の海外赴任が決まり新しい委員を迎えることとなり，これまでにフォードンの会に参加していた筆者ら 2 名が部会推薦の新委員として委嘱された。すでに 10 年以上ベトナムと農業技術交流があった筆者は，すぐに JICA，JETRO，ベトナム経済研究所，早稲田大学大学院 Tran 教授（ダナン大学総長の兄）などに連絡し最新情報を得た。

2017 年度の予算で， 2018 年 3 月に 2 名が派遣され，ホーチミン市とダナン市の大学で情報交換のための講演会を行うとともに，工業団地等からの要請を把握するための調査視察を実施した。ハノイ市ではベトナムの中央官庁投資企画局および交通局を訪問し，技術交流の了承を得た。また JICA ハノイ事務所，日越大学大学院と食品安全 GAP 等のプロジェクトや廃棄物処理施設およびハナム省ドンバン工業団地等を調査した。ダナンで提案のあったうち環境の課題は，生活関連廃棄物処理については既に実施しており，残るのは洪水対策や地球温暖化など大きな課題で，技術士のみによる対応では解決が難しいものであると判断された。

ホーチミン市とダナン市の大学から次年度以降も技術士の派遣と大学での講演を依頼された。派遣を依頼された部門は建設，農業，情報工学，経営工学であった。それを受けて，2018 年度も技術士派遣を検討し，姉妹都市（横浜市，川崎市）の交流や支援動向を確認し，日越技術経済発展研究会を開催した。また，ベトナムの現地調査の報告研修会を開催した。この時のアンケートでは，台湾等への派遣を希望する者に次いで僅差で東南アジア，中でもベトナムへの派遣を希望する技術士が多かった。こうした要望に対応し，日本技術士会は海外での活動を希望する若手に夢を，シニアに遣り甲斐を与え，多くの人材を有効に活かす必要があると考える。日本技術士会の公益性を考えても，能力の高い技術士の海外活動は重要である。普及研修で学習機会の発端を助言するとともに，新たな派遣先国を開拓する現地調査予算の安定的確保が不可欠である。

2 現地調査の概要

2.1 現地調査の一部報告

（1）ベトナムの概況

ベトナムは南北に 1,650 km あるが，東西方向は幅が狭く北部で 500km，中部の狭いところでは約 50km となっている。国土面積は約 34 万 km²，日本の面積から九州を除いた面積に相当する。ベトナムの人口は 2018 年のデータによると 9,467 万人に達し，人口ピラミッドを見ると釣鐘型の形状をしており[1]，経済発展上，人口ボーナスの時期を迎えている。 グローバル化の進展はベトナムを取り巻く周辺環境に急速な変化をもたらした。

これまで安くて豊富な労働を供給してきた中国は経済発展に伴って労働賃金が高騰した。そのため，電力が安く勤勉で優秀な人材を低賃金で豊富に供給できるベトナムに進出する企業が急増している。

（2）ベトナムの経済状況

ベトナムの 2018 年の GDP 成長率は 7.08 ％，一人あたりの名目 GDP は 2,587 USD を記録した。貿易収支をみると，2003〜2011 年は 45〜180 億 USD の赤字が続いていたが，2012 年に 7 億 8,000 万 USD の黒字を記録， 2015 年に赤字に転

落したものの，その後は 25 億 USD の黒字，2017 年は 72 億 USD の大幅な黒字を記録した。外貨準備高をみると，2006 年から 100 億 USD を常時超えるようになった。雇用状況を表す 2018 年の失業率は 2％で推移しており，経済基調は堅調である。ベトナム経済が持続的発展するためには投資が必要で，そのために外国からの投資を積極的に受け入れている。2018 年の直接投資を国別でみると，第 1 位が日本で 86 億 USD，韓国 72 億 USD，シンガポール 51 億 USD と続く[2]。

（3）ダナン市の概況

ダナン市はベトナムの中部に位置し，ハノイ市，ホーチミン市と同様直轄都市である。人口は約 134 万人，ダナン市の 2018 年の一人あたりの GDP は，3,152 USD を記録，この数値はベトナム全体の一人あたりの GDP を上回っている。

ダナン市は物流の拠点として恵まれた位置にある。ハイバン峠（交通の要所）のトンネル開通により南北の物流も改善され，また隣国のラオス，タイ，ミャンマーに通じる東西回廊の東端に位置し，大メコン圏地域へのアクセスが大幅に改善された。海運の拠点となるダナン港はベトナムでも 3 番目に大きい商業港で，コンテナの取扱量が年々増加している。ダナン市は陸路・海路の物流拠点として発展が期待されている。また，最近注目されているのが観光産業である。

（4）技術士派遣依頼先の窓口の確定

2019 年 2 月の出張では，詳細日程を組み，建設，情報工学の技術士が人民委員会や大学関係者と協議し現地調査を行った。その結果，日本技術士会との窓口は，各地の大学教員に決定した。この窓口の方々には，近隣地域の工業団地などで日本人技術士の派遣要請をする場合にも窓口になるよう依頼した。

ダナン技術教育（師範）大学では，ダナン市に加えて，130 km 南にあるクァンガイ省の工業団地での人材派遣要請の窓口にもなっていただくことが確定した。また，ハノイ市の日越大学大学院とハノイ建設大学でも大学教員と国際協力所長が窓口となることとなった。現在ベトナムには毎年 1 万以上の企業が新たに設立されており，日本企業も多く進出している。今後，大学で育った人材が起業したり，企業に就職したりした場合，日本技術士会の MOU 締結，海外活動支援委員会への人材派遣要請が予想される。

なお，JICA 協力の日越大学大学院は，現在ハノイ市内の校舎を利用し 2016 年から開始された[3]。その後，日本の複数の大学が教員を派遣し，2019 年には 2 期目の修了生が出ている。日越議員連盟も当該プロジェクトに力を入れており，現場を知る技術士の貢献にも理解があるところである。

また，日越大学大学院では，ダナン市の大学等で日本技術士会が講演を行う場合，現地で学生が受講し，併せて工業団地の視察を行うことをダナン市側と相談したいとのことであった。

（5）外国企業の誘致

グローバル化の進展に伴い，ダナン市は外国からの投資を増やす施策として，ビジネス展開しやすい投資環境を整備している。外国企業誘致の受け皿となる工業団地を市内に 6 カ所整備し，IT ハイテクパークも 2 カ所整備している。

ダナン市の工業団地に最初に進出した日本企業は 1995 年のエースコック社であるが，2006 年にマブチモーター社が進出した頃から，日本企業進出が続き，2017 年 7 月時点で 129 社に達している。日本企業の進出は現地労働者の雇用増につながり，就職希望者向け日本語学校が増えている[1]。

3 ダナン技術教育（師範）大学の連携と工業団地視察

3.1 ダナン技術教育大学における人材育成

上述のように，日本技術士会は 2016 年以降ダナン市人民委員会を訪問しホーチミン市およびダナン市の大学で講演した。大学は最近の経済発展に伴い人材育成のための教育に熱心である。ベトナムで重要なのがものづくりを支える技術である。

日本の先端技術を学ぼうとする学生の意欲は強く，国の将来を支えたいとする気迫を感じた。

ダナン技術教育大学では，人材育成を図る一環として，ワークショップの開催について日本技術士会と打合わせを行った。2019年2月のダナン訪問の際は，日本技術士会のPRと建設・情報工学部門の技術について，教授・学生が多数出席する中で講演を実施した。講演の目的は，優秀な人材の育成を大学と連携して行い企業の労働力を供給し国内雇用を増やすこと，そして，大学や企業から日本技術士会の技術士へ技術指導の派遣要請が出るようにすることである。

3.2 クァンガイ省人民委員会への訪問

2019年2月には，クァンガイ省人民委員会主席から招へいをお受けしたので，クァンガイ省（Tinh Quang Ngai）を訪問した。クァンガイ省の省都はダナン市から南に高速道路で約2時間の所にある。到着してすぐに人民委員会副主席。部長らから，種々説明を受けた（**写真1，2**）。省人民委員会は日本の技術士制度及びレベルに関心を持ち，高い評価をしてくださった。

クァンガイ省人民委員会は工業団地への進出企業に49年間低利の土地借用権および9年間の免税措置さらに6年間の減税措置など優遇措置を提示し進出企業を募集している。「それらの企業が外部から技術者の指導を求める場合には日本技術士会に要請を送りたい」とのことであった。

写真2　クァンガイ新聞（2019年2月26日版）から

新聞見出し：Hội Kỹ sư Nhật Bản thăm và làm việc tại Quảng Ngãi [4]

3.3　クァンガイ省の工業団地3企業の視察

工業団地（**図1**）には水深8.5mの海港があり空港も省都から30分のところにあり，物流の便が良い。

視察した3工場の概要を以下に記す。

（1）韓国のボイラー製造企業は，進出して既に10年以上社員教育・研修に努め，ベトナム人に対して技術移転を図り工場内ではベトナム人が中心となり製造に勤しんでいる。従業員のバスの送迎や福祉の充実，保育所の建設を行い，近隣の町からも多くの労働者を迎え入れている。

（2）ベトナムの木材企業は，地元産のアカシア種の樹木を原料に，木材チップを製造している。現在日本の商社と交渉中であり，5年ないしは10年単位の契約を結び，日本へ輸出したいと考えている。日本の製品基準に適合する製品を作るための指導を受けたいとのことであった。

（3）シンガポールから企業誘致の会社は，1996年に海外進出を決定する際に，韓国，台湾と比較し将来性を買って，ベトナム中部への進出を決めたという。ベトナムでさらに3カ所の進出を決めており，今なら日本も進出する機会であると話された。

この他，明日が開所式という日本のH社の状況も伺った。

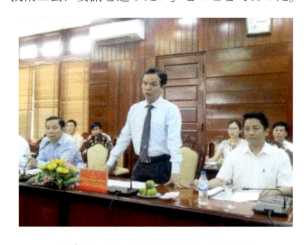

写真1　クァンガイ省人民委員会にて
人民委員会副主席のご挨拶

図1　クァンガイ省工業団地完成予想図

4　国際貢献に資する技術士の役割

ベトナムは，TTPなどグローバル化の進展により国際競争力の強化に取り組んでいるが，裾野産業の育成が喫緊の課題となっている[4]。

裾野産業が抱える技術的課題の解決を図り，技術水準の向上が急がれている。ベトナムの企業は最初は国営企業が先行していたが，近年は民間企業が力をつけてきている[5]。

これまで「技術は無償で国から支援を受けられるもの」と考えていたが，最近では「必要な技術はカネを払っても獲得する」という考え方に変わってきた。この変化は，技術士が活躍できる環境が整ってきたことを意味する。

今後，企業間の国際競争が激しくなることが予想されるが，専門技術を有する技術士の活躍する場が広がり，技術士の国際貢献が求められている。ベトナムには多くの日本企業が進出しており，技術士への要請が来る日も近いと考えられる。

以上，技術士の新しい活躍の場の調査を通じての近い将来の国際貢献の可能性を報告した。

ベトナムに技術士が派遣されることにより，両国の友好が深まり，さらなる発展が期待される。

＜参考文献・引用文献＞

1) JETROハノイ事務所,「ベトナム一般概況～数字で見るベトナム経済～」, 2018年9月.
2) ベトナム経済研究所,「ベトナム経済動向」2019年1月・2月合併号, No.471, 2019.
3) JICAハノイ事務所,「JICAプロジェクト配置図」, 2018年, 国際協力機構.
4) http://baoquangnai.vn.chanel/2022/201902/hoi-ky-su-nhat-ban-tham-va-lam-viec-tai-ngai-2934830/index.htm（クァンガイ新聞2019年2月記事）.
5) 梅田邦夫,「ベトナムの政治経済社会」2019年2月4日講演, 大使講演資料.駐ベトナム日本大使館.

５．資源工学技術士による SDGs への貢献－産業と技術革新の基盤を作る－

Contribution to the SDGs by Natural Resources & Recycling Engineers

境　大学

SAKAI　Daigaku

1　はじめに

近代技術文明はエネルギー資源，鉱物資源の大量消費に支えられており，持続的開発目標（the Sustainable Development Goals，以下 SDGｓ）を達成するための前提条件として資源面から以下のことが揚げられる。

①資源開発を通しての国際的貢献
・ODA による開発途上国の持続的発展への支援
・再生可能エネルギーへの転換
②資源の有効利用
・リサイクルシステムの確立・定着
・省資源化

資源開発は関連するインフラ整備，資機材調達，雇用などの面で当該地域の社会・経済の振興と安定に寄与するが，同時に開発に伴う環境保全の確保へ向けて，環境対策の執行などを通じ，地域住民の理解が得られるよう適切に対処していくことが求められている。また，開発地域の発展に加えて，エンドユーザーに至るまで多岐に亘り，関連分野の経済活動に顕著な影響を及ぼしている。

資源工学は SDGs17 の目標のうち，目標 7 ［エネルギー］，目標 8 ［経済成長と雇用］，目標 9 ［インフラ，産業化，イノベーション］，目標 10 ［不平等］，目標 12 ［持続可能な消費と生産］，目標 17 ［実施手段］等に関係している。

2　鉱業の持続的発展への海外支援

開発途上国の社会・経済発展は当該国の地下資源開発に端緒する場合が多く，鉱山開発の形態として，外資導入による大規模開発に加えて民族資本による自力開発のバランスが重要である。

2.1　外資導入の促進

外資導入により，開発途上国に不足する資源開発に必要な多額の資本と高度な技術導入が可能となる。外資導入の促進には当該国側に下記の様な条件が整備される必要がある。
－鉱業情報のタイムリーな提供。
－鉱業法・外資法等投資環境の整備と優遇策拡大。
－鉱業ポテンシャル地域の経済インフラ，周辺産業整備への資金支援（資金枠の拡大および融資条件の緩和等を含む）。

2.2　自力開発能力の向上

開発途上国の持続的発展のためには，外資による資源開発だけでなく当該国の民族資本による自力開発・操業が必要となる。自力開発を実現するために当該国内の鉱業技術の向上が不可欠となる。
－地質情報の整備・管理・システム化による資源評価力と環境技術力等の強化・育成。
－機器材更新，新規設備導入を通じたシステマチィックな探鉱，生産体制の確立。
－鉱山技術並びに経営力の改善・向上。

2.3　国際技術協力での貢献

我が国では国際協力機構（以下 JICA），石油天然ガス・金属鉱物資源機構（以下 JOGMEC）などの機関が海外での鉱業発展の支援を実施しており，資源工学部門の技術士は開発途上国でのプロジェクトに参加して，技術移転や指導を行っている。国際技術協力の実施例として資源工学部会例会でも下記に示す内容が講演されている。

①鉱物・資源産業における持続可能な発展と企業の社会的責任について，②海外炭鉱における炭鉱技術協力，③中国のエネルギー事情と課題，④JICA長期専門家派遣（**写真1**）

写真1　キルギス遊牧民ユルタの中で

3　鉱業分野での人材育成

近年，日本の主要鉱山の多くは閉山に追い込まれ，技術者育成は容易ではなく，日本の鉱業界としても適切な対応へ向けて論議が重ねられている。

しかしながら世界の産業界を概観すれば，広範な分野に亘って技術革新が進展しており，鉱業技術の各分野にも最新技術が次々に導入され，操業プロセスに組み込まれている。日本の鉱業界でも，最新テクノロジーを駆使する新鋭技術者が刻々と育成され，自前の原料確保を目指す資源開発や製錬所建設などを含む国際的な事業展開が着実に進捗している。鉱業分野での人材育成については国際資源開発研修センター（JMEC），資源素材学会，鉱業協会等で実際の研修が実施されている。

一方，JICA，JOGMEC等は国際技術協力の一環として開発途上国の資源関係技術者を日本に招聘し，秋田県にある国際資源大学校等で人材育成・研修を行っている。資源工学部門の技術士もこれらの教育の講師の一員を務めている。

4　地熱エネルギー開発

福島第一原発事故，CO_2による地球温暖化問題を契機に再生可能エネルギーの利用拡大が模索されている。地熱エネルギーはCO_2の排出が少なくかつ出力の変動が少ないエネルギー源である。国別の地熱エネルギー資源量は米国（3900万kw）インドネシア（2700万kw），日本（2300万kw）の順となっているが，この内日本で既に開発された地熱発電の設備容量は54万kwにすぎず，世界第9位となっている。日本政府は2030年までに現在の設備容量の3倍増を目標に諸政策を進めている。日本は地熱発電分野で探査－掘削－発電の一連の地熱技術で世界トップクラスであり，世界に貢献できる立場にある。最近でもインドネシア（地熱探査），ケニア（掘削技術指導）（**写真2**）等での国際技術協力を行っている。

写真2　ケニアにおける地熱掘削技術指導

5　資源循環とSDGs

資源をめぐる状況は，近年大きく変動しており，従来の先進国による独占的資源消費から開発途上国による消費が大幅に伸びている。これに伴い，オイルピーク説（近い将来石油の生産はピークを迎えるという説）にみられるような，経済発展に対する資源制約が顕在化してきている。今後，持続的に社会が発展していくために，資源循環型社会の構築が世界的に危急の課題となっている。

日本では1970年代以降，廃棄物処理，資源循環関係の法律が整備され，この分野で最も進んだ国となっており，環境分野の技術と共に世界のSDGsに十分に貢献できると思われる。

6　おわりに

SDGs達成のために産業と技術革新の基盤を担う資源工学は不可欠であり，国内外で資源工学技術士の果たすべき役割は大きい。資源工学部会では，社会に必要不可欠な資源開発及び資源循環に関する様々な問題に今後とも取り組んでいきたいと考えている。

6. JICA 長期専門家派遣 －キルギスでの技術協力－

Dispatch of JICA long-term expert － Technical cooperation in Kyrgyz －

境　大学
SAKAI Daigaku

　キルギス共和国は1991年8月の独立以降，市場経済体制への移行に向けて構造改革を推進し，キルギス経済の再建を図ってきた。キルギス国政府は鉱業振興を国家の最優先課題の一つに掲げ，日本国政府に対し長期専門家の派遣を要請した。1994年12月，筆者は真冬（－25℃）のキルギス国に着任し，3年間鉱業技術の指導を行った。この派遣は日本，キルギス双方にとって初めての試みであり専門家はすべて「さきがけ」の対応を迫られた。

Since independence in August 1991, the Kyrgyz Republic has promoted structural reforms to shift to a market economic system and has been trying to rebuild the Kyrgyz economy. The Government of the Kyrgyz Republic proposed mining promotion as one of the highest priority issues of the state and requested the Government of Japan to dispatch long-term JICA expert.

In December 1994, I stepped into the land of the Kyrgyz Republic in midwinter(－25 ℃) and implemented technical cooperation in the field of mining technology for 3 years. This dispatch was the first attempt for both Japan and the Kyrgyz Republic, and the expert was forced to respond as "pioneer".

キーワード：JICA 長期専門家，技術協力，市場経済体制，鉱業振興，鉱業技術

1　はじめに

1.1　要請の内容及び協力の背景

　派遣当時，キルギス国（以下，キルギス）政府は経済基盤早期確立のため鉱業振興（特に，金鉱山開発）を国家の最優先課題に掲げ，鉱業分野の中長期戦略を策定していた。筆者はこの鉱業振興の基礎となる鉱業技術に関する専門家として派遣されたものである。外貨獲得のためには，金の増産と金鉱山の早期開発がそのカギを握ることからキルギスでは西側の最新技術（鉱山機械，設備，鉱山操業システム等）の導入と技術者の育成が急務となっていた。また，国営マクマル鉱山（写真1）での「露天掘り」から「坑内掘り」への移行のための具体的な坑内開発計画の必要性に迫られていた。マクマル鉱山はキルギスを代表する金鉱山で数年後に露天掘りが終掘となる状況にあり，延命策として坑内掘りに移行するかどうかを決定する時期でもあった。この成果に寄せる期待は大きかった。

写真1　マクマル鉱山全景

1.2 配属機関の受け入れ体制
（1）配属機関・カウンターパート
・鉱業公社（Kyrghyzaltyn）・総裁
・地質省（Ministry of Geology and Mineral Resources, MINGEO）・地質大臣
（2）便宜供与
・執務室，机，椅子，書棚，電話，エアコン
・公用車及び通勤用車両の提供　なし
・住宅の提供　なし（JICA 負担）
・通訳（英・露）の提供　なし（個人負担）

2 キルギスの一般事情[1]

2.1 地勢・気象・人口
キルギスはパミール高原北側の高地と天山山脈に抱かれた面積約20万km²の小国である。

国土の90%は海抜1,500mを越える高地であり，海抜3,000m以上の急峻な山岳地形が国土の40%を占める（**写真2**）。

写真2　Bishkek 郊外から見た天山山脈

主要な河川にナリン河とチュ河がある。ナリン河は東域の山岳氷河を源に天山山脈を東西に縦断してフェルガナ盆地へ流れて大河シルダリヤ河となる。チュ河はカザフスタンとの国境平坦地域を北にカザフステップへ流れている。気候は大陸性気候に属し寒暖の差が極端に厳しい。

観測では夏季の最高気温は44℃，冬季の最低気温は−54℃を記録している。

降水量は，不凍湖イシククル周辺部，中央地域等の降水量は200〜400mmと比較的少なく，フェルガナ山脈西部山岳地域は1,000mm程度と比較的多い。

人口は1995年の総人口は451万人，全体に占める民族構成比率はキルギス人が60%，次いでロシア人17%，ウズベク人14%，その他タタール人，ドゥンガン（中国人ムスレム），ドイツ人等80を越える民族により構成される多民族国家である（**写真3**）。

人口の64%は農山村部に居住しており，残る36%は首都ビシュケク（59万人），オシュ（22万人）等の都市に集中している。公用語はキルギス語であるが，ビジネスにはロシア語が使われていた。

写真3　キルギス遊牧民

2.2 鉱業の一般事情
キルギスは鉱物資源に恵まれており，石炭，石油，天然ガスの燃料資源をはじめ，水銀，アンチモン，タングステン，錫，テルル，ウラン，金，銀，銅，鉛，亜鉛等の金属資源やセメント原料，建設材料，粘土等の非金属資源等が多数賦存する。旧ソ連時代には水銀，アンチモン，ウラン及びレアアースの生産拠点であり，水銀は旧ソ連生産量の70%，アンチモンは100%を生産した。資源調査は水銀，アンチモン，錫，タングステン等が優先された。銅，鉛，亜鉛等の調査は戦後行われなかった。また，金は概査程度で優先的な調査は行われなかった。

キルギスの鉱業は自国資源をベースに始まったが，半世紀に亘り旧ソ連の経済リンクを前提に

展開してきたため，独立後は原料問題を抱えるものが多かった。旧ソ連崩壊による市場縮小と原料供給減少により，鉱業生産は大幅に縮小した。

3 専門家の活動内容

3.1 現地情報の収集
（1）鉱業公社
① 現状の把握

稼働中の鉱山，コンビナートを視察し，現状の問題と対策について意見交換した。その中で国家予算の大幅な縮小による資金難と設備の老朽化が揚げられ，日本への資金援助や協力要請についての要望が多かった。

主なコンビナートは次のとおりである。

マクマル（Au），オルロフカ（単結晶シリコン，レアアース），カラバルタ（Au, W, Mo, 分析研究所），クムトール（Au），サリージャズ（W, Mo），カダムジャイ（Sb），ハイダルカン（Hg）等

② 現地スタッフの教育訓練

坑内採鉱技術については本邦より持参した資料及びビデオにより机上訓練を中心に実施した。現地スタッフは高学歴でプライドが高く，専門知識を備え理解が早かったが，英語を話せるものはほとんどいなかった。また主任技術者をカウンターパート研修で日本に派遣し，国内鉱山を視察して日本の最新技術の習得に努めた。

（2）地質省
① 現状の把握

キルギスの探鉱活動を実施している4つの派遣事業所（イワノフカ，オシュ，ジャラルアバド，イシクル）を訪問し，地質及び鉱床の現況調査を行い現地スタッフと意見交換を行った。

独立以降のキルギスの探鉱は大幅な予算削減と資機材調達難で極めて停滞しており，ボーリング探鉱（**写真4**）については独立前の1/8～1/10の調査量に激減し探鉱に遅れが生じていた。

写真4　野外ボーリング室

3.2 技術移転時に実際に採られた方法
（1）ワーキンググループの設立

旧ソ連時代には地質調査から鉱山開発に至るまでの一連の作業は分業により執り行われていた。分業の内容は以下の通りである。

・地質調査及び探鉱：キルギス（MINGEO）
・計画・設計：ロシア（工業省）
・建設工事：カザフスタン（鉱業事業団）
・操業：キルギス（鉱業公社）

旧ソ連崩壊後，分業システムは消滅しキルギスのMINGEOと鉱業公社による自力更生が強いられ計画・設計，建設工事は鉱業公社が所管することとなった。が，現地スタッフには過去に実務経験がなく，独自に実施することは困難であった。また，マクマル鉱山は露天採掘の終了を数年後に控え，MINGEO，鉱業公社は共にマクマル鉱山の坑内採掘への移行の判断に迫られた。課題として構内開発計画の策定が挙げられ，キルギス政府は日本国政府に工業技術に関する専門家の派遣を要請した。技術移転は図面の整備から始めたが，出だしの時点で作業が停滞してしまった。

原因を調べてみたところ，スタッフ同士の横断的なつながりが全くないことが判明した。

さらに，MINGEOと鉱業公社との交流はほとんどなく，意見の相違も大きかった。

このままでは作業が進まず，中止に追い込まれることが想定されたため専門家はこの状況を配属機関の最高責任者に説明し，双方から地質，採

鉱，選鉱，経理財務及びコーディネーターを人選して「ワーキンググループ」を設立することを提唱した。日本流に「飲みニケーション」も取り入れて，連携を図るようにした。

その結果，少しずつスタッフ間の意思疎通が図れるようになり坑内開発計画（プレF/S）は10カ月後に素案として出来上がった。成果物は配属機関に提出し，プロジェクトの実施については政府鉱業委員会で継続審議することとなった。

（2）ワイヤーライン工法ボーリング技術指導

キルギスの保有するボーリング機械は400m級，500m級，800m級と1,500m級まで合計30台保有しているが，機械の老朽化と部品の調達難から使用可能台数は12台しかないことが判明した。機械はすべて旧ソ連製，大型で重量級，更にボーリング工法は普通工法であるため低能率で，コア採収率も60～70%と低かった。このため，探鉱量の確保，鉱床評価の精度に問題があり，探鉱に遅れが出ていた。

また，ボーリング掘削の傾斜角度に柔軟性がないため，キルギスのような山岳地での調査には不向きであった。このため，探鉱に遅れが生じ，成果も出ていなかった。これらの問題を解決するためワイヤーライン工法のボーリング機械の単独機材供与について強い要請があり，10カ月後に日本国政府の承認を得，機材とともに据付け技術指導員2名，短期専門家（ボーリング機械操作）1名を受け入れた。南キルギス隊（オシュ）のスタッフ5名に対して現地で指導を行った。

写真5　マクマル鉱山露天掘りピット

旧ソ連製の機械はロッドの回転が西側の仕様と異なるため，掘削中にピット（**写真5**），ロッドを孔内に落とすトラブルが頻繁に生じた。しかし，そのうち取り扱いにも慣れてきて現地技術者自らの手でボーリング作業が可能となった。

（3）派遣期間の延長

派遣期間は当初，2年間の予定で，ワーキンググループも軌道に乗り順調に推移していった。帰国時期が近づいてきたのでこれまでの成果について説明を行ったところ，両配属先から派遣期間を延長して，協力を継続させてもらいたいとの強い要請があり，これを受けてこれを受けて派遣期間を1年間延長した。次のステップとして鉱山，鉱床評価の技術移転を進めたが，途中で後任の長期専門家と交代し，継続して対応することとなった。

4　おわりに

4.1　協力活動に入る前に大事なこと

現地着任後，仕事にとりかかる前に先ず，住宅を確保して生活基盤を早期に安定させ任国の生活に早く順応することが揚げられる。次に執務環境を整え，それから業務開始になる。環境が整うまでに2～3カ月くらいはかかると思う。

当地には在外公館，JICA事務所がなかったため，各配属機関の受け入れが十分でなく，また日本人を受け入れたことも初めてであったため双方に戸惑いがあったが，日常の生活を通してこれらの障壁は徐々に払しょくされていった。相互理解と良好な人間関係を構築することが肝要である。

日本のODAの仕組みや技術協力の在り方など任国側の理解を得るのに時間を要したが，成果として現実味を帯びてくると，かなりキルギスの役に立ったという実感が彼らの間で湧いてきて感謝の言葉がたくさん返ってきた。

4.2 言語

最後に，派遣期間を通じて言葉の問題があげられる。

当地における言語はロシア語主体であり，生活面，業務面で非常に苦労した。現地着任後，ロシア語の先生について勉強を開始したが，なかなか身に付かず日常会話ができるようになるまで半年以上かかった。

業務上，通訳（英－露）は必要でキルギス側との意思伝達を円滑に執り行ううえで，通訳のウエイトは非常に大きかった。

＜参考文献・引用文献＞

1）境大学，ダスタンI.サリグロフ，春季大会企画発表（分科研究会）講演集，p.65，1997年，資源素材学会.

7．SDGs と森林・林業 － ODA の現場から－

SDGs and Forests and Forestry　－ from the field of ODA－

久道　篤志
HISAMICHI Atsushi

SDGs において持続的な森林管理が重要な課題の一つとなっている。森林の持続的管理に関しては，これまで 1992 年のリオ宣言をはじめ，様々な国際的な取り組みが行われてきた。筆者は，イランでの国際協力の経験から，SDGs（持続可能な開発目標）における「陸のゆたかさ」の達成のためには，地域住民の理解と協力が不可欠であると考えた。

キーワード：SDGs，森林・林業，陸の豊かさ，ODA

1　はじめに

SDGs において持続的な森林管理が重要な課題の一つとなっている。森林に関する持続性に関しては，1992 年のリオ宣言をはじめ，現在も，様々な国際的な取り組みが行われている。

一方，SDGs（持続可能な開発目標）における目標 15 の「陸のゆたかさも守る」に代表される森林は，そこに生息する動植物や人間生活に様々なサービスを提供している。

すでに，海外の森林・林業協力においては，森林情報整備，REDD＋（註 1），林産品ビジネス，参加型アプローチの流域管理等，SDGs と共通した考えのプロジェクトが行われている。筆者は，2010 年から 6 年半，イランにおける参加型森林草地管理プロジェクトに従事した。この結果を踏まえ，ODA の現場から，SDGs の「陸のゆたかさ」を達成するための課題について考えてみる。

2．持続的な森林・林業の流れ

1992 年に，ブラジルのリオデジャネイロで環境と開発に関するリオ宣言が採択され，森林の多様な機能の維持，持続的な森林経営の強化が叫ばれた。2001 年に，MDGs（ミレニアム開発目標)が策定され，8 つの目標の 7 番目の目標として「環境の持続的確保」があり，この目標のターゲットとして森林の破壊防止が挙げられた。しかし，2015 年までには，1990 年の森林率 30.8％には至らなかった[1]。2015 年 9 月には，MDGs の地域間格差などの課題を解決するために 17 の目標，169 のターゲットのからなる SDGs が発効した。SDGs の目標 15 が，森林，林業と関係がある「陸のゆたかさも守ろう」である。

3．陸のゆたかさとは

現在，世界の森林は，陸地面積の約 30％（40 億 ha）を占めている。そこには湿潤から乾燥まで様々な気象条件にあった森林が分布している。

SDGs の「陸のゆたかさ」の代表は森林であり，人間の側から見た切り口断面として捉えたものである。陸のゆたかさは，そこに生活する住民にとって森林から得られる生態系サービスとも読み替えることができる[2]。つまり，生態系サービスの有する生物多様性の保全，水土保全（特に土壌と水資源の保全），木材などの林産物の生産，保健文化機能などである[2]。

我々が，海外での森林・林業プロジェクトを考える場合，生態系サービスと人々の生活との

関係を頭に入れ，そこに何が必要なのか，どれに重点をおくのかを常に検討しなくてはならない。

4．海外の森林林業分野での技術協力

1976年から2017年までのJICAを通じた森林林業分野の技術協力プロジェクトは，42の国・地域で行われ，終了した案件は132件，実施中の案件は20件，累計152件である[3]。また，2017年には新規継続も含め458名もの専門家の派遣が行われ[4]，多数の専門家が海外の森林林業の技術協力に派遣されたものと推定される。

技術協力を分野別についてみると，かつては，森林資源調査，森林管理計画策定調査，治山，木材加工，木材生産であった。近年では，衛星を使った森林情報整備，生物多様性の保全，地球温暖化に係るREDD＋，防災・減災をめざした統合的流域管理など，様々な森林林業プロジェクトが行われている。

森林林業プロジェクトは，SDGsの他の目標とも密接な関連性がある。たとえば，REDD＋のプロジェクトでは，熱帯林の劣化と減少対策を通じた温暖化の緩和（目標13），外部資金の活用による対策の強化と協力（目標17）が関連している。また，統合流域管理のプロジェクトでは，森林保全に資する生計向上活動の女性の参加（目標5）荒廃した森林の復旧と保全が渇水問題の解決（目標6），と関連している。このように，他の目標の達成とからめて，持続可能な環境や社会への貢献を目指している。

5．イランでの経験

JICAはイラン政府の要請にこたえるため，2010年から，イラン西部のザグロス山脈のほぼ中心に当たるチャハールマハール州のバゾフト地区をプロジェクトサイトとして，住民参加によるナラ林の回復，保全，利用を目指した参加型森林草地管理プロジェクトを実施した（**写真1**）。

写真1　プロジェクト対象地に分布するナラ林

プロジェクト開始当初は，保護区の設置を疑問視する住民の声も聞かれたが，プロジェクトが進むにつれて，植生が回復し，上流からの土砂の流出が減り，これまでみられなかった植物も出現するようになった。女性が参加したマイクロクレジットは規模が小さいものの，女性たちの家計に貢献し，徐々に村内の輪を広げている。

上記のように効果が上がりつつあるものの，森林の持続的管理というものを今一度考えてみると，住民だけで継続していくのは難しいところがある。政府機関の支援，予算の確保，他の機関との連携が必要である。そして持続可能性を確保する上でなにより大事なのは，住民の信頼を得，彼らのモチベーションを上げていくことである[5]。

6．おわりに

昨年，新しいJICAプロジェクトのリーダーとして，2年ぶりに前プロジェクトの現場の村を訪れた。幸い，住民たちによって保護区は維持され，経済性樹種も生育していた。しかし，ナラ稚樹の成長には年月がかかり，果実の収穫にはまだまだ時間が必要である。SDGsは，2030年を目標年にしている。この目標の達成は容易な

ものではない。

　特に，森林・林業プロジェクトに関係する「陸のゆたかさ」の実現には，住民の理解，政府機関の支援，そしてプロジェクトの協力など，一歩一歩，地道な活動を進めることが必要であると考える。

＜参考文献・引用文献＞

1）外務省，ODA白書（2010年度版），第1章　MDGsの達成状況．2010年．

2）藤森隆郎，「森づくりの心得　森林のしくみから施業・管理・ビジョンまで」，　p.75－87，2012年，全国林業改良普及協会．

3）農林水産省林野庁，森林・林業白書（2019年度版），p.81．2019年，農林水産省．

4）国際協力機構，JICA年報　別冊資料編　技術協力地域別分野別人数実績（2017年度），2018年．

5）三島征一，「イランのザグロス山系で実施したJICA森林草地管理協力活動事例の紹介」国際農林業協力 Vol.40。No.3，　pp.42－44，　2017年，公益社団法人国際農林業協働協会（JAICAF）．

（註　1）REDDとは「Reducing Emissions from Deforestation and Forest Degradation in Developing Countries（森林減少・劣化からの温室効果ガス搬出削減）」の略称。

　途上国が森林を保全するため取り組んでいる活動に対し，経済的な利益を国際社会が提供することにより，排出削減を行おうとするもの。

　森林の減少と劣化に加え，森林保全，持続可能な森林経営および森林炭素集積の増加に関する取り組みを含む場合には，REDD＋（REDDプラス）と呼ばれている。

8. ナラ林の保全と更新 －イラン・ザグロス山脈での取り組み－
Conservation and regeneration of oak forest
－ Activity in Zagros Mountains, Islamic Republic of Iran －

久道　篤志
HISAMICHI Atsushi

キーワード：イラン・ザグロス山脈，ナラ林，参加型森林草地管理プロジェクト，モニタリング試験

1　はじめに

筆者は，イラン国の西部，ザグロス山脈の中央部のナラ（*Quercus brantii*）が広がる地域（写真1）を対象に住民の所得向上と自然資源の保全利用を目的とした（独）国際協力機構（JICA）の参加型森林草地管理プロジェクトの専門家として従事している。この地域は，過度の放牧，畑地利用，飼葉の採取により，森林が荒廃し，降雨・融雪時には，洪水の発生，土砂の流出を引き起こしている。ここでは，筆者が担当している，参加型森林草地管理グループにおけるナラ林の保全と更新のための取り組みについて紹介する。

写真1　バゾフト地区のナラ林の現況

2　プロジェクトの概要

プロジェクトの対象地は，イラン国チャハールマハール州バゾフト地区に位置し，標高がおおむね 1,500～4,00m，年平均降水量が推定 700mm，降雨期間が 11 月～3 月の典型的な地中海性気候に属する。バゾフト地区は，遊牧民（バフティアリ族）が，行き来しているところで，現在は，国の政策により，定住化が進んでいる。本プロジェクトは，現地では同州自然資源流域管理局（NRWGO）をカンターパート機関とし，2010 年の夏からはじまり，今年で 5 年目を迎える。プロジェクトの目的を達成するために，1）森林草地管理活動，2）村落開発活動，3）NRWGO 職員の能力向上の 3 つの活動が柱となって進められている。このうち，森林草地管理活動は，パイロット村として選定した 5 つの村落で，植生の回復のためのモデル保護区を設置し，そこでモニタリング試験を行っているほか，農地に発生したガリーを対象に小規模チェックダムの設置，果樹と土壌保全を組み合わせたアグロファレストリーの導入，環境教育を目指した学校植林などを村の人たちと一緒に行った。

3　モニタリング試験の概要

3.1　モニタリング試験の開始

モニタリング試験は，5 つのモデル対象村落の保護区に，森林や地形条件を見ながら，更新した稚樹の生育をみるために，数か所のモニタリングプロット（定められた面積をもつ小区画）を設定し，開始した。モニタリング試験は，地元の専門家，村人の協力を得て，2011 年 11 月から 2014 年 9 月までの約 4 年にわたり行われた。モニタリング試験で行われた更新方法は，次のとおりである。

①天然更新：ドングリが成っている木（母樹という）を選び，母樹から落下した種子の量，

発生した稚樹の本数，稚樹の高さ，下層植生を計測した。

②人工更新：主に苗木と播種による方法がある。本試験では，一定間隔の植穴に，地元で採取したドングリを播き，発生した稚樹の本数及び高さ，下層植生を計測した。

③萌芽更新：バゾフト地区には，萌芽した森林が多い。NRWGOの方針で，萌芽更新は禁じられているが，参考までに，萌芽している木を選び，萌芽の本数及び長さを計測した。

3.2 試験結果

（1）天然更新

母樹の周りに多く稚樹が残っているものの，稚樹の残存率は年々減少し，数％と低い。また，稚樹の高さは3年経っても10cm以下と大きくなっていない。下層植生は，保護区の設定後は，植生の回復が著しく，イネ科を含む草本類がプロットを覆うようになった。また，更新した稚樹の一部は，地表が裸出したところや岩の隙間にいくつか見られた。ちなみに，これらの稚樹の根を掘ってみると，稚樹の高さの数倍の長さであった。

（2）人工更新

播種したドングリのほとんどが発芽し，その後の稚樹の生存率も高い（**写真2**）。

写真2　種子を播いて出てきた稚樹

しかし，稚樹の高さは10cm未満で，天然更新の稚樹と大差はない。バゾフト地区は，春から冬にかけては，ほとんど雨が降らないため，更新した稚樹は長い乾燥にさらされ，稚樹の成長が遅いものと考えられた。

3.3 更新促進のためのアイディア

（1）地表処理と稚樹への水の確保

モニタリング試験では，地表に堆積している落葉や下層植生を除去することによって，ナラの稚樹の発生が非常に良くなることが分かった。また，等高線沿に簡単な溝を作ることによって，種子の定着と水分確保を狙うことも考えられる。また，下層植生との競合は，光ばかりではなく，地下部の水分の取り合いも考えられる。水分の確保の観点から，刈り払い効果も見る必要がある。

本試験では，人工更新の植穴のサイズを15cm×15cm×15cmとした。NRWGOの専門家からは，植穴をもっと深く掘った方が，ナラの根が地中に深く入り，乾燥への影響が少なくなるのでは，とのアドバイスを受けた。また，ナラの枯れ枝あるいはムギワラで稚樹の周りを囲うことも稚樹への水分確保に効果があるものと考えられる。

（2）稚樹への日陰の効果

イランでは，ナラの植栽（播種）をするときは，生長の早い野生のアーモンドと一緒にナラの種子を播き，野生のアーモンドが稚樹への直射日光を遮断し，稚樹の生育を確保するとのことである。また，他の州では，ナラの稚樹が10cm程度になったときに，周りの枯れ枝を集め，稚樹の上にかぶせる方法もあるという。今後は，稚樹への日陰効果を，林冠の込み具合も勘案し，上記の方法について試行する必要がある。

4　村人から教えられる

住民参加型のプロジェクトに従事しているため，常に，村の人たちと接する機会が多い。村の人たちは，モニタリング試験の成り行きを興味深く見守っている。ある村人からは，「ナラは，

更新に時間がかかる木だよ。ナラの更新もいいけど，イチジク，アーモンドなどの果樹，野生のセロリなども保護区に植えると，みんなが，山を守ると思うよ」。また，別な村人は，「ここは，ヤギ，ヒツジが多いので，保護区の中に区域を決めて，一定期間ヒツジを入れると，下草を食べ，土が耕され，糞は肥料になるし，更新にはとても良いことではないか」等である。

5　おわりに

バゾフト地区の住民は，森林を利用し，森林とともに生きている。これからも，住民の話に耳を傾けながら，ナラ林の保全と更新に係る技術を発展させていきたいと考えている。

＜参考文献・引用文献＞

1）国際協力機構（JICA），「イラン国チャハールマハール州参加型森林草地管理プロジェクト：ナラ林の更新状況モニタリング調査報告書」，2015 年，JICA

9. 中華人民共和国における高塩類土壌の改善
The improvement of the high holomorphic soils in China

田中　賢治

TANAKA Kenji

　世界の各地には，日本には見られない植物や作物が生育できない土壌環境が多く存在しており，このような土壌環境を技術的に改善する手法の確立が望まれている。今回は，実際の高塩類(強アルカリ性)土壌を改善した事例を取り上げながら，土壌改善する時に留意しなければいけない内容について解説する。

　A lot of plants that aren't seen with Japan and ground environment that a crop can't grow exist in each place in the world. The establishment of the technique that improves such ground environment technically is wanted. This time, it explains about the contents that it is necessary to keep in mind when improving the ground while taking up the case that improved the actual strong alkali ground.

キーワード：中国，土壌改善，高塩類，強アルカリ性，脱硫石膏，フルボ酸

1　土壌改善箇所の概要

1.1　土壌改善箇所の位置，気候

　筆者が植物の育ち難い高塩類（強アルカリ性）の土壌を植物が生育できるように改善してきた箇所は，中華人民共和国吉林省松原市哈達山地区である。

　吉林省松原市は，中華人民共和国吉林省の中北部に位置しており，南に長春，西に白城市，北は松花江を隔てて黒竜江省へと繋がっている。

　気候は，中温帯大陸性モンスーン気候に属しており，年平均気温は4.5℃で，春季には降雨が少なく乾燥が激しく，夏季である7～8月には若干の降雨がある。冬季における降雪は少ないが気温が氷点下となって乾燥する期間が長く土壌の深部においては4月頃まで凍結する。

　年間における降水量は，600mm／年と少なく，日本の年平均降水量である1,718mm/年と比較すると3割程度となっている（写真1）。

写真1　高塩類（強アルカリ性）土壌箇所

1.2　土壌改善箇所の物理，化学性

　高塩類（強アルカリ性）土壌表面は，夏季である7月の観察では土壌表面が乾燥し，灰白色を帯びており，ナトリウム（Na）の集積によって亀甲割れを起こしているのが確認できる。山中式の土壌硬度計によって土壌硬度を測定した結果では，土壌硬度は20mm以下となっており，土壌硬度が高いことによって植物が生育し難くなっている環境でないことが分かる。一方で，わずかに砂を感じるが，かなり粘る埴壌土（CL）

- 103 -

であることから透水係数が，10^{-4}～10^{-5}m/と低くなり土壌水分を保持する機能が低い状態となる（**写真2**）。

写真2　高塩類（強アルカリ性）土壌断面

表1に高塩類（アルカリ性）土壌の化学分析結果を示す。土壌が塩基性か中性，酸性かを示すpHにおいては，日本の沖縄県のように琉球石灰岩が存在する箇所で確認できるpH9程度より遥かに高く，pHは11を超えている。自然状態でない人為的な例を挙げると，軟弱地盤の強度を上げる為に行う石灰，セメント改良の土壌と同等と考えることができる。

表1　高塩類（強アルカリ性）土壌の化学性

分析項目	測定値	単位
pH（H_2O）	11.56	
EC（電気伝導度）	11.04	dS/m
腐植含有量（％）	1.25	％
C/N比	36.78	
アンモニア態窒素（NH_4-N）	0.80	mg/100g
硝酸態窒素（NO_3-N）	1.40	mg/100g
有効態リン酸（P_2O_5）	8.80	mg/100g
リン酸吸収係数	127.00	P-abc
交換性石灰（CaO）	766.00	mg/100g
交換性苦土（MgO）	32.80	mg/100g
交換性カリウム（K_2O）	14.00	mg/100g
遊離酸化鉄（Fe_2O_3）	0.20	％
交換性マンガン（Mn）	0.40	mg/kg
ナトリウム（Na_2O）	371.00	mg/100g
陽イオン交換容量（CEC）	8.10	cmol(+)・kg^{-1}
塩基飽和度	499.00	％

また，電気の通り易さを示す指標で，土壌中に含まれる塩類イオンが電気を運ぶ役割を担うことから，土壌に含まれる塩基の濃度が高くなれば値が上昇するECの値についても，植物が枯れてしまう指標である1dS/mを遥かに超えている。ECの値が高いことから電解質である塩基が多いことが推測できるが，交換性カルシウム（CaO）と交換性ナトリウム（Na_2O）の値が異常に高い。また，これらの塩基を保持する機能を示す陽イオン交換容量（CEC）の値が砂丘未熟土程度の10cmol(+)・kg-1以下であることから，土壌が塩類を保持できずに容易に移動する状態となっている。

2　土壌改善方法

2.1　脱硫石膏を利用した土壌改善

日本における例を挙げると，高塩類（強アルカリ性）土壌の過剰な塩類を排出する為には，灌漑用水によって余分な塩類を流出，希釈する手法が一般的に用いられている。

しかし，今回の事例では，周辺の水域のpH，ECが高く，土壌の過剰な塩類の改善に使えないことや，粘土鉱物にナトリウム等の塩類が取り込まれている状態であることが推測できた。このような土壌からは，過剰な塩類を剥ぎ取ることが困難な状態であると考え，高塩類（強アルカリ性）土壌改良に中国大陸で利用されている脱硫石膏（**写真3**）による土壌改善を2013年9月に実施した。

写真3　脱硫過程で生成される脱硫石膏

中華人民共和国における火力発電所においては，石炭燃料を利用していることから，SO_xが排出される。現在においては，燃焼排ガス中のSO_x源を除去する方法として，アルカリ土類系の脱硫剤（$CaCO_3$や$Ca(OH_2)$）等を燃焼炉内や煙道に吹き込んで脱硫が行われている。

　今回の土壌改善では，脱硫の過程で生成される脱硫石膏を利用して高塩類（強アルカリ性）土壌のpHをS（硫黄）によって低下させる手法を実施した。高塩類土壌箇所において，脱硫石膏の混合量を変化させて土壌pHとECの変化を確認した結果，脱硫石膏を混合することによって土壌pHが11から8へと低下することが確認できた（図1）。

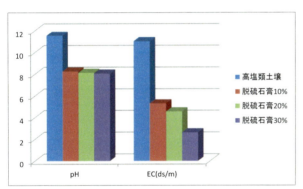

図1　高塩類土壌への脱硫石膏配合試験結果

　また，土壌ECの値も11.04dS/mから容積換算で30％脱硫石膏を混合することによって2.56dS/mまで低下することが予備試験によって確認できた（表1）。予備試験結果を踏まえて，高塩類(強アルカリ性)土壌の対象地に対して，脱硫石膏の混合量を変えて土壌改善する試験を実施した。実施のプロセスについては，①脱硫石膏の配置，②脱硫石膏の撒き出し，③トラクターを利用した脱硫石膏の土壌への均等攪拌である。なお，攪拌に際してはトラクターでの攪拌では，塊となった土壌に均等に脱硫石膏を混合することが難しかったことから，ホイルローダーによって土壌の塊を潰した後に，さらにトラクターで攪拌を行った（写真4）。

写真4　高塩類(アルカリ性)土壌への脱硫石膏の混合

　実地試験に際しては，コントロール区として脱硫石膏を混合しない区画，脱硫石膏を10％混合した区画，脱硫石膏を20％混合した区画，脱硫石膏を30％混合した区画の4区画を設けて中国産のトウモロコシ，耐塩類性のソルゴー，マメ科のヘアリーベッチの種子を2014年5月に播種して生長を確認した。

　土壌改善を行った箇所においては，土壌の化学性の変化を確認する為にSpectrum社製のデータロガーWatch Dogと土壌水分，温度，ECセンサーSMEC300を設置した。その測定結果から，土壌水分が降雨によって60％を超えることによって，土壌水分が30％程度であるとECが0.5dS/m程度であったのが，一気にECが6～8dS/mまで上昇する現象が確認できた。また，土壌水分の上昇に伴って上昇したECは，乾燥によって土壌水分が低下することで急激に低下することも確認できた（図2）。
このような現象が起こることが確認できたことによって，播種したトウモロコシ，ソルゴー，ヘアリーベッチの発芽不良と枯死が発生した原因が分かった（写真5）。

　土壌表面の観察からは，急激な乾燥によって土壌表面に蓄積した塩類は表面に被膜を作っており，さらに植物の生育を阻害していることも確認できた。

　現地での予備試験結果では，容易に予想できない事象であった。

図2　脱硫石膏による土壌改善の化学性変化

写真5　発芽，生育不良となったトウモロコシ

2.2　フルボ酸を利用した土壌改善

2.1で実施した脱硫石膏による土壌改善は，脱硫石膏のS（硫黄）イオンを利用して土壌のpHを低下させることを期待するものである。また，粘土鉱物表面に付着して容易に用水での除去が難しいNa（ナトリウム）イオンは，脱硫石膏のCa（カルシウム）イオンと交換すること期待していた。上記の効果によって，土壌pHとECを低下させて農地を改善することを目的として実施していた。

しかし，夏季の集中した降雨による土壌水分の上昇に伴ってECが上り，植物が発芽・生長しない濃度になることが確認できたことから，森林内に微量に含まれているフルボ酸（Fulvic Acid）を利用して，粘土鉱物からNa（ナトリウム）イオンを析出，排出させる手法を現地での予備試験から実施した。この新たな手法について説明する。

a）日本の森林資源を利用して生産したフルボ酸

自然界にあるフルボ酸は微量な成分であることから，腐植土からの抽出や水域からの抽出等で利用されてきた経緯がある。しかし，現在では未分解の有機質資材を，極強酸性の有機酸で処理して養生することによって植物由来のフルボ酸を大量に生産することが可能となってきた（**写真6**）。

写真6　植物由来のフルボ酸

今回の新たな土壌改善手法では，日本の森林資源を利用して生産されたフルボ酸を利用した。

b）フルボ酸を利用した土壌改善（予備試験）

対象となる高塩類（強アルカリ性）土壌を畝状に盛り上げた上面から，50倍に希釈したフルボ酸を段階的に浸み込ませることによって土壌のECを段階的に低下させることに成功した。

高塩類（強アルカリ性）土壌の粘土鉱物からフルボ酸のキレート効果（通常は金属単体での生物の吸収は非常に難しい。しかし，金属がフルボ酸（腐植）で挟まれると金属のキレート錯体が形成される。これによって生物に吸収され易くなる効果[1]）によって析出（**写真7，写真8**）して，排出された塩類は結晶化することから粘土鉱物表面への再度付着は起こらず，降雨によって容易に洗い流すことが可能である。

写真7 土壌から析出した塩類[1]

写真8 高塩類（アルカリ性）土壌から析出した塩類[2]

c）フルボ酸を利用した土壌改善（本施工）

農地土壌の改善に際しては，深さ15cmを耕耘し，この耕耘した土壌を重ねて高さh=30cmの畝を作った。この畝の上面から50倍に希釈したフルボ酸を散布することで，土壌ECの低下を期待した。農地改善は，2015年の4月に実施し，5月に中国産のトウモロコシを播種した。

播種してから4カ月経過した2015年9月に播種したトウモロコシの発芽不良や枯死は確認されず，トウモロコシの実がなり収穫まで確認することができた。土壌改善手法を施した農地における土壌pHは8程度となり，土壌ECについては，0.6～0.7dS/mまで低下させることができた。

3　おわりに

今回は中華人民共和国の高塩類（アルカリ性）土壌の改善については，失敗事例を説明しながら改善する手法について説明を行った。海外において問題となっている土壌環境を改善する場合には，気象環境や土壌の物理，化学性が示されていることは少ないことが多くなっている。また，日本において行っている手法がそのままで適用できない場合もあることから，現地での事象を丁寧に解析，評価しながら順応的対応で進めて行くことが必要と考える。

＜参考文献・引用文献＞

1）田中賢治・飛田和陽子，「大自然の生命の力フルボ酸」，pp.119-136，2015年，エコー出版.
2）田中賢治・森千夏，3.1，JATAFFジャーナル，第4巻3号，pp.23-27，2016年，公益社団法人農林水産・食品産業技術振興協会.

１０．ポートモレスビー下水道管理能力向上プロジェクトの紹介
The Introduction of Port Moresby Wastewater Management Improvement Project

佐藤　隆史
SATO　Takafumi

キーワード：パプアニューギニア，首都ポートモレスビー，上下水道，SDGs

1　途上国の上下水道事業支援

上下水道事業は，行財政，土木，建築，物理，化学，衛生，住民協力など，あらゆる様々な分野が関係する総合事業である。これらの分野は途上国で事業支援を行う場合，SDGsの17分野の多くが該当する。現在，上下水道分野の国際協力は厚生労働省と国土交通省の調査によると，毎年専門家が15～20カ国に派遣されており，彼らはSDGsの取り組みに直接貢献している。本稿では，筆者が水質・環境教育の専門家として関わっているパプアニューギニア国（以下，PNG）（図1）で実施している技術協力について紹介する。

図1　パプアニューギニアと首都ポートモレスビー

2　PNGの状況

PNGはオーストラリアの北に位置し，ニューギニア島の東半分とその周辺の島々からなり，1975年にオーストラリアから独立した。人口約895万人（2020年），面積は日本の約1.25倍である。現在のPNGの都市部では近代化が進んでいるが，貧富差の大，物価高，貧民街の点在，治安悪化があり，衛生環境も改善されず，沿岸の水質の悪化を招いている。PNGでは，給水率も低くピットトイレも多く存在する。これらの改善のため国の水衛生政策では，給水と衛生設備の2030年の人口普及率目標をそれぞれ70%としている。

写真1　ピットトイレの状況

（註）ピットトイレ：屎尿がいっぱいになると場所を変えて設置する簡易トイレ。

3　ポートモレスビーの下水道事業

PNGの首都ポートモレスビー（以下，POM）の下水は，内陸部では下水はラグーンにより沈殿処理されているが，沿岸部では未処理のまま海洋放流されているため沿岸地区の衛生状況や水質悪化が問題視されていた。そのため，日本の円借款事業により処理場とポンプ場及び下水道幹線が新設され2018年10月に供用開始となった。

写真2　下水処理場全景写真（大日本土木（株）提供）

4 プロジェクトとSDGs

本プロジェクトは，この施設の管理運営するPOM上下水道公社（Eda Ranu（以下，ER））の下水道事業管理運営能力強化の支援を目的にJICAが発注し，SDGsの17目標のうち，3保健，4教育，6衛生，8経済成長と雇用，9インフラ・産業化・イノベーション，11持続可能な都市，14海洋資源，17パートナーシップの計8つの目標に関連するものである。業務は弊社と他1社のジョイントベンチャーで，専門家6人により実施され，期間は2017年4月～2020年6月である。

プロジェクトの内容は以下のとおりである。

①プロジェクト名：PNG国POM下水道管理能力向上プロジェクト
②上位目標：POM沿岸部の衛生的な居住環境の整備と海洋環境改善の取り組みが継続的に実施される。
③プロジェクト目標：POM下水道事業に係るERの管理能力が向上する。

これらの達成のために，組織体制，人材育成，財務，各戸接続，啓発活動，排水規制，関係法令の検討，維持管理マニュアルの策定・訓練の実施，事業計画の作成などを行っている。そして，プロジェクト終了後，ERが自らの力でPOM下水道事業を管理運営できるよう彼らの能力強化を図ることが求められている。

5 業務実施内容の紹介

① 住民の意識調査と広報，教育（SDGs3,4,6,17）

2018年7月に3地区370世帯に対してのアンケート調査を実施した結果，なぜ下水道が必要性かという質問について，未供用の222戸の家では52%が健康・衛生・利便性の向上と回答している。また，環境教育の必要性についての質問では，370戸の家では99%が必要であると回答している。

この結果に基づいて，ER職員と協働で，住民への下水道PR，処理場の見学会，学校での環境教育，イベントやインターネット・マスコミ等を利用した広報活動計画を立てることとなった。

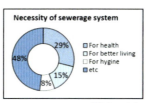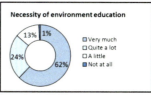

図2　アンケートの結果

② 施設の維持管理（SDGs8,9,11,14,17）

既存の管渠の管理は，これまで人力による手作業であったが，日本から輸入した給水車・高圧洗浄車・バキュームカーを利用し，機械作業が可能となった。また，下水処理場運転には，我が国の自治体からの技術者派遣など官民を挙げた日本のサポートが行われた（**写真3，写真4**）。

写真3　管渠清掃の状況

写真4　処理場管理の打ち合わせ

6 SDGsへの貢献に向けて

下水道事業を実施していく途上国においては，建設や維持管理に関する技術的な支援のほか，普及促進，排水規制，PR，財務の適正化といったソフト面での支援が，持続可能な運営に不可欠となる。これにはわが国が長年培ってきた下水道運営に関するきめ細かなノウハウが大いに貢献できるものと自らの経験を踏まえ確信している。

下水道の普及は，SDGsの多くの目標に関連する分野であり，我が国の洗練された技術やノウハウの推進により世界に貢献できるものと考える。

１１．ネパールの道路ハザードマップと世界遺産の保全

Road hazard mapping and conservation planning of the world heritage in Nepal

稲垣　秀輝

INAGAKI　Hideki

キーワード：ネパール，道路ハザードマップ，世界遺産の保全，土砂災害，リスクマネジメント

1　はじめに

　2015年4月にネパールでM7.8の地震が発生した。この地震で道路や世界遺産に大きな被害が出た。そもそも，ネパールの道路事情は決してよいとは言えない。毎年というほど降雨による土砂災害が発生し，一時通行止めや通行車両の流失等が起こっている。また，ネパール国内には多くの世界遺産が登録されているが，小高い丘の上にあるチャングナラヤン寺院では，地すべりの懸念があり，世界遺産の保全の必要性が出ている。いずれも土砂災害からの国土の保全が課題となる。ネパールの地形・地質はわが国のそれと類似しており，技術士の活躍の場である。

　現地調査は，2001年から2008年にかけて5回実施し，その成果をまとめ国際学会での発表や本を出版し，ネパールの防災関係者へ配布してきた。現在も研究は継続しており，ここではそれらの概要について報告する。

2　ネパールの道路ハザードマップ

2.1　斜面ハザードを把握

　ネパール国内の主要都市を結び，主要な輸出入国であるインドを結ぶ国道は脆弱な地質の山岳地を縫って走っている（図1）。特に，東西方向の道路は山肌に沿って走るが，南北方向の道路は急峻な東西方向の山脈を横断する。

図1　道路ハザードマップ位置図

　このような過酷な道路の斜面ハザードを把握するため空中写真判読と現地調査を行い，道路ハザードマップを作成した。この中で，斜面ハザードの分類を試みた。斜面崩壊で崩壊土砂の種類や崩壊の地質構造から5タイプ（盛土崩壊，土砂崩壊，風化岩崩壊，流れ盤岩石崩壊，受け盤岩石崩壊），地すべりで移動岩塊の種類から3タイプ（土砂地すべり，風化岩地すべり，岩盤地すべり）に分けた。

　いずれのタイプの斜面崩壊や地すべりも豪雨や地震の際，崩落を起こしやすいのではあるが，その分類によって，崩落の規模や頻度が異なるのである。これらのほか，落石，緩み岩盤，河岸侵食，土石流を加えた斜面災害の特徴を示した。

2.2　道路ハザードマップと対応策

　ネパールの首都カトマンズから山肌に沿って西に向かい，ムグリンからバラトプール間は急峻な山脈を深く切り込んで流れるトリスリ川沿いの道路であり，インドとネパールを結ぶ動脈である。このV字谷の左岸山裾に張り付いたように建設されている道路は多くの岩石崩壊や大規模地すべ

り，地すべり末端部の崩壊，地すべり側部の渓岸崩壊に伴う土石流のハザードが多い（図2）。

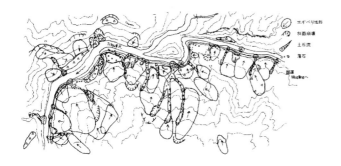

図2　峡谷沿いでの道路ハザードマップ[1]

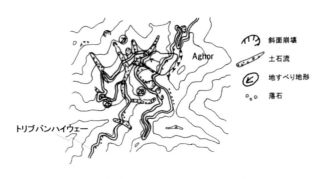

図4　山岳道路でのハザードマップ[1]

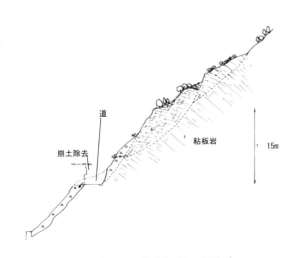

図3　受け盤岩石崩壊[1]

たとえば，図3には受け盤岩石崩壊の事例を示した。最近では，トンネルルートなどの検討もされていると聞くが，経済的で復旧のしやすい対応策が必要であろう。

かたや，カトマンズに隣接するナウバイズからヘタウダに向かうトリブバンハイウェーは山岳高標高部を通過するため，道路が山腹を回りくねって切り込みながら，山地斜面や峠を越えていく区間である（図4）。風化花崗岩が広く分布する地域であり，風化岩崩壊が多発している（図5）。道路のメンテナンスなどを考慮すると，これらのハザードを抜本的に回避することはむずかしく，ハードからソフト対策への転換も視野に入れたい。

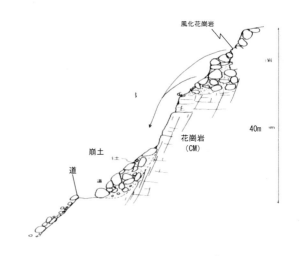

図5　風化岩の斜面崩壊[1]

1993年7月の豪雨災害が大きく，この年にはインドとの通行が一カ月以上中断し，ネパールの国内経済が一時麻痺した。対応策としては，わが国のように，アンカー工や法枠工などのような抜本的な対策工を実施例は少なく，大規模の被災箇所についても，崩壊土砂の除去に伴う小迂回路建設にとどまることが多く，必要に応じて石積擁壁やフトンカゴの施工と植生工で対処しているのが実情である。これらは主に，技術的な問題と経済的な理由による。今回の調査では，被災原因は地下水や表流水などの豪雨を誘因としていたが，地震などによっても，尾根斜面を中心に崩壊・地すべり・落石の斜面ハザードの発生が予想される。

2015年4月の地震では，これからの区間は震源から離れており，大きな被害は無かったが，カトマンズから中国に抜ける震源に近い国道では，両区間と類似の地形・地質の箇所も多く，斜面土砂災害が多発している。

3 世界遺産の保全

3.1 チャングナラヤン寺院の地すべり地形

ネパールには多くの寺院があり，これらの多くは首都カトマンズ盆地の周辺に集中している。

これらの中でもユネスコの世界遺産に登録された寺院の1つであるチャングナラヤンはネパール最古の寺院であり，毎年多くの観光客を集めている（写真1）。

写真1　世界遺産のチャングナラヤン寺院

写真2　世界遺産と地すべり地形

この寺院はカトマンズの西方約10kmのやせ尾根状に張り出した丘陵地端部に位置し（図6，写真2），地盤は古い時代の岩盤と更新世の半固結の粘土・砂・礫など地層（dl）からなる。

この粘土層の中には黒色でほとんど細粒分のみからなるせん断強度の低いものが認められた。空中写真ではこの黒色粘土層を基底とした規模の大きな複数の地すべりが認められ，チャングナラヤン寺院の丘陵地を周辺から侵食している。

これらの規模の大きな地すべりはいくつかのブロックに分割され，その末端部では流動化し崖錐斜面や土石流堆・沖積錐を形成していることがわかった（図7，図8）。

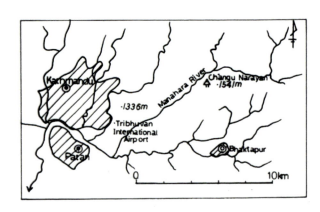

図6　世界遺産の位置図

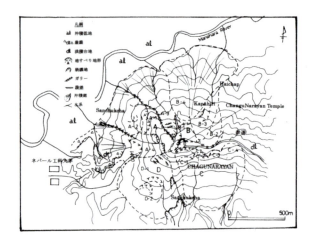

図7　チャングナラヤン寺院地すべり平面図

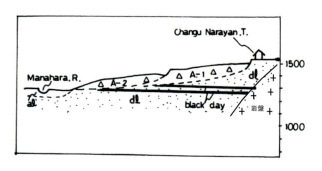

図8　チャングナラヤン寺院地すべり断面図

3.2 保全対策の考え方

この貴重な世界遺産は，このままでは，地すべりの被害を受ける可能性が高い。地すべりの素因は，地盤内の黒色粘土層である。この黒色粘土層

について，室内試験を実施した。黒色粘土層の含水比は30%程度と高く，セリサイトなどの雲母類を多く含むほとんど細粒分からなる粘土層である（図9）。この粘土層の通常の強度であるピーク強度は φ=27°であるが，地すべりを起こした後の残留強度は低下し，φ=22°となることがわかった[1]（図10）。

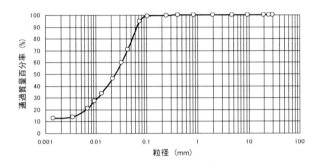

図9　黒色粘土の粒径分布

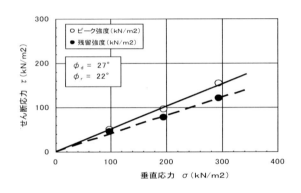

図10　黒色粘土のせん断試験結果

豪雨や地震などがその地すべり活動を活発化する誘因になる。さらに，チャングナラヤン丘陵の麓での河砂の採取が，地すべり末端部の地盤の除荷となり，地すべりの安定性を低下させている可能性も考えられる。

2015年4月の地震でも地盤の悪い多くの世界遺産寺院が被害を受けている。これらの世界遺産を保全するためには，建築物の耐震設計だけではなく，早急に地すべりや軟弱地盤の詳細な地盤調査や地盤安定解析を実施し，世界遺産の文化や自然環境と調和した地盤対策を検討すべきである。

4　土砂災害のリスクマネジメント

リスク管理の基本的な考え方は，今回抽出したいろいろな斜面ハザードに対して，その規模と発生頻度を考慮し，どのハザードから優先的に防災対応をしていくかである。ネパールの様々な斜面ハザードの特徴をまとめたうえで，それらのハザードのリスク評価を行うと長期的な斜面の保守管理が合理的に出来ることを現地で報告した。ハザードをリスクとして見積もる，すなわち，危害の発生確率と危害の程度の組み合わせとして評価し，リスクの高いものから重点的に対策を計画的に施行してゆく。

リスク低減対策としては，ハード面の対策ばかりでなく，道路の運営管理等のソフト面の対策も有効であり，その面からの対策（法的規制や避難誘導，情報伝達等）も提言した。

つまり，今回作成したハザードマップの必要性とそのリスク管理のあり方を考慮したハード・ソフトの防災のしくみを向上させる工夫が必要であり，2015年4月の地震後の対応や今後発生する可能性のある様々な斜面土砂災害にも参考になるものと考えられる。また，ハザードマップによる各ハザードの分類，リスクの見積り及びその低減対策に必要な技術及び予算額等が網羅的に検討できるので，今後ネパールにとって有効な道路計画・道路補強・補修技術，道路管理技術を検討してゆく基礎資料となる。

5　おわりに

ネパールの土砂災害の実情とハザードマップによるリスクマネジメントの考え方についてまとめた。リスク管理のあり方は，自然環境との共生などを考慮したハード・ソフトの防災技術を向上させる工夫が重要である。さらに，我が国の国土はネパールと類似しており，地震後の復興において，技術士による協力支援が期待される。

最後に，共同で研究をさせていただいた愛媛大学の矢田部教授はじめ多くの先生方，香川大学の長谷川教授，広島大学の故北川教授，ネパール工科大学の先生方に感謝する。

＜参考文献・引用文献＞

1）R.Yatabe,N.P.Bhandary,D.Bhattarai,
S.Hasegawa, H.Inagaki, H.K.Shrestha,
J.Takahashi, R.D.Dahal, Landslide
hazard mapping along major highways of
Nepal', Vol.1, 155p. 2005,'

2）稲垣秀輝, N.P.Bhandary,長谷川修一,矢田部龍一,「ネパールの最重要道路のハザード マップとリスク管理」,日本地すべり学会誌, Vol.1, No.6, pp.38‐45, 2007 年, 日本地すべり学会.

3）S.Hasegawa, R.D.Dahal, R.D.Dahal,
M.Yamanaka, N.P.Bhandary,R.Yatabe,H.Inagaki,
'Causes of large-scale landslides in the Lesser
Himalaya of central Nepal', Environ Geol, 57,
pp.1423‐1434, 2009.

１２．2015年ネパール地震での土砂災害ハザードマップ作成と国際協力
Generating Landslide Hazard Map on 2015 Nepal Earthquake and Subsequent International Cooperation

柴田　悟，中里　薫

SHIBATA Satoru, NAKAZATO Kaoru

　2015年4月25日にネパール中央部を震源とするM7.8の地震とその17日後に発生したM7.3の地震で，人家の倒壊や斜面災害等により 8,000 人を超える犠牲者がでた。本講演会では「ネパール国ネパール地震復興・復旧プロジェクト（国際協力機構：JICA）」に参加した立場から，ネパール国政府に土砂災害ハザードマップを作成・提供し，それ自体の利活用促進を図ったほか，地方で活躍するエンジニアが，所属する自治体で利用するハザードマップを作成するトレーニングを行った事例を紹介した。

　2015 Nepal Earthquake was a gigantic earthquake of M 7.8 that occurred on the 25th of April 2015 in the central part of Nepal. This earth quake caused countless number of house and slope collapses, killed more than 8000 people. Through this seminar, we lectured about how we generated the hazard map and provided them to the Nepal Government, as members of the project on Rehabilitation and Recovery from Nepal Earthquake (JICA). Next, we explained two TOT (Training of trainers) workshops heled in Kathmandu. The first seminar aimed government engineers to utilize it for their public works. The second seminar targeted local engineers to generate hazard maps by their own.

キーワード：ネパール地震，ハザードマップ，土砂災害，
　　　　　　ＴＯＴ（トレーナー研修；Training of Trainers）

1　概要

　2015年4月25日にネパール中央部を震源とするM7.8の地震と17日後に発生したM7.3の地震で，人家の倒壊や斜面災害等（**写真1**）により8,000人を超える犠牲者がでた。

写真1　地震に伴い発生した崩壊による被害

　ハザードマップ作成に際しては，成果報告の緊急性とネパール国への技術移転を考慮し，簡易で理解しやすく受け入れられやすい方法で作成することが望まれる。そこでこれまで活用実績の多いGIS（地理情報システム）と数量化理論を用いた方法でハザードマップを作成した。

2　ハザードマップの作成

（1）対象範囲と利用目的，作成手順

作成範囲は本地震で被害が大きかったゴルカ郡とシンドパルチョーク郡（両郡面積計約5,000 km^2）とし（**図1**），次の項目をハザードマップの利用目的として作成作業を進めた。

- 土地利用計画作成のための基礎資料）
- 居住地移転計画の活用及び評価
- 道路等インフラ復興計画への活用
- エリアプラン（地域復興防災計画等）
- 住民啓発

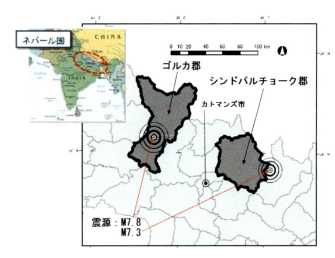

図1 ネパールの位置，対象地区はネパール中央部

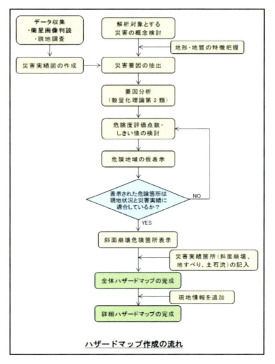

図2 ハザードマップ作成の手順

ハザードマップの表示は，対象の郡全体の土砂災害リスクを表現した全体ハザードマップ及び特定の地区に限定して作成する詳細ハザードマップの2通りで作成した。調査地ではこれまでも土砂移動現象が多数発生しており，今回の地震によりそれらが助長されている。このためハザードマップで表現する危険要素の表示項目として，

①今回の地震とそれ以前の降雨・地震等による土砂移動箇所（「土砂移動実績箇所」），

②その土地に潜在している危険要因を有す箇所（「潜在的に危険要因を有した箇所」）とした。

（2）作成方法

ハザードマップの作成の手順を（図2）に示した。マップは，主に次の手順で作業を行った。①衛星画像から土砂移動箇所の範囲，形状等を判読，②代表箇所の現地確認，③災害要因の抽出，④数量化理論による点数付け，⑤GISによるマップの表示。

衛星画像の判読では地震前後に撮られた解像度2m程度の衛星画像と数値標高モデル（DEM）を用いて3次元データにより約8,000箇所の土砂移動を判読し，代表箇所について現地にて土砂移動範囲，傾斜，幅等を確認した。

その結果，①土砂移動箇所の判読では，地すべりと土石流（岩屑流）と斜面崩壊を明確に区別して判読することが困難であり，地すべりや土石流箇所を斜面崩壊に含めている場合が多いこと，②斜面崩壊について平均幅約40mに対して，衛星画像判読では20m程度の誤差を生じる場合があること等がわかった。土石流や岩屑流は地震により発生した斜面崩壊が原因で発生する場合が多い。斜面崩壊の危険箇所を抽出することは危険要因を有する斜面の選定につながる。以上から，本検討では斜面崩壊を分析対象とし，地すべり・土石流は現地に発生が見られるものを危険箇所として表現することとした。

潜在的に危険要因を有した箇所を判定する方法として複数の方法が公表されているが，ここでは近年実績が確認されてきている「数量化理論」に基づく点数化で評価することとした。土砂災害ハザードマップ作成の基礎となる災害要因（土砂移動要因）として一般的には，斜面傾斜，起伏量，斜面形状，土地利用，地質分布，地質構造等の地形・地質的要因（素因），地震の規模，震源からの距離，降雨の強さ等の誘発的要因（誘因）が挙げられる。

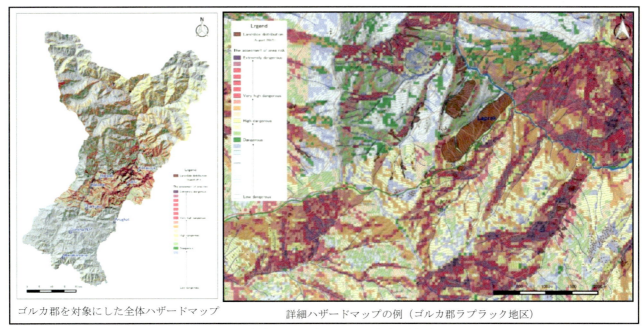

| ゴルカ郡を対象にした全体ハザードマップ | 詳細ハザードマップの例（ゴルカ郡ラプラック地区） |

図3　作成したハザードマップ（抜粋）

本検討では現地の地形地質・崩壊地の状況と入手可能な資料から，斜面の傾斜角，斜面の傾斜方向，断層帯との関係，震源から距離，を要因分析対象としてハザードマップ作成を進めた。

上記の要因について50mメッシュでGISにより集計・解析を行い，数量化理論第2類を用いて点数化し，危険度をグラデーションで表現した。

（3）成果

作成した土砂災害ハザードマップの抜粋を図3に示した。本マップは対象地全体を俯瞰した概略的なものであり，復興計画やインフラ整備計画の策定時には現場確認調査と合わせて活用することが期待される。

3　研修項目：ハザードマップの概念

（1）本研修の目的

ネパール関係機関が，斜面防災のツールとしてハザードマップ（HM）を有効活用するためには，GIS活用スキルを習得するだけでなく，HMの構成，基礎知識，適用方法，適用限界を理解する必要があり，さらに重要なこととして，我々が提供した2郡のHMと同様に，地震被害を受けた周辺9郡においても同様のHMが作成され利用できるよう，その作成方法や利用方法の理解を促す必要がある。以上より，本研修はHMの作成・運用のためのトレーナー養成（TOT）を目的として実施した。

（2）ハザードマップに関する基礎知識

日本では，自治体における災害リスク管理としてハザードマップが住民に広く提供されている場合が多く，自主的な防災活動においても活用されている。本研修では，このような事例を示すことによって，研修生に将来的な活用をイメージしてもらうこととした。図4は仙台市が外国人居住者に提供しているHMを，活用事例として示したものである。

図4　仙台市が外国人居住者に配布しているHM

（3）数量化の基礎知識

既に述べたように，各メッシュのリスク判定には，多変量解析のうち，質的データの組み合わせに対する判別分析であることから，数量化II類を用いた。研修では，この概念を理解いただくために，図5のようなサンプルを準備した。

この事例では「犬が好きか」，「猫が好きか」という定性的な判断の組み合わせから，「男の子」，「女の子」という判別を予想している。

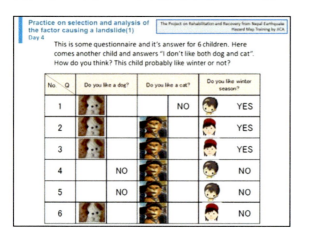

図5　多変量解析の説明に用いたサンプル

4　研修項目：現地実習

（1）本研修の目的

ハザードマップ（HM）を利活用するにあたり防がなくてはならない重要なポイントは，レッドゾーン・イエローゾーンといったリスク判定を，個別に判定している各メッシュの大きさ，用いた図面の精度，判断の流れなどを理解しないまま一人歩きさせることである。現地研修は，こうした点を理解させることを主たる目的として実施した。

（2）現地研修の概要

現地研修では，参加者全員が，シンドパルチョーク郡Jalbire地区における調査表を現地作成し，斜面崩壊の危険度や，通行安全の確保について評価を行った。また，全員の評価結果をもとに，レヴューを行った。

各研修生に予め課した課題は，予想される60mm/hの豪雨に際し，通行止めを実施するかどうかという実践的なものとした。また，写真2には現地研修の様子を示した。

写真2　現地研修の状況（画面右端が筆者）

（3）現地研修のレヴュー

提出された課題シートには，全て「エンジニアが行政意思決定者に提出するレポート」という観点でコメントを追記し，個別にレヴューを行った。これを通じ，現地速報に必要な規模の判定方法，崩壊原因の想定，避難や通行止めなどの判断が必要であることを示した（図6）。

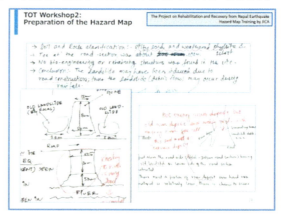

図6　現地研修に予め課した課題

5　成果と今後の課題

（1）本プロジェクトの成果

最近ではQGIS等のハイスペックなフリーGISソフトが普及しており，衛星画像情報も，高度利用が可能なグーグルアース・プロが無償化されるなど，途上国でハザードマップを利活用する土壌は十分に整っている。本プロジェクトでは，そのような観点から，ネパール国政府にハザードマップをＧＩＳソフトとして作成・提供

し利活用の促進を図ったほか，地方で活躍するエンジニアが，所属する自治体で利用するハザードマップを作成するトレーニングを行った。

（2）まとめと今後の課題

今回ネパール国に提供されたハザードマップ（HM）について，最も危惧するべきことは，その作成過程や精度について理解されないまま，危険地域からの移転計画や復興計画に，無前提的に利用されることである。これに対する解決を図るものとして，10 日間にわたる集中トレーニングを，地方勤務を含む中央政府エンジニアに行ない，提供したHMの利活用を図った。

次に，HMを提供していない周辺被災郡について，自らの力でHMを作成し，利活用してゆけるよう，HM作成のための集中トレーニングを別プログラムとして実施した（こちらも 10 日間）。

今後，こうした活動の成果モニタリングを含め，HM利活用の普及を図ってゆくことが必要となろう。

＜引用文献＞

1）JICA, 'The project on rehabilitation and recovery from Nepal earthquake final report', 2017.10, JICA.

2）柴田悟・中里薫他，「ネパール地震（2015 年）における土砂災害ハザードマップの作成」，第 56 回（公社）日本地すべり学会研究発表会論文集，2017 年 8 月，日本地すべり学会.

１３．パラグアイ共和国における土壌調査
The Soil Survey of the Republic of Paraguay

田中　賢治
TANAKA Kenji

キーワード：パラグアイ共和国，土壌調査，テラローシャ，pH，EC（電気伝導度），JICA

１　パラグアイ共和国の概要

　パラグアイ共和国の国土面積は日本の1.1倍となる40万6,752km²であり（図１），森林面積は約780万ヘクタールで国土の20%を占める。首都はアスンシオンである。公用語はスペイン語，グアラニー語となっているが農村部においてはスペイン語よりもグアラニー語が利用されている。パラグアイ川によって，東西に東パラグアイ（Paraguay Oriental）と西パラグアイ（Occidental Paraguay），またはチャコと呼ばれる地域に分かれている。パラグアイ共和国の人口は，713万人（2020年　世界銀行調べ）で，総人口の70%以上が34歳以下の若年層で構成される。その理由は，周辺諸国との領土，資源をめぐって繰り返されてきた戦争にその原因がある。

　パラグアイ共和国は我が国の対蹠地にあり，日本との時差は，サマータイムで13時間，通常は12時間であり日本とは昼夜逆転している。

図１　パラグアイ共和国（外務省）

　東部は，国土の40%だが人口の97%近くを有している。丘陵と平原が交錯する地形となっており，森林と肥沃な大地からなり，アマンバイ山脈がブラジルとの国境を形成している。西部は，乾燥が激しく人口が極めて過疎となっている。疎林地帯やアルゼンチンとの国境を流れるピルコマヨ川流域の湿地帯からなっている。川沿いには，先住民や北欧系やロシアの入植者が住み，チャコ地域全体でも総人口は10万人程度である。南西部はパラナ川が国境線となっており，この川でブラジルとイタイプー・ダムを共有している。このダムは現在のところ水力発電をする世界最大のダムであり，パラグアイの電力需要のほぼ全てを賄っている。また，もう一つジャスレタ・ダムがパラナ川にあり，こちらはアルゼンチンと共有している。パラグアイ共和国は現在のところ世界でもっとも多く電力を輸出している国となっている。

　我が国とパラグアイ共和国の関係は，1919年に国交を開始し，今日に至るまで日本人移住者の活躍及びパラグアイ共和国の社会経済開発に資する我が国の経済・技術協力，相互の経済・文化交流によって，両国関係は強化されている。パラグアイ共和国への日本人の移住は，1936年に始まり，最初の移住者はラ・コルメナに到着している。第２次世界大戦によって移住は一時中断されたが，戦後，国交が再開され，1959年に両国政府は日本人移住者約85,000人の受入などを決めた「日本・パラグアイ移住協定」を締結している。その後，日本人約１万人がイタプア県，アルトパラナ県，アマンバイ県に入植し，主に農業に従事してきた経緯がある。現在では，約5,800人の日本人及び日系人がパラグアイに居住しており，移住者の勤勉さと農業開発における貢献は，パラグアイ共和国の国民に高く評価されている。

2　経済概況

　経済的な側面からパラグアイ共和国を見ると GDP に占める農業の割合は過去 10 年間で 9%から 14%を推移しており，2018 年では 10%を占めている。特に大豆は世界有数の生産量（第 6 位），輸出量（第 4 位）であり，GDP に大きく貢献している（FAOSTAT, 2016, 2017）。GDP 成長率における農業・林業・水産業では，2012 年は－28%であったが，農業の成長に大きく左右され，2013 年には 45%と急激に上昇した後で，現在まで約 0%から 6%の間で推移しており，2018 年においては 6%となっている（世界銀行）。失業率は，2017 年現在では，5.2%（同）となっており，2014 年の 6.04%（同）に比べ若干減少している。

　パラグアイ共和国は，MERCOSUR（メルコスール，南米南部共同市場）の加盟国である。MERCOSUR は，1995 年に域内の関税撤廃等を目的に発足した関税同盟となっている。そのため MERCOSUR 加盟国への重要な市場へ自由にアクセスが可能となっている。また，海には面していないものの，川や陸路を使用することで周辺国への物流においてのネットワークが容易な国である。

3　農業概況

　パラグアイ共和国の農業に目を向けると，大豆，トウモロコシ，小麦などの輸出をメインとした大規模農家による機械化農業とキャッサバや豆類といった自給用作物，ゴマや野菜などの換金作物を栽培する子規模農家に分かれている。大規模農家は，輸出作物の国際価格が比較的堅調だったこともあり順調に成長しているが，他方小規模農家は機械化が進んでいないことから，炎天下における厳しい農業作業が行われている。また，若者の農業離れも加速しており，加えて小規模農家は生産物の販売方法においてのリスクもある。以上の理由から，大規模農家と小規模農家における貧困格差が広がっている。このような状況を脱却するためには，小規模農家への機械化及び技術的・資金的支援が必要と考える。大規模農家は，全体の 1.6%であるが，全農地面積の 80.4%を占めている。一方，小規模農家は農家全体の 91.4%であるが，土地所有は全農地面積の 9.6%を占めるに過ぎない。なお，肉消費が主流で野菜をあまり摂取しないパラグアイ共和国においては，国民の肥満が進行している。そのため，農牧省や保健省は小規模農家へ野菜の栽培を促しており，農業への期待が高くなっている。

4　パラグアイ共和国の調査概況

4－1　調査に至った経緯

　パラグアイ共和国に派遣されたきっかけは，筆者が森林資源を活用して量産化に成功したフジミン®（フルボ酸）を使って世界でも稀な塩類集積地（中華人民共和国）を除塩し，トウモロコシ畑にした内容を企業の方に説明したことに端を発している。パラグアイ共和国は，チャコ地方という広大な面積があるが，乾燥が激しく塩類集積していることから農地等に利用することが困難となっている。この現状を改善するためにパラグアイ駐在全権大使がパラグアイ共和国に事務所を構えている日系の企業に相談されたことから筆者が調査に行くことになったものである。

4－2　調査概要

　JICA（国際協力機構）の「2018 年度第二回中小企業・SDGs ビジネス支援事業～普及・実証・ビジネス化事業」に選定され，パラグアイ共和国政府と提携を結んでいる。今回，国土防災技術株式会社，有限会社システム・デザイン，SD Paraguay S.R.L で実施した調査内容を紹介する。

　調査期間は，2018 年 6 月 21 日～6 月 30 日で，パラグアイ共和国の西のチャコ地方の塩類集積地～中部のコルディリューラ移住地～南のピラポ移

住地の農地を 2,000km 移動して土壌環境の調査等を行った。土壌調査は，土壌 pH と EC（電気伝導度，Electrical Conductivity）を計測できる機器（写真1）を持参して調査を行った。pH メーターについては pH テスターソイル（竹村電気製作所製）を，また EC testr11+（Spectrum 社製）を利用した。

写真1　pH メーター，EC メーター

（1）チャコ地方

チャコ地方では，牛の放牧（写真2）が盛んで，オーストラリアタンクと呼ばれる盛土した池に雨水を溜めて導水したパイプによって遠隔地への牛の飲用水として利用している。

写真2　チャコ地方の肉牛の放牧

雨水を溜めた池の pH は 7.78 でアルカリ性を示し，EC も 1.3dS/m と高いことから，水を飲ませるように岩塩を混合するようなことをしなくても土壌中に含まれる天然の塩類を効率的に牛の飲用に利用していることが確認できた。

放牧地に自生している植物は，株立型のオオクサキビ（イネ科，以下キビ）（写真3）に近いものは牛が好んで食用にするが，匍匐型の行儀芝（バミューダグラス）（写真4）は好んで食べない状況であった。

写真3　株立型のイネ科牧草　写真4　匍匐型のシバ

この違いを EC 測定することで確認した。EC が 1 dS/m を超えると株立型は衰退し，匍匐型に移行している。また，数十 m 高くなっている丘では，ph が 6.50，EC が 0.18SdS/m であることから，塩類障害による植物の生育阻害が少ない状況である。周辺が高塩類集積地（写真5）であることから，土を盛り上げて，雨水を効率よく利用する溜め池地が作られている（写真6）。

写真5　高塩類集積地

写真6　堰堤を作った溜め池

（2）イグアス移住地

イグアス移住地では，ユーカリの植栽が行われており，植栽地を中心として調査を行った。ユーカリ植栽予定地では，伐採した植物の生育が悪い地点で pH は 3.36 でごく強酸性となり，EC も 0.07dS/m と著しく低い結果となっていた。一方で，伐採した植物の生育が比較的良かった箇所では，pH が 4.49 と強酸性となったが EC が 0.51dS/m と高い値を示している。ユーカリは，

耐酸性とアルミニウム耐性があることが知られているが，このような作用を維持するためには有機酸が必要である。

海の無いパラグアイ共和国の人々にとって，湖は憩いの場となっている。この湖のpHは6.02と微酸性でECが0.03dS/mと低い。このような湖では，富栄養化で藻類が増えることが少ないと考えられる。湖周辺にエン麦の栽培培地（**写真7**）が拡がっていることから土壌の化学性を測定すると，pHは5.69（キビの最適値5.0〜6.7）で弱酸性となり，ECは0.30dS/mと作物に最適な値であった土壌の化学性を確認することによって，農地の健全度を評価しながら農業が営まれることが望まれると感じている。

写真7　最適な土地に栽培されたエン麦

（3）ピラポ移住地

不耕起栽培が実施されている農地を中心に調査を行った。なお，調査農地では1期作目である9月からダイズが栽培される。

写真8の調査地では，土壌pHが強酸性となっており，ダイズの生育が著しく阻害されることが予想できる。

写真8　酸性化した農地

写真9の調査地では，トウモロコシも栽培されており，根系等を土壌にすき込んでいることから，pHは5.95と微酸性である。

土壌pHについては，キビの生育pHである5.0〜6.7を参考にすると，この調査地点では，土壌pHが5.0代であり生育可能pHである。

写真9　不耕起栽培をしている農地

5　おわりに

2018年6月21日〜6月30日にパラグアイ共和国を2,000km移動しながら調査して提案した内容をもとに，JICA（国際協力機構）の「2018年度第二回中小企業・SDGsビジネス支援事業〜普及・実証・ビジネス化事業」へと展開し，現在事業を実施中である。

日本には無いテラローシャという土壌に対面し，その環境を改善する事業に関わることになって，技術者冥利に尽きると感じている。同時に世界各国の環境改善にSDGsの理念を持って，今後とも取り組んでいきたいと考えている。

写真10　パラグアイアスンシオン市の日本大使館にて
石田パラグアイ全権大使（中右）と筆者（中左）

１４．畜産・獣医衛生分野の技術協力活動
The International Cooperation of the Livestock Industry and Veterinary Medicine sector

森山　浩光

MORIYAMA　Hiromitsu

畜産業は穀物等の農業生産限界地域においても実施でき，世界で 10 億の人々が営んでいる。食料生産，副産物利用など人間の生活を支える重要な産業である。戦後，我が国が行ってきた畜産・獣医衛生分野の ODA の動向を紹介する。また，これまでの活動と 2014 年の活動からベトナムとインドネシアの事例を示した。

　The stock-raising industry is accomplished in an agricultural production limit area and is the important industry that 1 billion people run about for in the world. Food production and use of by-products are important industry to support human life. I would like to introduce a tendency of the ODA (JICA) that our country performed after war and show Vietnamese and Indonesian examples in 2014.

キーワード：畜産，獣医衛生，技術協力，SDGs，JICA ワークショップ，AAAP

1　はじめに

　2015 年 9 月国連サミットで「2030 年に向けての SDGs (Sustainable Development Goals)」が採択された。種々の課題を結び付けて解決していくことの重要性が示されている。2015 年 9 月の国連・ミレニアムサミットで採択された MDGs（Millennium Development Goals）と同様「貧困」と「飢餓」が上位に掲げられ，農業－畜産は重要な産業として位置づけられている。

1.1　畜産の重要性

　畜産は，世界で 10 億の人々の生計と食料安全保障を支えている（FAO,2009）。乳肉卵生産のみならず，不可食部位の肥料，飼料，生活への利用，耕耘，荷駄，乗用，堆肥，燃料，さらに愛玩・伴侶動物，セラピーなど幅広く活用されている。FAOSTAT によれば，牛 14.9 億頭，緬羊 11.7 億頭，山羊 10.1 億頭，豚 9.8 億頭，水牛 2 億頭のほか馬，鶏など家禽（水禽を含む），犬，猫，ロバ，ラクダ，兎，リャマ，トナカイ，ヤク，象さらに養蜂，養蚕も畜産の範疇に入れ多種多様な家畜が飼養されている。

（1）技術協力の推移

　この地球上の南北問題を最初に示したのは，オリバー・フランクス卿である。1954 年に我が国はコロンボ計画に参加し，1957 年にはタイで肉牛分野での飼養管理，飼料生産，家畜衛生を組み合わせた技術協力を実施している。これまで 60 年余，我が国は獣医衛生，家畜育種，人工授精，繁殖，飼養管理，栄養飼料などの優れた分野を中心に，世界各国で技術協力を推進してきた。戦後の我が国の畜産・家畜衛生分野のプロジェクト方式技術協力についての動向を，以下に示した。

（2）技術協力対象国

　協力対象国は最初東南アジアから始まり，アジア 11 カ国を先頭に，中南米 10 カ国，アフリカ 3 カ国，中東と東欧各 1 カ国の，26 カ国に及ぶ。

（3）技術協力の案件数

　獣医衛生 25 件，酪農 10 件，肉牛 8 件，飼料 5 件，畜産物加工 3 件ほか合計 62 案件が実施された（2022 年現在）。

（4）技術協力分野の内容

　畜産の技術協力では，まず，その家畜を健康に飼育する必要がある（飼養管理）。虚弱になり斃死する場合もあるため（獣医衛生）が重要となる。また，増頭羽し，さらに品種改良する必要が

ある（繁殖・家畜改良）。飼料を確保し（飼料生産），安全で美味しい畜産物を生産する必要がある（畜産物加工）。それらの人材を育成する研修指導や研究協力，大学教育が不可欠である。

筆者の専門である3分野の項目を例示する。
・獣医衛生：疾病診断，予防衛生，動物薬ワクチン製造・検定，家畜保健衛生所，研究所
・繁殖：繁殖管理，人工授精，胚移植，検定
・酪農：飼養管理，搾乳衛生，家畜衛生，経営管理，乳牛育種，酪農協育成

近年までそれぞれの分野でやや容易なものから，より複雑で高度な案件に移るとともに，初めてODA協力を行う国々では，その国の状況に合わせ，種々の協力を実施した。例えば，1990年代後半から技術協力を開始したベトナムでは，最初個別専門家を派遣した。FAOや豪州やフランスやノルウェーが研究協力を行い，その後日本（JICA）が2000年から家畜衛生研究と牛人工授精を同時に始め，2006年から酪農技術普及，その後2011年から食品安全性に関する協力へと進んでいった。その後，デンマークが堆肥生産，環境保全の協力を行った。

1.2 自分自身の国際協力への参加

幼い頃，父宛てに航空便が届いていたこともあり，海外との連携や国際協力には農林水産省勤務前から関心があった。1年目の本省勤務後センター機能を持つ福島種畜牧場に配属され，地域の学会賞を受賞，海外研修員への指導も行った。入省4年目に米国での研修を受講する機会を得た。入省前は3～4年目あたりで退職して留学しようと思い，米国のUCLAなど4大学から回答も得ていたが，行政の面白さを感じそのまま勤務を続けた。6年目から国際貿易，国際協力を担当し，その後8年目に人事院在外研究員として英国（**写真1**），西欧に派遣され欧州がアフリカ，中東をみる視点を直接感じた。帰国後，国際協力課への配属を希望し，3年2カ月の間，220件を超える開発調査や技術協力，研究協力を2名で担当した。スペイン語などもこのとき学習した。南米（**写真2**）やアフリカへの出張も行った。

その後，日米などの貿易交渉を担当し，国内業務，つくばの試験場で研究企画・交流を担当後，インドネシア農業省畜産総局政策アドバイザーとして派遣された。広いインドネシアの各州の畜産・家畜衛生の全分野を担当した。自ら企画した内容の検討，派遣専門家の受入れ，セミナー，現地語テキスト5冊作成，プロジェクトなどを推進した。現地語の唱歌50曲以上を覚え，各地の職員との交流も行った。帰国後，霞が関と地方で勤務後，ベトナムの畜産研究所（NIAS）に派遣された。現在もベトナムの研究所，畜産局との交流を続け，2014年9月にJICA主催のワークショップ（WS）を開催した。また，同年11月インドネシアでAAAP（アジア太平洋畜産学会）に参加し，ベトナムの国際協力の状況を報告した。

写真1 （左）英国にて
写真2 チチカカ湖にて

2 JICAワークショップ in ベトナム

2.1 準備，日程および派遣分野

2013年にJICAホーチミン事務所から依頼を受け，南ベトナム農業研究所（ISA），畜産研究所（NIAS）バヴィ牛牧草研究所に，私から分野や日程案を示し調整を依頼した。2014年9月下旬，ホーチミン市とハノイ市の2カ所でJICA主催の酪農開発にかかるWSを行った。

日程は2014年9月22日～10月1日の10日間で，出張者の派遣分野は，畜産開発・技術指導（担当，森山浩光（筆者）），獣医衛生・家畜繁殖

（田谷一善東京農工大学名誉教授），乳牛改良育種（富樫研司公益社団法人家畜改良事業団参事）であった。発表者は日本人3名とベトナム側のべ9名であった（写真3，4）。

写真3，4　ホーチミン市での酪農ワークショップ

現地の訪問先は研究所，行政，大学のほか生産から流通，加工に至る施設で，かなり密度が濃かった。JICAホーチミン事務所の協力を得た。

北部では国立畜産科学研究所（NIAS）企画課長のN.M.Dzung氏と元プロジェクト秘書だったM.K.Thanhさんが同行された。テレビ取材も受け広報効果もあり，有意義であった。

2.2　日本人専門家の講演内容

筆者は，それまでの10年近いベトナムでの技術協力と調査の経験を活かし，そのまとめと今後の課題と提言を示した。内容は，『子供達にコップ一杯のミルクを』をテーマに，①生産事情，②振興政策，③現地調査概要と課題，④TPP（環太平洋パートナーシップ協定）の日越の農業に与える影響とした。

田谷氏は，『牛の生殖内分泌学』として，①春機発動の内分泌学的調節機序，②発情周期中における卵胞発育の内分泌学的調節機序，③過排卵誘起法，④卵胞卵吸引法の機序と臨床応用，⑤卵胞嚢腫の発生機序と治療法，⑥黄体機能の内分泌学的調節機序など最新の繁殖基礎科学を解説した。富樫氏は，『乳牛の遺伝能力評価と改良』として，①後代検定の役割，②経済選抜指標の例示，③BLUP法，④平準化した泌乳曲線を基に，ピーク乳量の増加を抑えながら泌乳中後期に乳量の増加をもたらす改良法の説明（配合飼料節約，飼料費節減，牛の負荷軽減，淘汰率減少，生涯乳量増加，および乳房炎減少，純収入増加につながる）⑤サイアー（種牛）モデルの評価などを解説した。

2.3　ベトナムの酪農振興政策

ベトナムは，経済成長と若い人口の増加により牛乳乳製品の需要が増加しており，政府は2001年に『酪農振興計画』を発表した。2002〜2004年には乳牛の輸入と人工授精の実施により，全国各地に乳牛を配布し，2005年には乳牛頭数10万頭の目標を達成した。政府は，2008年に『酪農開発戦略2020』を発表し，乳業企業による大規模牧場への期待を大きくしている。2013年に18万頭になった。乳幼児の基礎的食料であり高齢者等の栄養である牛乳乳製品は，TPPの農業分野の重要品目にも挙げられている。世界の乳製品貿易量は，総生産量の6〜9%にすぎず，国産の重要性は高まっている。政府は2014年に家畜改良に重点を置いた『畜産再構築計画』を発表し，2020年に乳牛30万頭，生乳生産量90万トン，自給率40%を目標数値として掲げた。

2.4　ベトナムの酪農分野への提言

今回のワークショップは，ベトナムがさらに酪農の推進を図る上で，研究と現場，生産と加工など多様な分野の人が集まるという意味で，有意義なものであった。

ベトナム畜産局とJICAには，①分娩と検定日の記録の充実とその解析・種牛の評価，②交雑牛の種畜の選択，③受胎性の低下の改善，④乳製品を高タンパク健康食品としての普及戦略（学校給食を含む）の提言を示した。また，専門家派遣，研修員受入れおよび機材供与などの支援が望ましいとした。ベトナムは工業化をめざし社会インフラの整備（空海港，インドシナ横断道路など）の整備を急いでいる。コメと工芸作物の自給と輸出に成功したものの，農業予算は限られ，農業案件のODA優先順位が下がっている感もある。就業

人口の多い農林水産業の発展を，大学教育の充実により，自ら進める力（人材）を養おうとしているようにも見受けられる。

3　AAAP2014インドネシア大会へ参加

アジア太平洋畜産学会（AAAP）は2年毎に開催される。かつての勤務地インドネシアでの開催ゆえ勇んで出かけた。会場はジョグジャカルタ市にあるガジャマダ大学。近くに世界遺産のボロ・ブドゥールなどもある学園観光都市である。学生にも土産の菓子を渡し労をねぎらった。かつて畜産総局で一緒に仕事をしたDjoni氏は団体専務理事，秘書役のTuttiさんは飼料局長になっていた。開会式で私がインドネシア国歌をしっかり歌うので，周りの大学関係者も驚く。事務局長から県知事にも紹介された。事務局から他の歌も知っているでしょうと聞かれ「地元の歌は，Begawan Soloですね」と答えると，二日目の夜の「文化の夕べ」で，台湾，ベトナムの合唱の後，次は日本からブンガワンソロですと紹介され舞台に案内された。日本の先生方も，現地語の歌は歌えないということで，結局私一人で挨拶から歌までインドネシア語で通した（**写真5**）。地元の先生や役所の方から，「しみじみとした歌い方で良かった」とお褒めにあずかり，学生からも各所で一緒の記念写真を申し込まれた（**写真6**）。

写真5，6　AAAP2014

4　おわりに

これまで，公務出張（国際会議を含む）で五大陸50カ国近い国々を訪問する機会を得た。技術分野で海外に出る機会があるのは，国際機関と大使館，官庁，JICA，コンサルタント会社であろう。私は幸い，専門技術を磨き，研修指導，短期出張，国際協力担当（**表1**），国際担当，国際会議，長期派遣と育てていただいた感もある。香川壮一氏（畜産行政），内藤進氏（農学），上野曄男氏（畜産学，技術士），緒方宗雄氏（獣医学，国際協力）など若い頃の上司にも恵まれた。

今は東南アジアへの関心を深めている。その国の置かれた位置付けを考え，企画を検討しあう。海外で顧みる日本の自然や歴史から，自分なりに世界を見る目を培った。最初に述べたSDGs（Sustainable Development Goals）も，その背後にある世界の状況に思いを巡らせば，何かしら各人が行うべきことが思いつこう。紛争の多い現状を見ると，宇宙の中で与えられた生命と限られた地球での生存，そして人間の不完全さと理想との差を考えさせられる。ささやかであるが日本の技術力で新たな一歩を進めることができればと思う。将来を担う子供らの笑顔あふれる，明るい和やかな未来を創っていきたい。

＜参考文献・引用文献＞

1) Nguyen Khac Vien, "Vietnam A long history" Vol.7, 2009, The Gioi Publishers.
2) Pierre Brocheu, The Mekong Delta : Ecology, Economy, and Revolution,1860-1960", 1995, University of Wisconsin-Madison Center for Southeast Asian Studies Monograph Number 12.
3) UNFAO, Terry Raney et al, " The State of Food and Agriculture 2009", 2009, FAO.
4) 森山浩光編著,「畜産・家畜衛生技術協力の手引き」, 1991年, 国際協力事業団（JICA）.
5) 森山浩光, 中・南米の畜産, 畜産大辞典　pp.1580-1590, 1991年, 養賢堂.
6) 森山浩光, インドネシアの畜産事情(1)～(19) 2000～2002年, うちⅦ畜産分野の国際協力事業　畜産の研究, 第56巻, pp.427-431, 2002年, 養賢堂.
7) 森山浩光, ベトナムの農業政策と「畜産開発戦略2020」, 畜産の研究, 第67巻, pp.187-193, 2013年,

養賢堂,

8）森山浩光,ベトナムにおける有畜農業と畜産環境問題
会報第 67 号，pp.31-36，2013 年.3 月，日本畜産技術
士会.

9）森山浩光,ベトナムの酪農生産振興を支える技術改善,
技術士業績研究発表大会，2015 年 6 月,日本技術士会.

表 1　我が国の畜産・家畜衛生分野の ODA 協力分野（技術協力プロジェクト）と対象国

分野	件数	1960 年代	1970 年代	1980 年代	1990 年代	2000 年～2022 年
家畜衛生	25	（タイ）（カンボジア）	シリア，タイ，インドネシア	タイ（2），インドネシア（2），メキシコ，ザンビア，マレーシア	アルゼンチン，ウルグアイ，モンゴル	ベトナム，メキシコ，タイ，ペルー，シリア，南米（口蹄疫），ザンビア，ウガンダ，インドネシア（2），タイ及び周辺国，ミャンマー
酪農	10				中国（天津），タイ，インドネシア，チリ	パラグアイ，中国（黒竜江省）ニカラグア，スリランカ，ベトナム，キルギス
肉牛・水牛	7	（タイ），（カンボジア）	マダガスカル	ボリビア	パナマ	インドネシア，フィリピン（水牛を含む），ニカラグア，ボリビア
養豚・養鶏	4	（カンボジア）	ビルマ〔現ミャンマー〕		ホンデュラス，バングラデシュ	バングラデシュ
飼料	7		タイ（生産）	タイ（品質），中国（河北省）	タイ，マレーシア	中国（新疆地区）インドネシア（東部）
家畜繁殖	5＋研究協力（2）		タイ，インドネシアパラグアイ	タイ（継続），インドネシア（継続），ボリビア【研究協力】チリインドネシア	タイ（継続），インドネシア（継続）	ベトナム
畜産物	3			中国（肉卵）	中国（乳製品），ブルガリア（乳製品）	
環境	1					中国（山西省）

出典：JICA による技術協力プロジェクト報告書などから，筆者（森山）作成。（F/U などで年代をまたがるもの含む）

註１：1960 年代の括弧（　　）内のタイ，カンボジアの案件は，JICA 以前の OTCA 実施案件。

註２：家畜繁殖案件のインドネシアとタイは，延長と F/U により年代をまたがって継続実施された。

註３：1980 年代の家畜繁殖のチリとインドネシアは，研究協力案件（ミニプロジェクト型，3 年間実施）

１５．上下水道部会によるミャンマー・タイ研修報告書

Study tour report on Myanmar and Thailand

川端　雅博

KAWABATA　Masahiro

　日本技術士会上下水道部会では，これまでほぼ年１回の海外研修を実施している。今回は，2016年９月に実施したミャンマー，タイでの研修について報告する。

キーワード：上下水道，ミャンマー，タイ，アジア工科大学院（AIT）

1　はじめに

　上下水道部会ではほぼ年に１回のペースで海外研修を実施している。既に多くの国々を訪問して来ているが，今回は19回目となりミャンマーのヤンゴン市上下水道施設等とタイのアジア工科大学を訪問したので概要を報告する。

2　研修概要

期間：2016年９月18日～９月25日
訪問個所：
９月18日～22日　ミャンマーヤンゴン
・JICAヤンゴン事務所，YCDC（ヤンゴン市開発委員会），上水道施設，下水道施設訪問。
９月23日～24日　タイバンコク　・アジア工科大学（AIT）。
研修内容：上記各訪問個所において見学並びに現地技術者との意見交換を通じての研修を行った。
　また，食事会等で個別に意見交換をする機会があり，日本に居ては解らない事情を詳しく聞く事ができた。また空いた時間でミャンマーではシュエダゴンパゴダ，スーレーパゴダ，アウンサンマーケット等，タイではアユタヤ遺跡等を見学する事ができた。

3　ミャンマー研修

3.1　研修日程

９月19日：
午前，JICAミャンマー事務所訪問。
午後，ヤンゴン市開発委員会（YCDC）訪問。
９月20日：
午前；ロウガ貯水地とポンプ場視察。
午後；ニャウニャピン浄水場視察，ラグンピン浄水場（建設中）視察。
９月21日：
午前；ヤンゴン市内下水処理施設視察。
　10番街空気圧縮装置→メイン空気圧縮装置
　→下水処理場。
午後：アウンサンマーケット見学，シュエダゴンパゴダ見学。

3.2　ヤンゴン市の上水道

　ロウガ貯水池：貯水能力；63,600m³／日，1906年に完成したヤンゴン市の最も古い水源である（**写真1**）。
　ニャウニャピン浄水場：能力；約40万m³／日，ヤンゴン市東エリアに送水しているYCDCが独自に設計施工した浄水場である。
　ラグンピン浄水場：2016年現在建設中。能力；約18万m³／日。ヤンゴン市の経済特区の

- 129 -

ティラワ地区への給水を目的として建設している。

ヤンゴン水道の問題点と感想：水道水源全体で浄水処理されている量は40%で大半の水源は未処理である。また24時間給水は達成されておらず，水圧も低い。塩素等による消毒処理は実施されていない。

完璧な処理を行う日本流の考え方を現地に適用する事は必ずしも必要ないと思われたが，消毒等を実施しないことはリスクが増大するわけであるから，それを十分に把握して運用して行くのが望ましいと思われた。

写真1　貯水場ろ過池上部にて

3.3　ヤンゴン市の下水道

ヤンゴン市の生活排水処理の現状：ヤンゴン市の人口525万人中23万人と4%しか下水道供用がされていない。他は腐敗槽（日本の単独処理浄化槽に相当）23%，注水トイレまたはハエ防止トイレ57%，非衛生的トイレまたは無トイレ16%である。

ヤンゴン市下水道の概要と問題点：ヤンゴン市の下水道建設は1890年まで遡るが，市街地のし尿を空気圧送方式で集め，海中投入していた。

現在の処理場は2005年に日本の協力のもと，YCDCの設計と施工で建設され，ようやくし尿等の処理が行われるようになった。

ただし処理場に直接配管で流入しているのは上記の様に4%のみであり，その他はバキューム車によるし尿浄化槽の汲み取りである。また処理場への汚水幹線も老朽化しており漏れもあるが，建物の地下にあり保守もできない状態であるとのことであった。

特筆すべきは1890年以来の下水道管や圧送システムがまだ使われている事である。特に下水圧送システム，蒸気エンジンによるコンプレッサー　リベット接合の空気貯槽などが現存し活躍している姿は「技術の世界遺産」と呼ぶにふさわしく，よいものを見せていただいたと一同感謝感激であった（**写真2**）。

写真2　圧送タンクマンホール視察

4　タイ AIT 研修

アジア工科大学院概要：AIT（Asian Institute of Technology）は，バンコク市北部にある工学，先端技術，経営管理に特化した国際大学院大学である。世界50カ国から2,000人以上の学生が集まり，アジアの研究教育活動をリードするエリート大学院として高い知名度を誇る（**写真3**）。今回大変お世話になった山本和夫副学長は，東京大学教授と兼任で，AIT：東京大学＝6：4くらいの比率で勤務されているとの事であった。

当初，JICAから派遣された教員の方々は日本の水環境・上下水道分野で活躍されている方々が多かった。現在は水分野に限らず環境省やJAXAからの直接的な支援が行われている。

研修内容：山本副学長等による概要説明の後具体的な研究の説明を受けディスカッションを行った。JAXAから派遣されている客員研究員越智士郎博士からGIC（地球空間情報センター）による気候変動緩和・適応策への地域の取り組みの説明をしていただいた。

　これは、人工衛星データ（GPS，GIS他）や現地を結んだ情報ネットワークシステムを開発し、災害対策や収穫予想などに活用しようというもので、今後の地球温暖化に伴う異常気象とその影響の予測や対策等に活用されることが期待される。

　Jonathan Shaw博士よりアジア太平洋地域資源センターの活動内容の講義を受け、都市における用排水技術とマネージメントに関する取組状況、産業廃棄物問題、資源開発とその影響、響、エネルギー問題等多岐にわたるテーマにおいてディスカッションが行われた。

5　おわりに

　今回のミャンマー，タイ研修は今までの研修と同様各国の事情を詳しく知る事により我々技術士会および上下水道部会の取組を総括し、今後どのように社会に貢献して行く事が出来るかを考える非常に良い機会であったと考える。

　また、JICA，YCDC，AIT等今回お世話になった方々との絆を大切にし、今後のお互いの発展につなげて行くことが出来れば素晴らしい事であると思った。

　今回お世話になった方々に感謝いたします。

【編集註：
　上下水道部会は、1996年から2018年にかけて、アジア各国を中心に米豪など１６カ国のべ21回の海外調査を実施している。2014年には宮城県の東日本大震災復興地を見学した。】

写真3　集合写真（AIT構内）

１６．衛生工学部会有志によるシンガポール研修報告
Overseas Research in Singapore of the Member of Environment Engineers Dept.

菅原　秀雄
SUGAHARA Hideo

キーワード：衛生工学部会，シンガポール研修，地冷プラント，水源ダム，飲料用水処理施設

1　はじめに

2016 年 11 月 20 日～24 日に，日本技術士会衛生工学部会会員有志によるシンガポールの施設関係の見学研修会を行ったので報告する。2015 年 5 月に当部会幹事の曽武川篤氏がシンガポールに転勤となったのが，今回の研修旅行の発端である。当初，部会員数名による個人的な旅行の予定が，計画を進めて行く段階で部会全体に輪が広がり，参加者を募って総勢 15 名による実施となった（**写真 1**）。

訪問先は，現地の曽武川氏の大活躍により衛生工学部会に相応しい内容になった。特に日本技術士会と同様な組織である IES（シンガポール技術者協会）への訪問が実現し，相互の交流を実施できたことは，大変有意義であった。

この訪問を縁に 2017 年 5 月に IES の日本視察団が日本技術士会を訪問し，今後の国際交流等について懇談を行うことになった。

2　訪問研修の概要

2.1　地冷プラント施設

「One North　再開発プロジェクト」の 2 箇所の地冷プラントを視察した。プロジェクトは，ボナビスタ地区を中心とする約 200ha の土地をアジアの研究開発の拠点とする複合的な地域開発計画で，2002 年より開始され現在も進行中である。

第 1 プラント（Bio polis）は，2003 年より営業を開始し，冷熱供給容量 24,000RT で，バイオ・フュージョン地区の 16 カ所に冷水を供給してい

る。

第 2 プラント（Mediapolis）は，2015 年より営業を開始し，冷熱供給容量 4,000RT（将来 24,000RT）で，メディア地区の 3 カ所に冷水を供給している。

当地は四季がないため暖房，加湿などが必要なく，熱供給設備の構成が大きく異なっており，同じ設備容量でも設備がかなり簡素化されている。また，冷水供給の循環配管も，地上の歩道に沿って地中埋設で施工されており，共同溝などは存在しない。低コストで納まるので，これも東南アジア的な合理主義ではないかと推測した。

2.2　水源ダム施設－マリーナ・バラージ

ダム施設というから，山間地にあるのかと思ったがそうではなかった。現地はシンガポール川とカラン川の合流点のマリーナ湾を仕切ったものである。マーライオン公園にも近い。

マリーナ・バラージ（堰）は，合流後の水路と海の境界に設けられたもので，その機能により得られる効果は，以下のとおりである。

① 淡水貯水池の形成：水需要 10%を供給可能。
② チャイナタウン等の市内低地の洪水を制御。
③ 貯水池周辺区域の市民活動の場の提供。

主な構成は，マリーナ橋とポンプ場である。橋の長さは 350m で，上部は歩道とサイクリング道路があり，下部には 9 門のゲートがある。

ポンプ場には 7 基のポンプがある。ポンプ及びゲートの機能は，以下のとおりである。

① 通常時：満潮時はゲートを上げて海水の侵入を防ぎ，干潮時はゲートを下げて余分な雨水を海へ放出する。

- 132 -

② 豪雨時：満潮時はポンプにより，また，干潮時はゲートを下げて余分な雨水を海へ放出する。

ポンプの能力は，1基で1分間に五輪用プールの水を汲み上げられる。展示施設や食堂なども併設され，屋上は展望台になっている他，シンガポールで最大という太陽電池も施設されており，館内の日中の消費電力の約半分を賄っている。

2.3　飲料用水処理施設－NEWater－

シンガポールは，大きな川がなく，狭い国土のために自然降雨のみでは，水資源確保は不可能な状況である。このため，マレーシアとの協定で，対岸のジョホールバルから水資源を確保しているが，国内需要を賄うには十分ではなく，また，マレーシアとの微妙な関係もあり，危機管理上の大きな課題である。シンガポール政府は，水の国内自給率を高めるための施策を進めている。

シンガポールの水供給源は，次の4つである。
① 貯水池
② マレーシアからの輸入水，
③下水再生水（NEWater：ニューウオーター），
④海水淡水化
である。

NEWater は，逆浸透膜，マイクロフィルター，紫外線処理の3つの工程を経て，都市下水を飲料可能レベルまで処理した再生水である。2003年より供給を開始した。水供給源の重要な部分を占め，現在国内需要の30%を担っている。

2.4　IES 訪問

IES（The Institution of Engineers, Singapore）のビルは，シンガポールの高級住宅地にあり，会議は屋上庭園に面した会議室で行われた。

会議には，IES のほか，日本の環境省に相当する NEA（National Environmental Agency）の関係者も出席した。

最初に，IES の概略の紹介があった。その後，出席者全員の自己紹介，日本技術士会及び衛生工学部会並びに今回の訪問目的の説明，質疑応答，書籍・記念品の贈呈等を行った（**写真2**）。

2.5　Gardens by the Bay（GB）ほか

GB は，東京ディズニーランドに匹敵する敷地面積 54ha の広大な植物園であり，スーパーツリーと呼ばれる高さ 25~50m の人口の樹木 18 本がランドマークである。2棟のガラスドームがあり，地中海や半乾燥地帯で生育する植物が展示されている。体感温度 20℃に調節され，涼しいというより寒い感じである。

園内や市内から出る植栽廃棄物を燃焼させて得られる蒸気や高温水をドームの空調の熱源としている。植物に必要な光量を確保しつつ太陽熱負荷を低減するためにガラス面シェードの最適化を実施している。

その他，タイガービール工場，ナショナルギャラリー等を見学した。また，車窓からコンテナターミナルを見学したが，世界第2位の取扱量だけあり，広大なヤードであった（2015年）。なお，世界第1位は上海，日本は東京の第29位が最高位である。

3　おわりに

筆者にとっては 20 年ぶりのシンガポール訪問であったが，改めてその発展に目を見張った。

人口は 560 万人で横浜・川崎合計（520 万人）とほぼ同じ程度であるが，所得は約2倍もある。コンテナ取扱量は横浜港の約 11 倍である。その原因は成長目覚ましい ASEAN のど真ん中，欧亜の結節点といった地理的環境や華人ネットワークの存在等であろう。

研修旅行の詳細報告書を日本技術士会衛生工学部会ホームページに掲載しているので，ぜひ参照されたい。

写真1　チャンギ国際空港での歓迎式

写真2　IES訪問，記念品の贈呈

１７．台湾研修旅行－産業遺産と社会施設の現状－
Overseas Study Tour for Industrial Heritage and Social Facilities in Taiwan

菅原　秀雄
SUGAHARA Hideo

キーワード：衛生工学部会，台湾研修，歴史，思索，烏山頭ダム，阿里山

1　はじめに

　衛生工学部会の有志総勢 15 名は 2018 年 5 月 17 日～21 日の日程で標記の研修旅行を実施した。衛生工学部門は，建築設備，廃棄物施設など社会施設を扱うことから，歴史や政治経済などを含む幅広い視野と深い知識教養が要求される。

　また，近年は，技術士（者）の国際化が叫ばれており，海外での研修も重要である。

　このような背景の下，2016 年にはシンガポールの社会施設等の研修旅行を行った。引き続いて 2018 年の海外研修として台湾を対象とした（**写真 1**）。

　研修の大要を以下のように定めた。
　① 　戦前の日本統治時代の産業遺産の見学
　② 　現代の台湾の衛生工学関連の施設の見学
　③ 　交通事情など現在の台湾の状況の視察

写真 1　台北松山空港での歓迎式

2　台湾の歴史的経過

　以下は，研修の背景として重要な日本との関係など台湾の置かれた歴史的経過の概要である。

　台湾は九州程度の大きさの島であるが，長く「化外の地」とされ中国王朝の直接支配下になることはなく，ポリネシア系の先住民族や福建省・広東省などからの漢族移住者が居住していた。

　1620 年代になるとオランダ・スペインの侵出による部分的な統治があったが，1662 年にオランダが明の遺臣の鄭成功に降伏し，鄭氏の台湾統治がなされた。これも長くは続かず鄭氏は清国に降伏し，1684 年に 1 府 3 県が設けられ，ここに歴史上初めて台湾が中国本土の直接統治下に入った。

　明治までの日本と台湾は，倭寇や貿易中継地としての関係程度で正式な交流はなかった。1874（明治 7）年には，台湾に漂着した琉球漂流民の殺害事件（1871 年）を名目にして日本は台湾へ出兵した。これは明治政府の初の海外派兵である。

　日清戦争の結果，台湾は 1895（明治 28）年から太平洋戦争敗戦の 1945（昭和 20）年まで 50 年間，日本の統治下におかれた。この間，基隆・高雄港の開発，南北の縦貫鉄道，上下水道，電力系統，製糖産業，阿里山森林鉄道，八田与一の烏山頭ダムなどの社会インフラが建設された。これらの多くは，1898（明治 31）年に児玉源太郎台湾総督の下で民政長官に就任した後藤新平がそのキーマンである。

　戦後は中華民国が統治したが，1947 年に煙草販売の取締りに起因する二・二八事件が起こり，鎮圧過程で台湾省籍の無実の人々が多く殺された。そして，1949 年 12 月には国共内戦に敗れた蒋介石国民党政府が台湾へ移転し強権的な統治を行った。これらが今に続く本省人（台湾省籍）と外省人（本土からの移住者）の対立につながった。

　一方，蒋介石国民党による「開発独裁」により，

経済的には大きな進歩を遂げた。蒋介石（蒋中正）が1975年に死去し息子の蒋経国が1978年に総統に就任。その後1988年には本省人の李登輝（京都帝国大学卒業）が総統に選出されて台湾の民主化が大いに進んだ。

3　研修旅行の思索のポイント

今回の台湾研修旅行は，下記のような事項について，参加者各位の思索を深めるべく考えた。

① 戦前同じ日本統治下にあった韓国・朝鮮と比べて，台湾は「親日的」であるといわれるが，これはなぜだろうか。これには前述の2節の歴史的経過が大きく影響していると思われる。

② 戦前の日本が建設した社会施設は，これを，どのように評価すべきであろうか。これらの社会インフラは，出発点は日本のためであろうが，台湾（人）の利益になったのも事実である。

③ 前項に関連して，日本人の技術者として海外の社会施設の設計や建設を担当する際に，どのような行動をとるべきであろうか。当該施設が現地（人）のためになるのかという視点も必要である。

④ 台湾は，戦後めざましい経済発展を遂げたが，その原因は何であったのか。これには，日本統治下の一定の教育水準など，戦前の蓄積が反映しているのではないだろうか。

⑤ 台湾は日本を始めとして世界中の多くの国々と正式の国交がない状態である。しかし，世界に伍して立派な経済的な成果を上げている。社会インフラも日本以上のものも散見される。一方，日本は人口減少が現実のものとなっているが，これらのことは日本が「豊かな小国」として今後生きる場合のヒントになるのではないか。

4　主な研修先の概要

① 台湾糖業博物館（高雄市，産業遺産）
台湾の製糖業は，戦前から戦後にかけて外貨を稼ぎ広い裾野を持つ産業であった。後藤新平の招きで1901（明治34）年に赴任した新渡戸稲造がキーマンである。博物館は旧台湾製糖の工場であり1999年2月に操業を終了したが製糖施設を保存している。

② 成功大学（台南市，建築設備）
成功大学建築学科の林憲徳教授を訪ね，彼が設計・監理した大学内のZEB（Net Zero Energy Building）建築物の講義を受け見学を行った。

③ 烏山頭ダム（台南市，産業遺産）
台湾総督府技師の八田與一の設計・監理により建設された世界有数のハイドロリックフィルタイプダムである。1930（昭和5）年に10年の工期を経て完成し不毛の嘉南平野を台湾一の穀倉地帯とした。ダム頂部は高さ56m，長さ1,273mである（**写真2**）。

④ 阿里山（嘉義県，森林開発）
阿里山は台湾の最高峰である玉山（旧新高山）西峰から延びた支脈の総称である。かつては台湾三大林場の一つであったが，今は伐採が禁じられ国家森林遊楽区である。戦前台湾ヒノキの集材のために阿里山鉄道が嘉義から敷設された。熱帯から亜寒帯に至る植生の垂直分布を確認できる。数年前の台風のため，鉄道は全通していないのでバスでの移動になったが，阿里山〜祝山間のご来光列車に乗車できた。

⑤ 内湖清掃工場（台北市，廃棄物施設）
台湾最初の発電付きの大型清掃工場として1992年に引き渡し現在も運転中，定格発電出力は背圧タービンで6,000kWである。EPC（設計・調達・建設施工）一括契約で（株）タクマが受注。2001年にはダイオキシン対策などの基幹改造工事を実施した。

⑥ その他の見学先

台北～左営間の新幹線乗車，台北～淡水間の台北捷運（地下鉄・新交通システム，MRT（Mass Rapid Transit））乗車，赤嵌楼（台南市）・紅毛城（新北市淡水）の古跡，北回帰線標塔（嘉義市，赤道傾斜角変更で現在6代目），総統府（外観見学，旧台湾総督府）。

5 おわりに

筆者は見学先である内湖清掃工場の建設に携わり1992年の完成まで約3年間を台湾で過ごした。

離任後約四半世紀の今回の研修で台湾の変貌（新幹線やMRTなど交通インフラの充実など）には少なからず驚いた。

ここで気掛かりは香港問題や周辺地域に対する中国の行動であるが，台湾の方の85%以上が中国とは統一でも独立でもなく「現状維持」を現実に望んでいる[1]。

周辺国も声高に緊張をあおるのではなく，経済的な互恵の関係を強化して，賢く対処することが肝要であろう。

<引用文献>

1) 台湾行政院大陸委員会 2021年9月世論調査：『広義の「現状維持」支持が85.4％』

写真2　烏山頭ダム頂部全景

１８．日韓技術士交流委員会による国際会議の開催
Japan-Korea Professional Engineers International Conference

1　はじめに

　日本技術士会と大韓民国の技術士会との間で，1971 年に意見交換を行い，日韓交互に国際会議を開催することを決議した[1]。

　その後，2021 年 10 月の第 50 回開催までに，のべ 8,700 人余もの日韓の方々がこの国際会議に参加している[2]。最も身近な隣国との国際的な技術交流を図っている点で，極めて重要であり，技術士の国際化に大きな貢献をしたものといえよう。

　内容は，式典の後に各分科会に分かれて技術的な内容を日韓両国の技術士が報告し，意見交換を行うものである。また，分科会は，近年は一般発表として 4 ないし 5 つの分科会を開催している。

　近年は，プレイベントとして，日韓女性技術士交流会 や日韓技術士親善サッカー大会（2005 年〜），前夜祭，両国会長挨拶を含めた夕食会を実施している[2]。

　『女性技術士交流会では，両国活動報告の後，両国から論文発表が行われている。

　式典・基調講演では，韓国側と日本技術士会会長によるご挨拶がなされ，その後，ご来賓からのご挨拶をいただき，基調報告を行っている。』

　これまでの開催地と 1999 年以降の共同テーマを表 1 に示した。これまでの変遷がうかがえる。

　ここで，「会報　技術士」の報告記事から引用し，最近の日韓技術士国際会議開催の状況について以下に記す。

2　第 49 回日韓国際会議

　第 49 回の概要について，以下に記す。

　『第 49 回日韓技術士国際会議は，2019 年 10 月 24 日（木）から 26 日（土）までの 3 日間，韓国高陽市で開催された。

　参加者数は，日本からの参加 85 名，韓国からの参加 114 名であった。

　なお，2020 年は新型コロナ感染症の拡大に伴い，開催が 1 年間延期された。記念となる第 50 回日韓技術士国際会議は，2021 年 10 月 30 日（土）から 31 日（日）までの 2 日間，仙台市と韓国の中継会場に関係者が集い，WEB 会議として配信するハイブリッド形式で開催された。』

　『各回の会議テーマを決め，第 49 回は「第 4 次産業革命の先導 技術の展望と技術士の役割」であった。第 4 次産業革命による変革のトレンドとして，競争力や付加 価値の源泉が，「産業」や「企業」から「人材」に移行し，必要とされるスキルやコンピテンシーも変化していくことが予想される。こうした変化 に対応するために，技術士自身もスキルの向上を続け，プロフェッショナルとしての価値を身につけていくことが必要であるとの意識から，会議テーマを決めたものである。

　参加者数（技術士，事務局）は，日本から 70 名（同伴者含め 85 名），韓国から 103 名（114 名）であった。』

3　第 50 回日韓国際会議

　『第 50 回の会議テーマは，「もっと知ろう日本，もっと知ろう韓国」－日韓技術士交流 50 年，そして次の 50 年に向けて－であった。

　参加者数は，日本から対面参加 66 名（オンライン参加 75 名），韓国から対面参加 23 名（オンライン参加 109 名）であった。』

　第 50 回の基調講演等について，以下に記す。

　『日本の室中善博氏の基調講演は 4 部から構成されていた。第一部は創立 70 周年を迎えた日本技術士会の歴史に関するもので，草創・成長・変革・飛躍期の各段階でご苦労された諸先輩に想い

を馳せる時間となった。第二部は日本技術士会の現組織，役割，主要事業について，第三部は日韓交流活動の発端から第50回までの歴史を覚書や参加人数のデータを交えながら振り返った。第四部は，今後の日韓交流の在り方や方向性についての内容であった。

「新しい交流の姿」の確立と実践に当たっても，自分たちの立場を堅持しつつ，相手への配慮をなくしてはならない。最後に，若い世代の可能性と熱意及び努力に期待するという言葉で基調講演は締め括られた。

韓国の李康建氏は，写真を多用しながら50年続いた韓日交流の意義や価値について総括した。今後の課題は会員の老齢化であり，半世紀続けて来た歴史と伝統を「いかにして長く継承していくのか」，真剣に取り組んでいかねばならない。また，時代の変化に即するために，科学技術と文化交流，伝統継承，相互互恵と譲歩，政経分離という諸原則の下に，新しい協約書を結ぶべきだという提案があった。』

『なお，特別報告として，映像1「東日本大震災から10年の東北の歩みと福島のこれから」，映像2「日韓技術士交流半世紀の歩み」が示された。

「東日本大震災から10年の東北の歩みと福島のこれから」では，東日本大震災の被害状況，復興まちづくりの写真，福島県の復興状況として県下の放射線量の推移除染実施状況，農林水産物の回復のデータ，イノベーション・コースト構想等が示された。また，日本技術士会の取り組みとして「東日本大震災から10年の復興へ向けた技術士宣言の骨子」，さらに，阪神淡路大震災からの士業連携のうごき，技術士の役割が示された。

最後に，東北6県の主要なプロジェクトが紹介された。これらの映像にはすべて韓国語の翻訳も付いており，韓国の技術士に向けても，震災後10年の状況や日本の技術士の取り組みを分かりやすく伝えることができた。』

『「日韓技術士交流半世紀の歩み」では，これまでの50回の日韓技術士交流会の各会議のエッセンスが映像で紹介された。また，1971年の日韓技術士交流会の調印，1988年に両国での日韓技術士交流委員会の設置，2005年の青年技術士親善サッカー大会の開始，2007年の女性技術士交流会の開始なども紹介された。また，参加者数のトレンドとその背景，例えば，1991年までは，東京とソウルでの交互の開催であったが，1992年からは首都以外の都市でも開催するようになったなどの説明もあった。』

【註】上記文章は，会報月刊「技術士」の2020年2月号（室中善博日韓技術士交流委員長（当時）（環境部門））[3] および2022年3月号（須賀幸一日韓技術士交流委員長（建設部門，総合技術監理部門））[4] の報告記事を参考にし，両者の依頼を受け，本書編集担当がまとめ，またご了承を得たものである。

また，日韓技術士交流委員会の資料を基に，表1をまとめた。

表1　日韓技術士国際会議の開催場所等の推移

開催年	開催場所	備　考　（1999年からは，共同テーマを記載）
1971年		日韓技術士交流会の調印，国際会議の開催決定
1972〜1987年	東京，ソウル特別市	
1988年	東京	両国に日韓技術士交流委員会の設置を決議
1989〜1991年	東京，ソウル特別市	
1992年	新潟県新潟市	1992年から両国の首都以外を含む各都市で開催することを決議
1993〜1998年	大田広域市，北海道札幌市，慶州市，島根県松江市，忠清南道牙山市，千葉県千葉市	
1999年	釜山広域市	「東北Asiaの現況と将来」
2000年	福岡県福岡市	「東Asiaの環境問題」
2001年	済州市（済州島）	「今世紀の技術のあり方」
2002年	宮城県仙台市	「「持続可能な社会」における 技術士の役割」
2003年	江原道束草市	「北東Asiaにおける科学技術と 文化交流」（日本側基調講演タイトル）
2004年	鳥取県米子市	「地球環境保全そして Risk management」
2005年	全羅北道全州市	「技術士の叡智「自然と人工の 災害を防ぐ技術開発の方向」」
2006年	沖縄県那覇市	「社会開発における技術士の役割 ―ものづくり の心― 」
2007年	ソウル特別市	「東アジアの人類の 幸せのために，環境保全と両国技術士の役割」
2008年	新潟県新潟市	「東北アジアの発展のための技術士の役割 物，知，人の交流に向けて」
2009年	仁川広域市	「低炭素緑色成長時代の技術士の役割」
2010年	山口県下関市	「Green Technologyと技術士の関わり」
2011年	大邱広域市	「自然と人工災害対策における技術士の役割」
2012年	愛知県名古屋市	「技術士の立場から多様なEnergy戦略を考える」
2013年	京畿道水原市	「未来科学技術時代における技術士の役割」
2014年	愛媛県松山市	「日韓両国に影響する危機管理対策と技術士の役割」
2015年	江原道春川市	「持続可能なインフラの構築法」
2016年	栃木県日光市	「伝統的技術と最新技術の融合と発展 」
2017年	釜山広域市	「気候変化と自然災害への挑戦と対応 」
2018年	兵庫県神戸市	「次世代スマートシティの展望と技術士の役割 〜経済・社会・技術要素の融合〜 」
2019年	京畿道高陽市	「第4次産業革命の先導技術の展望と技術士の役割」
2020年	―	新型コロナウイルス（COVIT-19）拡大のため中止。
2021年	宮城県仙台市	「第4次産業革命の先導技術の展望と技術士の役割」
2022年	全羅南道麗水市	「もっと知ろう日本，もっと知ろう韓国」 －日韓技術士交流50年，そして次の50年に向けて－

出典：日韓技術士交流委員会作成資料[2]をもとに筆者（森山）作成
註1：1972年から1991年の間は，原則，西暦の末尾が偶数の年は東京で，奇数の年はソウル特別市で開催された。
註2：女性技術士シンポジウムは，2007年から開始された。

＜参考文献・引用文献＞

1）日韓技術士会議の主な変遷
　https://www.engineer.or.jp/members/c_cmt/nikkan/topics/008/attached/attach_8668_2.pdf

2）日韓技術士会議の活動経緯（開催地，参加者数など）
　https://www.engineer.or.jp/members/c_cmt/nikkan/topics/008/attached/attach_8668_1.pdf

3）第49回日韓技術士国際会議（高陽）報告／月刊技術士2020年2月号
　https://www.engineer.or.jp/c_cmt/nikkan/topics/006/attached/attach_6864_1.pdf

4）第50回日韓技術士国際会議（仙台）報告／月刊技術士2022年3月号
　https://www.engineer.or.jp/c_cmt/nikkan/topics/008/attached/attach_8587_1.pdf

19．日中技術交流センターの活動
The Activities of Japan-China Professional Engineers Center of IPEJ

熊澤　壽人
KUMAZAWA Hisato

1　はじめに

日本技術士会の中華人民共和国（以下，中国）への技術指導の歴史は長く，かつては ODA を通して多くの技術士が中国で指導していたと聞く。その後，この流れをくむ日中技術交流センターを 1984 年に設立した。1990 年代半ばには建設部門技術士で参議院議員の上田稔日本技術士会会長及び長友正治代表幹事（現相談役）を中心とし 1996 年 6 月に中国国際人材交流協会と日中技術交流センターとの人材交流の覚書を交わした。以降交流を進めている。

2009 年には，高橋修日本技術士会会長が国家外国専家局陸明副局長と交流継続の覚書を交換（写真 1），2017 年に会長の代理として中村博昭海外活動支援委員会委員長が孫照華副局長と覚書交換を行った。

筆者は両方の覚書交換の席に参加した。

写真 1　2009 年高橋会長と陸明副局長の覚書

その後の訪中の記録はあまり多くないが，中国側は技術関係の団体が政府も含め訪日の際に日本技術士会に表敬訪問をしている。例えば，2019 年には，苗少波中国科学技術部秘書長（写真 2）はじめ，唐波山東省科学技術庁長（写真 3），上海市が日本技術士会を表敬訪問している。

写真 2　苗少波科学技術部秘書長の日本技術士会訪問

近年の日中技術交流センターの活動について，以下に記す。

2　中国国際人材交流大会参加

中国国際人材交流大会は，世界の技術文化を一堂に集め中国を中心として世界に広めるというイベントであり毎年広東省深圳市で行われ，2022 年で第 20 回を迎える。現地に訪問できたのは 2019 年までで，その後，諸外国の組織は Web で参加することになった。我々は 2006 年に参加しその後途絶えたが 2016 年から毎年参加している。

ここでは中国各地から政府関係者や企業からの見学者が多く日本技術士会日中技術交流センターは高度な技術専門家である技術士を紹介するということで訪れる人も多い。この場で指導を希望する技術士を紹介してほしいという話が出るときは希望する指導内容を依頼書で送ってもらうことや交流会を開催することを提案する。

2020 年から外国人人材は中国で指導希望者を登録し Web で氏名と専門技術分野を公開する方式になった。指導を希望する企業から登録者に連絡が届く仕組みで，日中技術交流センターも毎年人材を募集し登録依頼を行っている。2021 年および 2022 年合計で約 40 名が応募し登録要請をした。

写真3 唐波山東省科学技術庁長（右から6人目）等の本会表敬訪問。その左（同7人目）が筆者（熊澤代表幹事），右（同5人目）が森山海外活動支援委員会委員長，続いて右から4人目杉本同副委員長，同3人目佐藤日中技術交流センター幹事，他は訪日団の方々。

3 中国での交流会開催

人材交流大会を日中技術交流センター及び中国政府主催で行うことにして2016年から2019年までの4年間，浙江省，山東省，江蘇省で毎年行った（**写真4**）。我々は，開催に関し運営や金銭的負担は少なく，多くの希望者を参加させることができる。

写真4　浙江省での交流会参加者の集合写真

参加者も会場に関する金銭的負担は少ないので得意分野の専門技術で指導を希望する人は参加できる。しかし，海外での指導は不安という人も多く毎回十数名程度の参加となっていた。

会場は一流の会館やホテルを使い設備も立派である。集まる企業も多く，企業以外に政府や一般の人の参加も多い。また，日中技術交流センターを紹介してほしいという来訪者も多い。また，別の依頼や交流会の相談もあり交流の輪が広がってゆく。このような場は中国企業の現状や今後の方向などもうかがうことができて，各省も我々もいろいろな情報を得る機会となっている（**写真5**）。

写真5　浙江省で交流会開催を北京政府と打合せ

4　中国からの協力依頼案件

　中国からの依頼案件は2020年から2022年までで60件近くになる。依頼内容の多くは中国の中小企業の技術改善であり，技術流出に関わるようなものではないが，我々は詳細な内容までは把握できない。従って我々は企業からの依頼を紹介するだけであり，指導するかしないかは自己責任で行ってもらい，技術者倫理と輸出貿易管理令に基づいた活動を行うことになる。

　他人の技術を無断で使用することは犯罪であるが，自分の技術で指導するのは権利であり，技術士は倫理と法を守るべきものと考えている。

　また，技術は生もので賞味期限がある。賞味期限が切れた技術は評価が低い。価値のあるうちに活用するのは重要であると考えている。

　新型コロナウイルス蔓延のため現地に行けない状況であるが，この2年あまりの期間で指導を希望する企業は多い。新型コロナウイルス感染症が始まって三年目に入ったが，この感染が収まり両国ともに感染前の状態に戻ったら，再度交流会や案件募集を増やしていきたいと考えている。

　最近の依頼案件例は，新型コロナの蔓延もありやや減少傾向にあり，2020年が30件，2021年が19件，2022年上半期では6件である。内容は多岐にわたるが，設計，製造，組み立て，改善などの案件が多い。また，現地とのオンライン交流会やマッチングの会合への参加依頼も10件近くあった。指導は現地に行けるようになったら行うという条件である。なお，この間の案件では山東省からの要請が14件と最も多い。

5　おわりに

　外務省のHPによれば，現在の中国における第一次産業（名目GDPの7.3%），第二次産業（同39.4%），第三次産業（同53.3%）の割合を見ると，これまで労働集約・外需主導型産業がけん引する「世界の工場」として第二次産業を中心に発展してきたが，2012年に第三次産業の比率が逆転し，2015年に第三次産業の比率は50%を超えている。

　国内総生産額は，2021年には約17兆4,580億ドル（IMF（推計値））であり，世界で米国に次ぐ第2位の位置を占めている。年間一人当たりGDPも約14,096ドル（2021年，IMF推計値）と大幅な成長を示している。

　中国では，宇宙船をはじめ先端技術の発展も著しい。そうした中，2008年には科学発展のための海外に留学した中国人や優秀な外国人を集める「千人計画」を策定し，世界から優秀な人材を集めている。

　また，2013年には「一帯一路」計画を公表しすでに東南アジアから南アジア，中東，地中海を経てイタリア，アフリカに至る主な拠点に有償資金協力による施設整備を行っている。

　2021年12月の時点で，世界144の国と地域が参加する巨大国際プロジェクトに成長した。

　しかし，一部の国においては債務の返済が国の経済規模に比べて極めて大きいため，港湾を99年間中国に譲渡する（スリランカ南部ハンバントタ港）などの事例が広がり，他の国々から問題があるとの指摘が出てきている。

　こうした中，1980年代からODAによる技術協力や，民間の企業進出の経験を持つ日本は，改めて隣国中国との交流の継続と，意見の交換ができる立場を民間サイドとしても残しておくことが重要と考えている。

２０．近畿本部登録中国研究会の活動
The activities of Study Group for China registered by Kinki Regional Headquarters

掛田　健二
KAKEDA Kenji

　近畿本部は，1986年に中国研究会を設立し，中国との交流を図り，中国に関する知識と情報を学ぶために，これまで20次にわたる「日本技術士友好訪中団」を中国各地に派遣し，上海市から5回の訪日団を受入れ，中国各地の科学技術協会や大学他と技術交流，人や社会との交流を続けてきている。以下，具体的な活動について，報告する。

1　はじめに

　日本技術士会の国際活動は長く海外活動支援委員会と日韓技術士交流委員会が担当してきた。また2015年に国際委員会ができ，欧米・APEC地域を中心にP.E.などに関する国際資格や科学技術交流を実施している。近畿本部は前者の委員会に類似した動きの中，特に中国を中心に，技術・人材交流と技術士活動支援を実施してきている。大阪の国公立大学や立命館大学など私立大学の国際関係研究室，および大阪府，大阪市などから講師を招き研究会も実施している。

2　日本技術士友好訪中団

　1986年以降35年間の間に，20次にわたって「日本技術士友好訪中団」を派遣している。その長い歴史の中，最近の15年間を振り返ってみよう。

　2006年秋に第14次訪中の際，上海市科学技術協会から「2010年上海万博に係わる日中科学技術シンポジウム」を上海で開催したいとの申し入れがあり，日本技術士会近畿本部と上海市工程師学会の間で交流のための「協力意向書」が取り交わされた。その後，近畿本部と上海市との間で毎年交互開催が始まった。

　翌2007年に，神戸市で「第2回2010年上海万博に係る日中科学技術シンポジウム」を開催し，

上海市工程師学会や同済大学から26人が訪日し参加した。また，2008年に，27名の第15次訪中団が上海市を訪問し，上海市科学技術協会と共催の「省エネルギー・排出削減シンポジウム」，同済大学共催「環境等に関する技術交流」で論文を口頭発表した。

　続いて2009年，大阪でシンポジウム「環境先進未来都市にむけて」が開催され，中国から上海市科学技術協会，同済大学等の技術者研究者26名が来日し，日本側を含め100名余が交流を重ねた。

　2010年6月には50名の第16次訪中団が，上海万博の見学のため上海市を訪問し，さらに北京，天津，フフホト（内蒙古）を訪問した。その際，内蒙古自治区科学技術協会と今後交流を行うことも決定した。

　2011年以降も相互交流は続き，大阪で「持続可能な社会をめざして」のテーマで，日中交流を実施した。大阪府産業技術研究所，関西電力堺太陽光発電所，ＪＲ大阪駅地域冷暖房施設を視察した。

　2012年には，第17次訪中団が，上海市で継続テーマⅡとして日中でのシンポジウムを共催した。エコランド崇明島を視察し，上海市の環境保全・食の安全対策を学習した。

　続いて2013年11月には，京都で継続テーマⅢとして日中シンポジウムに中国側29名，日本側81名が参加し，先進技術の意見交換と技術提案

を開催した。先進湖沼水質改善の事例として滋賀県の取組みを，琵琶湖博物館で学習した。

1年空けて，2015年11月，第18次訪中団13名が上海・紹興・杭州を訪問した。

同じく1年空けて2017年11月，第19次訪中団14名が三峡ダム・武漢・南京・上海を訪問した（**写真1**）。江蘇省工程師学会，上海市科学技術協会，第1回上海在宅介護国際シンポで講演し，技術交流，施設見学を実施した。

2018年11月，第20次訪中団7名は成都・重慶大学・上海市科学技術協会を訪問した（**写真2**）。

2019年は香港・深圳・広州訪問を計画，香港騒動で中止となった。2020年及び2021年も訪中を計画したがCOVID‐19の拡大により，訪中を中止した。

写真1　2017年　第19次訪中団　上海在宅介護国際会議海外参加者記念写真

写真2　2018年　第20次訪中団　上海市科学技術協会国際部と記念写真

3　内蒙古，東北部，南京市，韓国，モンゴルとの交流

中国研究会主催訪中団は隔年訪中団の「補完団」として，2011，2012年に内蒙古自治区科技協会と交流した後，2014年に中国東北部長春・吉林市科学技術協会・瀋陽・大連庄河市政府・大連市と交流し，2016年11月に南京市江蘇省工程師学会と交流。南通市造船所・蘇州市半導体・パネル製造を見学した。

また，大韓民国の大学に勤務された方（技術士）の提案で，2018年11月に第1回目の訪韓，翌2019年5月には第2回目の訪韓で大邱広域市・永進専門大学校を訪問した。

自主活動としては，モンゴル国への訪問を5回実施し，在大阪中国総領事館対話団で 2019〜2020年に中国訪問4回，日中発展促進会で中国を4回訪問した。

4　近畿本部での例会（研修会）

原則毎月第3木曜日 18:00〜20:00（8月は休会）に，近畿本部（大阪市）で話題提供を2題発表していただいている。

2013年1月から2023年5月までの10年余で研修会を111回開催した。

2020年の第80回例会からWeb方式を併設し，参加者の地域も広がった。学識会員の先端技術講演，中国事情報告，会員（登録技術士）・会友（本会で講演等をされた大学教員など）の業務紹介が主テーマである。春節会・大阪の靱公園花見など有志会も開催している。

2023年は，新型コロナウイルスの状況も改善されてきたので，海外交流計画・訪問団の計画を進めているところである。

なお，年会費は，会員は3,000円である。例会参加希望者は近畿本部登録中国研究会までご連絡願います。

２１．我が国の技術協力活動の進んできた道
The Trends of International Technical Cooperation of Japan

森山　浩光

MORIYAMA　Hiromitsu

　1954（昭和 29）年，日本は開発途上国援助のための国際機関コロンボ・プランに加盟し，アジア太平洋地域の国々の経済・社会開発を促進するため国際協力を行い始めた。なお，国際協力は，国際機関を通じた協力と二国間協力とに分かれる。ODA による国際協力には技術協力と資金協力に分かれる。

　我が国は 1960（昭和 35）年に貿易自由化大綱を定め，貿易自由化を進め原料を輸入し製品を輸出する加工貿易体制を進める方針を明らかにしている。1961（昭和 36）年には農業基本法が定められ我が国は果樹と畜産に力を注ぎ，他産業並みの所得を得るように努めていく。こうした中，戦後の賠償問題の解決を含め，地域別等に 4 つの団体があったが，統合され，外務省の外郭団体としての海外技術協力事業団（OTCA）が 1962（昭和 37）年に設立された。海外技術協力事業団がアジア諸国に対して水稲と畜産の技術協力を実施した。農林省の種畜牧場や試験研究機関からもアジアの国々に技術専門家が派遣され，技術協力が進められた。また，海外移住のための二つの組織が統合された海外移住事業団が設立したのは 1963（昭和 38）年である。

　1964（昭和 39）年は，最初の東京オリンピックが開催された年であるが，同年完成した東海道新幹線は世界復興銀行から資金援助を受けたものであり，名神高速道路の全線開通は 1965（昭和 40）年である。1972〜1973（昭和 47〜48）年，第一次石油ショックと穀物危機が世界を襲い，輸入国日本は大きな影響を受け，豆腐の値上げやトイレットペーパー騒動で大騒ぎになった。この頃，海外で農作物を生産して輸入する開発輸入の

発想が生まれ，商社等がアジアに進出し，農業開発を進めた。1974（昭和 49）年に，前述の 2 つの組織を吸収し，JICA（国際協力事業団）が設立された。開発調査や開発輸入のための開発協力事業と共に，技術協力事業が進められた。アジアを主として，保健医療や教育，鉱工業や農業等，家畜衛生，家畜飼養管理の分野等でも多くの技術協力が行われた。

　1982（昭和 57）年以降は，日本の貿易黒字が増大し，米国や欧州，豪州等の農産物輸出国から輸入枠拡大や貿易自由化の圧力が高まってくる。それまでも，既に数次にわたる GATT の多国間交渉により，関税の引き下げや自由化品目の拡大が行われてきていた。そして，欧米諸国は農畜産物輸入割当 13 品目の貿易自由化を声高に発信する。諸外国は農畜産物の輸出増大を目指し，かつ近い将来には牛肉の，さらには基礎的食糧である米の自由化を迫ってきた。こうした中，開発途上国もタイは日本にトウモロコシや鶏肉の輸入増加を要求する。こうした交渉のさ中で見返りかの様に，ODA 協力も行われた。畜産・家畜衛生部門の技術協力も，人工授精・家畜改良，飼料作物・草地改良，畜産物加工にまで拡大してくる。アジアや南米，例えば日系人が多いブラジルやペルーにも，国際協力が進められた。専門家派遣，機材供与，研修受入れをセットするプロジェクト方式技術協力がさらに増加したのもこの時期である。協力対象国はアフリカにも拡大し，食糧関連では西アフリカでの稲の改良，栽培が実施された。資金協力の可能性調査（F／S）も目白押しで行われた。ブラジルやアルゼンチン等も，日本の戦後

の復興にならった経済開発を進めるよう大型開発計画（M／P）の策定を日本に要請してきた。

日本のODA（政府開発援助）供与額は，GDPの0.37%というOECD（経済協力開発機構）の目標値には達しないものの，金額ベースで世界一になったのは，1989（平成元）年である。その後，2000（平成12）年までODA世界一が続いた。なお，国連は，2000年にMDGs（ミレニアム開発目標）を発表している。

一方，国内産業に目を向けると，我が国の畜産業に関しては，1988（昭和63）年に締結した牛肉自由化を3年後の1991（平成3）年から実行に移した。政府は我が国の畜産振興のためにサシの入った牛肉を世界に輸出しようと考えた。

折しも，東西ドイツを分断していたベルリンの壁が壊され，ソ連が解体した後，東欧への技術協力が始まった。国際協力案を考える動きは，総合的な国別援助計画の策定に駒を進めた。

1986（昭和61）年に始まった多国間貿易交渉のウルグアイ・ラウンド（UR）は難航を重ね1993（平成5）年に最終決着を迎えた。戦後の世界の経済体制を支えてきたGATTからWTO（世界貿易機関）に移行する。我が国は，米の自由化阻止と引換えに多くの農産物の関税を引下げ，輸入増加を迫られた。2000（平成12）年までに農業分野に6兆100億円を継ぎこみ農業の強化を図るが，食料自給率は今に至っても4割を切ったままである。

戦後の団塊世代に支えられた国内での「ものつくり」の勢いも外部へ転換する動きも見られ，また他国の台頭もあり，日本の貿易黒字も減少していく。アジアの「四つの龍」と呼ばれたNIES等ODA卒業国が現れ，また中国は経済成長が著しく増加しアフリカやアジアへの国際協力を展開する。日本では聖域なき予算節減の中，ODAも減額を余儀なくされる。「国際協力大綱」を策定し効率的で総合的な視点を踏まえた協力を進めていく。また，産業支援から人間の安全保障に重点

が移る。環境，ジェンダー支援，紛争解決や復興支援，感染症対策等地球規模の課題解決のために，国際機関を通じての協力も進められる。畜産分野でも感染力の高い口蹄疫や，濃厚感染すれば人にも罹患する鳥インフルエンザの発生があり国境のない疾病を押さえることに支援を行う。

JICAは独法化により2008（平成20）年10月に新生JICAとなる。その頃より情報分野の技術の浸透は著しく，SNSによる情報伝達等を通じ世界との交流の様相は変わってくる。また，中国がGDPで世界第二位の経済大国となり「一帯一路」の戦略を進めた。世界各地での紛争や米国による中東での戦争があった後，国連は2015年にSDGs（持続可能な開発目標）を提示した。

2020年から新型コロナ感染症が世界的に拡大し，2022年2月からのプーチンによるウクライナ侵攻は1年を経ても終わる気配はない。世界は新たな混とんとした時代に入り，理想と現実の間で，今後の方向を見出していく必要がある。

・・・・・・・・・・・・・・・・・・・・・

以上，戦後の国際協力の流れを追ってみた。ODAは政治的，経済的背景により国益を考慮し進められてきた。しかし，「技術協力は人づくり」と言われるように，これまでの長い技術協力の実践の中で，多くの技術者が「人間至る処青山有り」の気持ちで，世界に通じる技術を開発途上国に展開してきた。

世界の中には貧困や食糧，医療，教育等で多くの南北格差がある。栄養，平均寿命，就学率等の課題は数え上げればきりがない。その状況を直接見聞し，感じた気持ちを持ちつつ，技術協力は進められているのだ。そもそも技術者が単に技術だけでの視点でこの世界を見ることはできない。総合的な視点を常に忘れることなく，新しい世界に対応し，役立つ方向を見出し「一隅を照らす」必要がある。

今後の益々の発展を祈るものである。

第Ⅲ章　各国を知るミニクイズ

１．東南アジア

問１．　朝鮮半島，中国から東南アジア，ベトナムからミャンマーまでの海岸線の地図を描いてみて
　　　　ください。
　　（余裕のある方は，さらにトルコまでの海岸線の地図を描いてください。）
　　（さらに余裕のある人は，世界のおおよその地図の形を，描いてみてください。）

問２．現在，ASEAN 加盟国は，何カ国でしょうか？
　　　　　回答２．（　　　　　　　）

問３．東南アジアで，人口の多い国を上から３カ国書いてください。
　　　　　回答３．（　　　　　　　）（　　　　　　　　）（　　　　　　　）

問４．東南アジアでの宗教にはどのようなものがありますか？　そのうち３つを書いてください。
　　　　　回答４．（　　　　　　　）（　　　　　　　　）（　　　　　　　）

問５．東南アジアの面積は，全体でどのくらいでしょうか？
　　　　また中国の面積は日本の何倍くらいでしょうか？
　　　　　回答５．（東南アジア：　　　　　　　　　），（中国：　　　　　　　）

問６．東南アジアを流れる河川の名前を３つ言ってみてください。
　　　　　回答６．（　　　　　　　）（　　　　　　　　）（　　　　　　　）

問７．東南アジアの山脈を２つ言ってみてください。
　　　　　回答７．（　　　　　　　）（　　　　　　　）

問８．東南アジアとは，なぜそう呼ばれるようになったのか，考えてみましょう。
　　　　　回答８．（　　　　　　　　　　　　　　　　　　　　　　　　　　　　）

問９．東南アジアの国旗（簡略）を２つ書いてみてください。

問１０．東南アジアのイメージを自分なりに考えてみてください。

世界を知るミニクイズ（東南アジア　答）

答１．地図帳を開いて自分で描いてください。半島や島，国と国の配置や関係が見えてきます。

答２．ASEAN 加盟国の数は，10 カ国です。
　　東南アジア諸国からなる ASEAN（東南アジア諸国連合）の加盟国は，現在 10 カ国です。
　　1967 年の「バンコク宣言」によりタイ，インドネシア，シンガポール，フィリピン，マレーシア
の 5 カ国が原加盟国となり，ブルネイ（1984 年），ベトナム（1995 年），ミャンマーとラオス
（1997 年），カンボジア（1999 年）が加盟し，現在は 10 カ国で構成されます。
　　2015 年には ASEAN 経済共同体となり，2017 年には設立 50 周年を迎えました。

答３．人口は，インドネシアが約 2 億 7 千万人で最も多く，次いでフィリピンが 9,800 万人，ベトナムが 9,300 万人です。

答４．主な宗教は，タイなどの仏教，インドネシアのイスラーム（バリ島はヒンズー教），他に儒教やキリスト教，新興宗教（ベトナムのカオダイ教）などもあります。

答５．東南アジアの国土面積は約 450 万 km²です。なお，中国は 959 万 7 千 km²です。

答６．インドシナ半島のラオス，カンボジア，ベトナムを流れるメコン川（4,350km），ミャンマーを流れるエーヤワディ川（2,210km，旧称イラワディ川），タイの首都バンコクを流れるチャオプラヤ川（372km）などがあります。

答７．南アジアのインドには，世界で最も高い山々のヒマラヤ山脈があります。東南アジアの山脈はそのヒマラヤ造山帯の端にあたります。ミャンマーにアラーカーン山脈があり，インドシナ半島東部にはラオスからベトナムにかけて走るアンナン（またはチュオンサン）山脈があります。

答８．東南アジアの名称は，アジア大陸の南東部に位置するインドシナ半島と，南東部に位置するマレー半島を総称して東南アジア，英語では South East Asia（南東アジア）と呼ばれます。第二次世界大戦時の，1943 年に英米の連合国側が，インドなどを南アジアとして，当該地を分け手なずけたとされています。フィリピンなど島嶼部を含んでいます。

答９．比較的書きやすい国旗が，インドネシアのメラプティ（紅白），ベトナムの黄色い星に赤い地の色（紅色黄星）が二色です。タイは青に赤，白の三色の横線です。では，ほかの国は？。

答１０．東南アジアのイメージ
　　暑い，スコール，きれいな海，豊かな文化，星がきれい，発展途上と経済的に発展している国。
実際にお出かけください。また，新たなものに気づかれることでしょう。

- 152 -

2．ベトナム

問題作成・ベトナム担当（坂本　文夫，森山　浩光，辻井　健）

問1．ベトナムのイメージを3つ書いてください。
　　　　　（　　　　　　）（　　　　　　）（　　　　　　）

問2．ベトナムの首都の地名を，　何でしょうか？
　　　　　①　ホーチミン市，　②　ハノイ市，　③　フエ市，　④　ダナン市，　⑤　カントー市

問3．ベトナムの人口は，およそ何万人でしょう？
　　　　　①　9,750万人，　②　6,500万人，　③　3,500万人

問4．ベトナムは多民族国家ですが，いくつの民族で構成されているでしょうか？
　　　　　①　9民族，　　　②　27民族，　　　③　54民族

問5．ベトナム戦争（抗米救国戦争）は，何年に終わったでしょうか？
　　　　　①　1986年，　　　②　1975年，　　　③　1960年

問6．ベトナムの伝統的な衣装のアオザイの意味は次のどれでしょうか？
　　　　　①　正装，　　　　②　長い服，　　　③　きれいな服

問7．ベトナムのコメの生産量は多く，米粉の麺がたくさんありますが，
　　　次の中で麺類でないものはどれでしょうか？
　　　　　①　フォー，　②　ブン，　③　ミィエン，　④　バインミー

問8．ハノイ市の名称の由来となったものは何でしょうか？
　　　　　①　人名に由来，②　地形に由来，　③　象徴物に由来

問9．ホーチミン市の名称の由来となったものは何でしょうか？
　　　　　①　人名に由来，②　地名に由来，　③　ことわざに由来

問10．ベトナムの世界遺産は何カ所あるでしょうか？
　　　　　①　6カ所，　　②　8カ所，　　　③　10カ所

世界を知るミニクイズ（ベトナム　答）

回答作成・ベトナム担当（坂本　文夫，森山　浩光，辻井　健）

ベトナム社会主義共和国の国旗

答1．ベトナムのイメージは人により，様々であることでしょう。

　ベトナム戦争が終わってから約50年を経て，都市の近代化が進んでいます。また地方との経済格差も減少してきています。世界遺産も8つあり，歴史があり自然豊かな観光地も有名です。

　1995年以降，経済成長が著しく，勤勉で熱心な感じは，日本の昭和期にも似た風景を思い出させるという人もいます。日本企業も数多く進出しています。またアジアでの学生によるロボット大会などでは日本を押さえて優勝したこともあります。

　イベントでもよく見かける衣装のアオザイや，フォーなどの食品を思い出す人もいることでしょう。北部の一部が亜熱帯気候ですが，他の地域は熱帯モンスーン気候です。

答2．首都は，②のハノイ市です。

　ベトナムの北部にある直轄都市です。回答の他の都市も直轄都市です。ベトナムにはこの5つの都市と，48の省があります。

答3．人口は，①の約9,750万人（2021年）です。

　東南アジアでは，インドネシア，フィリピンに次ぎ人口が多い国です。平均年齢も若く30歳代前半で2025年には1億人を超えると予測されています。

答4．正解は，③の54民族です。

　ベトナムには，54の民族がいます。その中で最も多いのがベト族で8割以上を占めていますが，自らをキン（京）族と呼んでいます。各地の山岳地などには，いろいろな少数民族が住んでいて，独自の風習や文化を保っています。

答5．ベトナム戦争（抗米救国戦争）の終結年は，②の1975年です。

　1973年に米国がベトナムから撤退を始めましたが，南部の傀儡政権を打倒するために南部の首都サイゴンに1975年4月30日に侵攻し，当時の大統領官邸に2台の戦車が入り，当時の大統領らが屋上からヘリコプターで逃亡する様子が，全世界に報道されました。

　1960年は，ベトナム戦争が始まった年。1986年は，ドイモイ（刷新）政策が発表された年です。

なお，旧宗主国フランスとの戦争は，太平洋戦争が終了した（1945年）後に始まりましたが，その終結は，1954年5月のベトナム北部のディエンビエンフーの戦いをもって終わりました。

答6．アオザイの意味は，②の長い服です。
アオが服で，ザイが長いを意味します。今でも伝統的な式典や高校生の制服などにも使われています。

答7．コメの麺ではないものは，④のバインミーです。
これは，フランスパンにハムや野菜などを入れたサンドイッチの一種と言えます。

答8．正解は，②で，地形に由来しています。
ハノイ（Hà Nội）は漢字では「河内」と書きます。
名称の「城庸河内」は，かつての市街（現在のホアンキエム，バーディン，ドンダー，ハイバーチュンの4区にほぼ相当）が紅河とトーリック川（蘇瀝江）とに囲まれていたことに由来するものです。
かつて，王都として繁栄していた間は昇竜（タンロン），東京（ドンキン，トンキン），東都（ドンドー）など様々な名で呼ばれていましたが，1831年に現在の名称になりました。

答9．正解は，①で，人名に由来しています。
かつて，サイゴン（西貢）と呼ばれていました。1975年の南ベトナムの「サイゴン陥落」の翌1976年，ベトナム国民の父として親しまれる「ホーチミン（Ho Chi Minh），胡志明」にちなみ，市名をサイゴン市からホーチミン市に改名しました。

答10．ユネスコの世界遺産に登録されているベトナム国内の文化・自然遺産は8カ所です。
それぞれは，次のとおりです。
・ハロン湾（自然遺産）
・フォンニャーケバン国立公園（自然遺産）
・チャン・アン複合景観（複合遺産）
・フエの建造物群（文化遺産）
・古都ホイアン（文化遺産）
・ミーソン聖域（文化遺産）
・ホー王朝の城塞（文化遺産）
・ハノイ・タンロン王城遺跡中心地区（文化遺産）

３．タイ

問題作成・タイ担当（三宅　立郎）

問１．タイの正式な国名をどれでしょうか？
　　　　　① タイ共和国，　　② タイ，　　③ タイ王国

問２．タイの国土面積は，日本の国土面積の約何倍でしょう？
　　　　　① ほぼ同じ，　　② 1.4倍，　　③ 1.8倍

問３．タイの人口は，どのくらいでしょうか？
　　　　　① 約3,600万人，　　② 約5,600万人，　　③ 約6.600万人

問４．タイに隣接する国の数はいくつですか？また，その国名は？
　　　　　① 4カ国，　　② 5カ国，　　③ 6カ国
　　　　回答４．（　　　）　　隣接する国名（　　　　　　　　　　　　　　　　　　）

問５．2019年（コロナ禍前）の，タイの国内総生産GDPは，どのくらいでしょうか？
　　　① 4,400億US$（世界30位），② 約5,400億US$（世界26位），③ 約6,400億US$（世界23位）
　　　　ちなみに日本のGDPは，5兆2200億US$（世界3位）です。

問６．タイ語で「こんにちは」は，何といいますか？
　　　　① シンチャオ，② スラマット シアン，③ サワディー　カップ／サワディー　カー

問７．バンコク市内を流れる大河の名前はなんでしょうか？
　　　　　① チャオプラヤ川，　　② ガンジス川，　　③ メコン川

問８．タイの首都名は，国際的には「バンコク」ですが，タイ語では何と呼ばれているでしょうか？
　　　　　① クルンテープ，　　② プノンペン，　　③ ネーピードー

問９．タイの料理には，唐辛子を使用したものが多くあります。唐辛子が，アジアに伝わった時期は
　　　いつごろでしょうか？
　　　　　① 12世紀ころ，　　② 14世紀ころ，　　③ 16世紀ころ

問１０．タイのアユタヤ王朝にあった日本人居留地の頭領山田長政が貿易業で活躍していたのは，
　　　いつごろでしょうか？
　　　　　① 1500年ころ，　　② 1600年ころ，　　③ 1700年ころ

- 156 -

世界を知るミニクイズ（タイ　答）

回答作成・タイ担当（三宅　立郎）

タイ王国の国旗

答1．正解は，③で，タイ王国です。

　タイ王国（以下　タイ）は，英語名では，Kingdom of Thailand，タイ語名ではプラテートタイ（英字つづりで，Platate Thai）と呼びます。

　プラテートは，タイ語で「国」を表し，例えば日本のことをタイ語ではプラテート　イープンと呼びます。

　タイは，1939年まではシャム（Siam）と呼ばれていました。ただ，タイ語では「サイアム」と発音します。

答2．正解は，②で，日本の約1.4倍の面積です。

　タイの国土面積は，約51.3万km^{2}で，日本（37.8万km^2）の約1.4倍です。

　平野部の面積が広く，一年中約30℃前後の気温であるため，稲作は1年に三回収穫できます。三毛作が可能です。さらに基本的に台風がないため，米の年間収穫量は日本の約3倍です。

答3．正解は，③で，人口は約6,600万人です。

　タイの人口は，2021年には約6,620万人です。首都バンコクの人口は，約600万人です。バンコクへの極端な人口集中の傾向が見られます。

答4．正解は，①で，4カ国です。

　隣接する国は，ラオス，カンボジア，ミャンマー，マレーシアです。

　タイは，インドシナ半島の中央に位置しており4つの国と陸続きで接しています。4つの国のうち，ラオスの人達とはタイ語で意思疎通が概ね可能です。

　インドシナ半島というようにタイの北側には中国，西側にはミャンマーの先にインドがあり，中華系とインド系のタイ人を多く見ることができます。

答5．正解は，②で，約5,400億US$です。タイの2019年の国内総生産GDPは，5,436億US$（世界26位）で，日本の約10分の1です。ちなみに2021年は約5,064億US$（世界第24位）です。

答6．正解は，③で，サワディー　カップ／サワディー　カー　です

　タイ語では，「おはよう，こんにちは，こんばんは」の全てをこのひとつの言葉で表します。語尾の「～カップ」と「～カー」は，日本語でいう「～です，～ます」という丁寧語です。また，男性は「～カップ」，女性は「～カー」と使い分けをし，日本語とは異なります。

　　　【参考】Q6の選択肢の，①はベトナム語の「こんにちは（Xin Chao）」，②はインドネシア語の
　　　　　　　「こんにちは（Selamat siang）」で，外国人に対しては（Halo）とインドネシア語で言う場
　　　　　　　合も多いです。

答7．正解は，①で，チャオプラヤ川　です。

　バンコク市内を二分して流れているのがチャオプラヤ川です。かつて，バンコクは市内の運河を船が行き来していました。

　今では，両河岸にホテルと寺や王宮などの観光地が立ち並びます。

答8．正解は，①で，クルンテープ　です。

　タイの首都名は，国際的には「バンコク」ですが，タイ語では「クルンテープ」と言います。「クルンテープ」には「天使の都」という意味があります。

　しかし，「クルンテープ」は，略称であり，正式名称は「クルンテープ・マハーナコーン・アモーンラッタナコーシン・マヒンタラーユッタヤー・マハーディロック・ポップ・ノッパラット・ラーチャタニーブリーロム・ウドムラーチャニウェートマハーサターン・アモーンピマーン・アワターンサティット・サッカタッティヤウィサヌカムプラシット」と長いものです。

　プノンペンはカンボジアの首都，ネーピードーはミャンマーの首都です。

答9．正解は，③の，16世紀ごろ　です。

　タイの料理には，唐辛子を使用したものが多く，大変辛いです。

　唐辛子の原産地は中南米です。コロンブスの時代に欧州へ持ち込まれ，その後インド，アジアへ16世紀ごろに伝わったと言われています。

答10．正解は，②で，1600年ごろ　です。

　タイのアユタヤ王朝（1351年～）にあった日本人居留地の頭領であった山田長政は，1600年ごろに貿易業で活躍していたようです。

　この時代に，日本人居留地には，日本人が1,500～1,600人ほど住んでいたようです。

４．インドネシア（１）

問題作成・インドネシア担当（森山　浩光）

問１．インドネシア共和国の首都の名前は，何でしょうか？

問２．インドネシアの国土面積は，日本の国土面積の約何倍でしょうか？
　　　① 約３倍，　② 約４倍，　③ 約５倍

問３．インドネシアの人口は，どのくらいでしょうか？
　　　① １億6000万人，　② ２億7200万人，　③ ３億2700万人

問４．インドネシア国の首都と日本と較べての時差は何時間くらいでしょうか？
　　　① 時差はない，
　　　② プラス２時間（日本の正午の時，午後２時。（インドネシアの方が朝が早い））
　　　③ マイナス２時間（日本の正午の時，午前10時。日本の方が進んでいる（朝が早い））

問５．インドネシアの一人当たり GDP は約何ドルでしょうか？
　　　① 　850 ドル／人・年，② 4,350 ドル／人・年，③ 18,000 ドル／人・年

問６．インドネシアは世界で最もイスラームの多い国ですが，バリ島の主な宗教は何でしょうか？
　　　また，世界遺産のボロ・ブドゥールの遺跡は，どんな宗教の遺跡でしょうか？
　　　回答6.（バリ島（＿＿＿＿＿＿教），ボロ・ブドゥールの遺跡（＿＿＿＿＿＿教））

問７．インドネシア国の東西の幅はアメリカ合衆国と同じくらいです。何キロくらいでしょうか？

問８．インドネシアの島の数は，いくつでしょうか？
　　　① 6,852，② 7,107，③ 14,572（13,466 とも）

問９．インドネシアにある世界第３番目の大きさの島の名前は何でしょうか？
　　　（ちなみに，世界で一番大きな島はグリーンランド，二番目はニューギニアです）

問１０．インドネシアには少数民族の言葉を含めていくつの言語があると言われていますか？

世界を知るミニクイズ（インドネシア（1）　答）

回答作成・インドネシア担当（森山　浩光）

インドネシア共和国の国旗

答1．正解は，ジャカルタ市です。

　首都は，ジャワ島のやや西寄りに位置するジャカルタです（オランダの東インド会社があった時代の港湾バタビヤは，現在のジャカルタの先にあります）。

　ジャカルタは人口が多く，交通渋滞がひどく，河口に近いため大雨による洪水災害もあります。そこで，経済復興とあわせて，将来カリマンタン島東カリマンタン州に首都を移転する計画を大統領が発表しました。多くの資金がかかるので，さらに検討中とのことです。新首都エリアのフードエステートの半分は土壌が「ケランカス」と呼ばれ，先住民のイバン族の言葉で「作物が育たない土地」を意味しており，ケイ素が多く，今後の課題です。

答2．正解は，③です。日本の約5倍の面積で約190万5千 km^2 です。

　インドネシアは赤道の近くにあるので，地図で見ると小さく見えますが，国土面積がとても大きい，多様性にとんだ広い国です。

　ジャカルタ市の陸地面積は 662 km^2 です。滋賀県の琵琶湖が，ほぼ同じの約 669 km^2 です。

　なお，世界最大の湖はトバ湖といい，インドネシアのスマトラ島北スマトラ州にあります。長さ100km，幅約30km，最大深度530km，面積は 約1,000km^2 あります。

答3．正解は，②です。人口は約2億7200万人（2021年）です。

　ちなみに①はバングラデシュの人口，③は米国の人口です。

答4．正解は，③です。日本とインドネシアの首都ジャカルタの間では2時間の時差があります。

　ただし，これはインドネシア西部時間です。インドネシアは国の幅が大きいので，バリ島などは中部時間で日本とは1時間の時差です。ニューギニア島のジャヤプラでは東部時間で，日本との時差はありません。

　シンガポールはジャカルタよりも西にあるのに，日本との時差は1時間です。

　シンガポールからジャカルタに飛行機で行くときなどは，時差があるので空港の待ち合わせなどでは，間違いやすいので気を付けなる必要があります。

答5．正解は，②で，2021年現在4,350ドル／人・年です。

　インドネシアは，石油や森林資源，エビなど海産物の輸出額も多く経済規模はタイなどと比べて
かなり大きいのですが，人口が多いので一人平均GDPは低くなります。都市と地方との格差も課題
になっています。

答6．正解は，ボロ・ブドゥール遺跡は仏教の遺跡です。なお，バリ島ではヒンズー教が主です。

　ちなみにボロ・ブドゥール遺跡の近くのプランパナン寺院群はヒンズー教の遺跡です。

答7．正解は，約5,100kmです。

　インドネシアは北米のアメリカと同じくらいの東西幅があります。

　西端はアチェ州（スマトラ島），東端はパプア州（パプアニューギニア島の西半分）です。

　現在，ジャカルタ首都特別州とジョグジャカルタ特別州を含め全部で34州あります。

答8．正解は，③です。インドネシアは約1万4千（13,466）も島がある国です。

　インドネシアの島の数は，かつて17,508（17,504とも）といわれていましたが，新たに全ての島
に名前を付けて，確認して，2020年8月に国連会議で発表しています。

　ちなみに，②の7,107はフィリピンの島の数です。

　なお，日本の海上保安庁は，島の（海）岸線の長さ100m以上の場合は岩礁ではなく島と呼ぶこ
とを，ひとつの基準としているそうです。①の6,852は日本の外周（1987年）が100m以上の島の
数ですが，2022年に満潮時でも水面上にある陸地は14,1250とコンピュータで自動計測されまし
た。

答9．正解は，ボルネオ（カリマンタン）島です。西側の一部はマレーシア国とブルネイ国です。

　スマトラ島は，世界第6位の大きさです。Kの字の形に似たスラウェシ島は，第11位です，

　ジャワ島は第13位です。なお，世界第2位の大きさの島はニューギニア島ですが，西半分はイン
ドネシア領，東半分はパプアニューギニア国です。また，第4位はマダガスカル島，日本の本州は
世界第7位の大きさの島です。

答10．正解は，250言語以上です。

　これは，ジャカルタにある国立博文館での表示です。人口が世界第4位と多く，島の数も多いた
め使用言語も大変多いです。ニューギニア島西部のパプア州では，川筋ごとに言葉が違うと言われ
ています。

５．インドネシア（２）

問題作成・インドネシア担当（森山　浩光）

問１．インドネシア国の正式名称と国旗の色を書いてください。
　　　　　（＿＿＿＿＿＿＿＿＿，＿＿＿色と＿＿＿色（merah dan putih と呼ばれています）

問２．インドネシアは，赤道の上にあります。主になんという大きな島の上に赤道が通っていると思いますか？島の名前を１つ答えてください。
　　　　　（ヒント：３つの大きな島の上を赤道が通っています。）

問３．インドネシアのジャワ島の気候で，乾季は何月から何月の時期でしょうか？

問４．インドネシアでは雨の降り方をどのように表現するか？知っている単語で示してください。

問５．インドネシアの Nusa Tenggara 地域とは，どこでしょうか？

問６．首都移転計画があります。ジャカルタから，どちらへ移す計画でしょうか？

問７．インドネシアは今後経済成長が著しいと言われていますが，その理由は何でしょうか？

問８．「ウォーレス線」とは？どこにあって，どんな意味を持っているでしょうか？

問９．インドネシアの歌を，いくつかご存じですか？題名を挙げてみてください。

問１０．コモドドラゴンって知っていますか？
　　　　　①　知っている，②　知らない，③　食べたことがない

世界を知るミニクイズ（インドネシア（２）　答）

　　　　　　　　　　　　　　　　　　　回答作成・インドネシア担当（森山　浩光）

答１．正解は，インドネシア共和国です。国旗の色は，赤色と白色です。
　ところで，インドネシアの国旗の紅白の色のどちらが上にあるでしょうか？

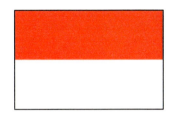がインドネシア共和国の国旗です。

　他の国でも同じ紅白の色を国旗に使った国があります。モナコの国旗は，上下に赤・白で均等に塗り分けられた二色旗です。インドネシアの国旗とデザインは同一ですが，縦横の比率が異なります（ただし国際会議などの場では縦横比が２：３に統一される場合が多く，その場合だと全く区別がつきません）。

　同じく紅白の国旗を持つのはポーランドですが，紅白の上下は逆です。

はポーランドの国旗です。

　オランダの国旗の色はご存知ですか？とても似ていますね，三色旗の一番下の青色を外すとインドネシアの国旗に似ていますね。1945年8月に独立したインドネシアの国旗がつくられたときのエピソードも調べてみると興味深いです。

がオランダの国旗です。

　このほか，同様に紅白を使った国旗があるのを知っていますか？　そうです。日本です。

答２．スマトラ島，カリマンタン（ボルネオ）島，スラウェシ島のいずれかを書けば，正解です。
　かつて1970年代，海外旅行がまだ多くなかった頃，フライト利用の希望者に「赤道通過証明書」を飛行機内で配布していたときがあります。

答３．インドネシアは広く，島々によって気候が変わるところもあります。ジャワ島の乾季は，一般的に５月から１０月です。乾季であっても午後になると短時間スコールが降ることもあります。

答4．インドネシアでは雨の降り方を，強い（keras）と弱い（gerimis）で表します。まれに詩で
は Rintic と表現しますが，ぽつりぽつり，しとしと降るという感じです。日本の五月雨のような季
節と雨の組み合わせで表すことはありません。
　　ちなみに，土（Tanah）と水（Air）とを合わせた Tanahair という言葉は「祖国」を表します。

答5．インドネシア語の Nusa Tenggara とは，ジャワ島の東側にあるバリ島とロンボク島，スンダ
島，スンバワ島，コモド島，フローレス島，ティモール島（西半分）等の島々からなる地域です。

答6．インドネシアの首都ジャカルタは，長年人口過密，渋滞，地盤沈下等で苦しんできました。
　　2024年以降東カリマンタン州に首都機能を移し，完全な首都移転は2045年の計画です。

答7．インドネシアは，土地も広く資源も豊富で，人口も多く，しかも若者の数が多いことから，
　　今後25年目覚ましく発展し，日本の GDP を抜くといわれています。

答8．ウォーレス線（Wallace Line）はインドネシアのバリ島，ロンボク島間のロンボク海峡から
スラウェシ島の西側のマカッサル海峡，フィリピンのミンダナオ島の南に至る東側の「生物の分布
境界線」のことです。1868年に A.R.Wallace（1823－1913）が提唱しました。

　　「マレー諸島に8年間滞在していたウォーレスが，1856年にシンガポールからマカッサルに行く
とき，ロンボク島とバリ島を経由して移動した際に，オーストラリアにいるインコの仲間がロンボ
ク島に多いのに対しバリ島にはいなかったこと，また，その後訪れたニューギニアのアルー諸島の
動物のうち哺乳類は，コウモリ以外は全て，オーストラリアに多い有袋類であったことに気づきま
す。
　　なお，かつて，インドネシアの西半分は，東南アジアのインドシナ半島とつながっていて（スン
ダランドと呼ばれます），オーストラリアとつながっていたニューギニア（サフルランドと呼ばれま
す）との間で，固有の生物相が異なります。
　　ウォーレスは，1855年に生物が進化することを発表しています（サラワク論文）。
　　その後，進化を引き起こす仕組みを検討し，論文にまとめ，「えんどう豆の遺伝の法則」で有名な
ダーウィンに送りました。ダーウィンはまだ「進化論」をまとめていなかったのですが，急いで自
分の草稿をリンネ協会に提出した」といいます。
　　（参考資料；インドネシア大使館 観光局；https://www.visitindonesia.jp）

答9．例えば，日本でも昭和の初めに流行した「ブンガワンソロ（Bengawan Solo）」があります。
　　この歌のタイトルはソロ河という意味で，ラウ山を源にジャワ島の中部のジョグジャカルタ市の
隣にあるソロ町を経て中部ジャワ州，東ジャワ州そしてジャワ海に注ぐ河です。その歌詞の意味
は，「悠久の歴史の中，幾つもの山を巡り海まで流れていく長い（350km の）流れ，雨季には水は増
え人々を養い，やがて海へ着く。そこには行き来する舟も浮かんでいる」と歌います。
　　また，「かわいあの子は誰のもの」（Nona manis siapa yang punya）もありますね。

なお，日本の歌「ふるさと」とも例えられる「Indonesia Pusaka」や，日本の歌手五輪まゆみさんの「心の友」を歌えると，地元でインドネシアのことをかなり知っていると言われることでしょう。

　他にも，バンドンでは Halo,halo Bandung，スラバヤでは Jembatan Merah，西スマトラ州では Takana Jo Kampuang，南スラウェシ州のマカッサルでは Angin Mamiri などのご当地の歌があるので，赴任前に調べて，聞いてから訪問されると仕事や旅が楽しくなると思います。

　【参考】1977 年に，インドネシアの文化を知りインドネシアの歌を歌う会「**ラグラグ会**」がジャカルタで結成されました。帰国された方々が，東京や大阪でも継続しておられます。インドネシアに関心がある方は，連絡をしてご参加くださるとたくさんの歌を覚えることができます。

　答１０．どれも正解です。ただし，食べない方が良いと思います（絶滅危惧種です）。コモドオオトカゲ（Varanus komodoensis）は，爬虫類の動物で，オオトカゲ科に属します。体長は大きなものでは 2.5m 以上あります。

　【参考】バリ島から飛行機で約 1 時間のフローレス島の西端のラブハンバジョーから，船で隣のコモド島に行くとコモドドラゴンが見られます。近くの「リンチャ島」と「モタン島」にも棲息しています。この地域は，世界自然遺産に指定されています。

（余談）コモド島のコモドドラゴンと小さな船での移動

　私は，かつてフローレス島での狂犬病予防対策調査に行きました。イスラームでないフローレス島や南スラウェシ州，バリ島の人々は犬を飼っていて当時狂犬病が発生したのです。（詳細は日本獣医師会雑誌（森山，2006 年））。そのフローレス島のラブハンバジョーから移動する際に，大きなバリ島行きの船が数日出港しない（今は船の数が多いです）ことから，小さな船を借り上げてコモド島経由で，スンバワ島へ移動したことがあります。フローレス島の畜産事務所の人がコモド島までは一緒に行くと言ったのでそうしたのです。

　そのとき，コモド島で休憩を取りました。現地は世界自然遺産の観光地でもあり，現地に住むコモドオオトカゲに週に 1 回は山羊を餌としてやっているとのことでした。しかし，私たち（北海道に住む**折田岩美国際協力専門家**と一緒の東部インドネシア調査でした）が行ったときでも腹を空かせて港近くまで歩き回るコモドドラゴンがいました。

　なお，コモド島を出港し隣のリンチャ島を横目に見て，スンバワ島に向かうと，その間は流れの速い海流が北から南に流れているので，波に抵抗して前に進むのに時間がかかります。スンバワ島に行くのにも予定より 6 時間以上余計にかかりました。

　海の中に夜光虫がたくさんいて，小さな船に並行してイルカが泳ぐと，夜光虫がキラキラ光り，とても綺麗だったのが思い出ですが，船から海に落ちれば海流に流されるか，サメに喰われてしまいます（もっと小さな船では遭難する可能性があります）のでご注意ください。今では大きな船がたくさん出ているので何よりです。安全確保が第一です。

６．カンボジア

問題作成・カンボジア担当（日原　一智，佛原　肇）

問１．カンボジアを代表する遺跡にアンコール・ワットがあります。国旗の真ん中のデザインにも
なっています。この寺院の宗教は何でしょうか？
　　　　① イスラーム教，　② ヒンズー教，　③ 仏教

問２．カンボジアのお正月は，１年に何回あるでしょうか？
　　　　① １回，　② ２回，　③ ３回

問３．カンボジア王国の首都プノンペンは，南シナ海にそそぐメコン川・トンレサップ川を海から
約300km のところにありますが，その首都の標高は何メートルでしょうか？
　　　　① 約120m，　② 約1,200m，　③ 約12m

問４．雨季になるとメコンや東南アジア最大の湖であるトレンサップ湖の水位は大きく上昇します
が，そのような環境に適応した稲を何と呼ぶでしょうか？

問５．メコン流域では乾季には伝統的な橋が架けられていました。その橋の材料は何でしょうか？

問６．カンボジア王国の紙幣には日本の ODA に関連するものが描かれていますが，それは何でしょ
うか？
　　　　① 道路，　② 橋，　③ 空港

問７．カンボジアはインドシナ半島の物流の中心拠点（ハブ）となる可能性を秘めています。
カンボジア近隣国にある大都市の名前を２つ挙げてください。

問８．カンボジアの内戦により絶滅しかけたカンボジアの名産の農産物を日本人がよみがえらせ，
今では同国を代表する名産品となったものは何でしょうか？
　　　　① ヤシ（椰子），　② もやし，　③ コショウ（胡椒）

問９．カンボジアには同国で３番目に世界遺産に指定されたサンボープレイクックという都城遺跡が
あります。この遺跡が都市として建設された頃に日本で建てられた国宝建築物は以下のどれで
しょうか？
　　　　① 法隆寺，　② 宇治平等院鳳凰堂（10円硬貨のデザインです），　③ 姫路城

問１０．カンボジアでは，いわゆる少数民族は，どのくらいいるでしょうか？
　　　　① 10民族，　② 21民族，　③ 37民族

世界を知るミニクイズ　（カンボジア　答）

回答作成・カンボジア担当（日原　一智，佛原　肇）

カンボジア王国の国旗

答１．正解は，②の，ヒンズー教です。
　アンコール王朝は，15世紀初めまで続き，その当時は，東南アジア，インドシナ半島の中心として繁栄していました。
　【参考】アンコール王朝は，802年から1431年の約530年間ですが，その後の約350年間に，仏教（大乗仏教）が浸透します。また，この間王位継承問題と王宮内の陰謀，王族同士の抗争（350年間に優れた王もいましたが）36人の王と2人の王宮関係者が王の地位についています。そしてシャム（タイ）とベトナムという2つの民族の侵略のはざまにあり，カンボジアの地位は落ち，領土面積は，アンコール王朝の3分の1になります。

答２．正解は，③の，三回です。
　西暦の1月1日，中華系の人達による旧正月，カンボジア独自のお正月（クメール正月）の3つがあります。（参考：(https://www.jica.go.jp/hotangle/asia/cambodia/20160105.html)

答３．正解は，③の，12mです。海から約300kmも離れているのに標高はわずか12mです。
　プノンペンから約200km離れた上流端のシェムリアップでも標高は約18mと大変低いです。トンレサップ湖の標高も低いので，雨季には湖の面積が乾季の約3～4倍にまで大きくなります。

答４．正解は，浮稲（浮き稲）です。4～5mの長さに生長します。
　【参考】浮き稲は，水位の上昇に伴って極めて短時間に節間（茎）を伸長させることで，葉を水面に出して酸素を確保するので，深水でも栽培が可能なのです。浮き稲は粗放的でも育つため手間がかかりません。貴重な遺伝資源ともいえます。しかし，灌漑施設の開発により食味が良く収量も多い品種にとって代わられ，その栽培は先細りになっています。
　　　（参考：https://www.jica.go.jp/project////cambodia/0601400/news/general/081118.html,
　　　　　　　https://www.jica.go.jp/hotangle/asia/cambodia/20150710.html)

答５．正解は，竹です。
　住民たちが手によって編まれて作っています。自動車も通行できるほど頑丈です。

【参考】近年は，地域によっては現代的な橋（例：絆橋（きずなばし）など）がメコン川に架けられた場所では，伝統的な橋は減ってきていますが，まだ乾季には現役として住民の重要な移動手段となっています。（参考：(https://www.jica.go.jp/hotangle/asia/cambodia/20180710.html)

答６．正解は，②の，橋です。カンボジア王国の 500 リエル紙幣には，日本の ODA（2001 年，日本の無償援助）によって建設された「きずな橋」と「つばさ橋」が描かれています。

【参考】カンボジアで 2014 年から発行された 500 リエル札には，左側につばさ橋，中央にきずな橋，右側に日本国旗とカンボジア王国国旗が付いた記念碑が描かれています。なおつばさ橋が完成する以前の旧 500 リエル札には，きずな橋だけが描かれていました。

旧５００リエル札に描かれたきずな橋

きずな橋は首都プノンペンから北東約 80km にあるコンポンチャムという地方都市と対岸のトレンバットを結ぶメコン川にかかる 1,360m の橋です。2010 年に中国の支援でプレックタマック橋がプノンペン北方約 20km のところにかけられるまで，きずな橋はカンボジア国内のメコン川にかかる唯一の橋でした。つばさ橋は，日本国の無償援助でプノンペンから南東約 60km のところのメコン川にかけられた重要な橋です。

答７．正解は，タイのバンコク市とベトナムのホーチミン市です。

【参考】カンボジアが物流の中心拠点（ハブ）となれば，渋滞緩和などによりドライバーの拘束時間の削減のみならず輸送単位当たりの二酸化炭素排出量の削減が期待されます。経済成長を続けながら，効率性や環境保全の両立が期待されます。

（参考：https://www.jica.go.jp/publication/mundi/1907/ku57pq000002l3x04-att/05.pdf）

答８．正解は，③の，コショウ（胡椒）です。

【参考】カンボジアの胡椒は，1970 年代半ばのカンボジアの内戦によって生産が激減しました。NGO 職員としてカンボジアに派遣された倉田浩伸さんは，様々な困難を克服しながら古くから伝わる伝統的な農法で栽培し，今ではオーガニックでおいしい胡椒として有名です。

答９．正解は，①の，法隆寺と同じ時期（7 世紀初頭））です。

【参考】同遺跡は同じカンボジアにあるアンコール・ワット遺跡群（12 世紀初頭頃）より 500 年も前に作られました。なお②の平等院鳳凰堂は 11 世紀半ば，③の姫路城は 17 世紀初頭に建てられています。(https://www.jica.go.jp/hotangle/asia/cambodia/20190308.html を参考した。）

答１０．正解は，②の，21 民族です。1995 年のカンボジア政府の調査によれば，少数民族を 21 民族（総数約 37 万人）に分類しています。

７．モンゴル

問題作成・モンゴル担当（掛田　健二）

問１．モンゴル国の首都の名前は，何でしょうか？

問２．モンゴル国の国土面積は，日本の国土面積の約何倍でしょうか？
　　　　① 約２倍，　　② 約３倍，　　③ 約４倍

問３．モンゴル国の人口は，どのくらいでしょうか？
　　　　① 約82万人，　② 約330万人，　③ 約610万人

問４．モンゴル国の首都と日本と較べての時差は何時間くらいでしょうか？
　　　　① 時差はない。
　　　　② マイナス１時間（日本が正午の時，午前11時。日本の方が進んでいる）
　　　　③ プラス１時間（日本が正午の時，午後１時。モンゴルの方が朝が早い）

問５．2019年の，モンゴル国の国民一人当たり総所得は約何ドルでしょうか？
　　　　① 2,150ドル／人・年，　② 3,590ドル／人・年，　③ 3,780ドル／人・年

問６．モンゴル国の主な宗教を，二つ挙げてください。何と何でしょうか？

問７．モンゴル国では，７月に伝統的なナーダムの祭りがあり，モンゴル相撲が行われます。
　　ところで，モンゴル相撲には，土俵があるでしょうか？ないでしょうか？
　　　　　① ある，　② ない，　③ あるときとないときがある。

問８．モンゴル帝国を築いたチンギス・ハーンは，日本には，何回攻めてきたでしょうか？

問９．モンゴル国には遊牧民も多く住んでいます。家畜と共に草を求めて移動します。そのとき持
　　ち運ぶ円筒形の屋根付き移動式テントを，何と呼ぶでしょうか？

問１０．モンゴル国では５種の主要な家畜を「五畜」と呼んでいます。その家畜のうち３種は何で
　　しょう？

世界を知るミニクイズ　（モンゴル　答）

回答作成・モンゴル担当（掛田　健二，森山浩光）

モンゴル国の国旗

答1．正解は，ウランバートル市です。
　　首都はモンゴル国の中央やや北に位置します。

答2．正解は，③で，日本の約4倍の面積です。モンゴル国の面積約156万4,100km²です。
　　南モンゴルは，延々と続くゴビが総面積で129万5千km²と国土の約82％を占めます。なお，ゴビとはモンゴル語で「まばらな短い草が生えている土地」をさします。日本語では，いわゆる沙漠の意味ですので，日本語で「ゴビ砂漠」と言うとは，沙漠砂漠という事になります。
　　また，砂漠は，水の少ない乾燥地で，砂，土，礫，石が多く，短い草が生えていることもあり，一部は山塊も見られます。草一本も生えていないような，サハラ砂漠やナミビアの砂漠のような，風紋の広がる砂漠とは異なります。
　　首都ウランバートル市の1月の気温は，−21.7℃，7月は18.5℃です。

答3．正解は，②で，人口は約312万人です。
　　①はブータン王国の人口，③は中央アジアのキルギス共和国の人口です。
　　モンゴル国全土の平均人口密度は約2人／km²にすぎません。首都ウランバートルの人口は150万人弱で，1km²当り約290人と人口が集中しています。

答4．正解は，②です。日本とモンゴルの首都ウランバートルの間では1時間の時差があります。
　　しかし，西部は−2時間の時差があります。東部は時差がありません（答の①です）。
　　（モンゴルは日本から西へ，飛行機では成田国際空港から直行便で約5時間30分かかります。関西国際空港からは直行便で約4時間40分かかります。）
　　（ソウルや北京からの乗継便は，接続に時間がかかることが多いです。）

答5．正解は，②です。モンゴル国の国民一人当たりの年間総所得は約3,590ドルです。
　　2,150ドル／人・年はラオス人民民主共和国の，3,780ドル／人・年はスリランカ民主社会主義共和国の年間一人当たり総所得になります。

モンゴル国は，石炭や銅鉱石，蛍石，原油など鉱物資源の輸出額が，全体の約9割を占めます。残りは羊毛，カシミヤや皮革などです。

　現地の，通貨単位はトゥグリク（Tg）で，100Tg です。

　電圧は220ボルトですから，変圧機を使わないと日本の電気器具は使えません。赴任する場合には，お気を付け下さい。

答6．正解は，チベット仏教とイスラーム教です。

　14〜15世紀には，中国はじめ欧州につながる大帝国を築いたモンゴル族ですが，17〜18世紀にはモンゴルは清王朝の支配下になり，その中でチベット仏教ゲルク派がモンゴルに広がります。

　18世紀半ばに清の乾隆帝はモンゴルの古書を北京に運びました。これはチベット仏教を広めるための宗教統制の一環です。なお16世紀のアルタン・ハーンの時代に始まった大蔵経の翻訳事業が清の時代に完成しています。

　西部モンゴルにはカザフ系の住民がおり，多くはイスラーム教徒です。

答7．正解は，②で，土俵は無いです。

　日本のように土俵を作り，押し出しで勝負がつくのではなく，相手のひじ，膝，頭，背中が地面に付くと負けになります。日本と違い，手のひらがついても負けにはなりません。

（日本の相撲界では，モンゴルで生まれた朝青龍や白鳳などが横綱になりました。）

　モンゴルの夏祭りではモンゴル相撲の他，騎馬や弓射の競技も盛んです。

答8．日本への元寇は，2回です。

　鎌倉時代中期に，元朝とその属国であった高麗によって行われました。1274年（文永の役），と1281年（弘安の役）の2回です。

　1206年，チンギス・ハーンがモンゴル帝国を建国し，西は東ヨーロッパ，トルコ，シリア，南はアフガニスタン，チベット，ミャンマー，東は中国から朝鮮半島に至るユーラシア大陸の大部分を占める帝国を作り上げました。

　日本には，2回の元寇を行いましたが，いわゆる「神風」に押しやられました。

　ベトナムには3回の元寇を行い，3回目に徹底して敗退したため，日本への3回目の元寇を諦めたと言われています。

　その後，元帝国は緩やかに分離，解体していきました。17世紀の清朝統治下では外モンゴルと呼ばれました。

　1961年には国際連合に加盟し，1980年代初めに中国との関係修復を開始しました。

　1987年に駐留旧ソ連軍が撤退を開始し，同年米国と国交を樹立しています。1989年には中国との関係を完全に修復しました。なお，1989年のソ連崩壊の時期に，民主化要求が広がり，1990年に一党独裁政権を放棄し，大統領制に移行しています。

　1992年に新憲法を発効し，社会主義を放棄し，国名を「モンゴル国」に改称しました。

なお，モンゴル族が多く住む内モンゴルは，内蒙古自治区として現在では中国領になっています。

答9．正解は，ゲル です。

　ゲルは，モンゴル語で「家」を意味します。柳の木と羊毛のフェルトからできていて，簡単に分解，組み立てができます。屋根の中央にトーメと呼ばれる天窓があり，明り取りにします。天窓に煙突を出し，ゲルの中で火を焚き，暖を取ったり，調理をしたりします。燃料には乾燥した家畜の糞を用います。寒い時は，ウルフと呼ばれる布で閉じます。最近は，都市で高層住宅に住む人も増えてきています。

答１０．モンゴル国の五畜とは 牛，馬，羊，ヤギ，ラクダ です。

　遊牧が盛んであることから，牛（408万頭）や羊（2,786万頭）のイメージがあると思います。かつて騎馬民族であったということから馬（364万頭）も想像できますね。乾燥地に強いヤギ（2,557万頭）やラクダ（40万頭）も飼われています。これらの家畜が，モンゴルでいう「五畜」です。国土の72％が牧草地と牧場です。農業従事者一人当たり農地面積は535ha とたいへん広いです。

　乳は牛と馬など他の家畜からも搾ります。そのまま飲むことは少なく，乳製品の加工が多いです。馬乳の生産は，季節繁殖動物である馬の出産の後の，初夏から9月頃までに限られます。馬の乳からは馬乳酒も作ります。馬の乳を牛の皮袋に入れて，発酵させます。夏の祭りや結婚式では欠かせない飲み物です。マルコポーロの記録にも書き残されています。

８．台湾（中華民国）

問題作成・台湾（中華民国）担当（春原　一義，森山　浩光）

問１．台湾（中華民国）の人口と同じくらいの日本の地域は，下記のうちどれでしょうか？
　　　　　① 北海道＋東北地方，② 　九州，③ 　東京都＋神奈川県

問２．台湾（中華民国）の最高峰の山の名称は？また，その標高は富士山と比べ高いか低いか？

問３．台湾（中華民国）の人口は，どのくらいでしょうか？

問４．台湾（中華民国）の年間一人当たり GDP は，どのくらいでしょうか？
　　　　　① 39,000 ドル，② 　33,000 ドル，③ 　24,000 ドル

問５．台湾の歴史上の統治国もしくは統治者の推移は，下記のうちどれでしょうか？
　　　　　① スペイン→鄭成功→清朝→日本→中華人民共和国⇒中華民国，
　　　　　② 清朝→オランダ→日本⇒中華民国，
　　　　　③ オランダ→鄭成功→日本→清朝⇒中華民国，
　　　　　④ オランダ→鄭成功→清朝→日本⇒中華民国

問６．ＩＯＣ（国際オリンピック委員会）などの国際機関での台湾の呼称は何でしょうか？

問７．日本が台湾を統治していた時代に，発電所，港湾，鉄道，道路など種々の社会インフラを建設
　　しました。烏山頭ダム（1930 年完成）も有名です。設計者の名前を下記から選んでください。
　　　　　① 新渡戸稲造，　　② 　後藤新平，　　③ 　八田与一

問８．台湾は 1960 年代に大規模な社会インフラ事業を展開し十大建設を実施し，1970 年代の経済
　　発展，第二次輸入代替えの時代につなげます。十大建設のうちの３つを挙げてください。

問９．台湾では，1970 年代以降，技術集約型，短期集約型の産業の発展を促進し，エレクトロニ
　　クス産業の育成に力を注いできました。1980 年以降に集積回路産業，コンピュータ及びその関
　　連産業を大いに発展させたサイエンスパークがあるのは，次のどれでしょうか？
　　　　　① 台中市，　　② 　新竹市，　　③ 　台南市

問１０．台湾で戒厳令が解除された年は，下記のどれでしょうか？
　　　　　① 1950 年，　　② 　1987 年，③ 　1996 年

（註）問８，問９は壁化元主編，永山英樹訳，2020 年，「詳説 台湾の歴史」，雄山閣を参考にした。

世界を知るミニクイズ　　（台湾（中華民国）　答）

回答作成・台湾（中華民国）担当（春原　一義，森山浩光）

中華民国の国旗

答１．正解は，②で，台湾の面積（36,200km²）は九州の面積（36,780km²）に近いです。
　　なお，首都は台北市で，その外港である基隆市，新北市と共に台北都市圏を形成しています。

答２．正解は，玉山（標高 3,952m）です。富士山（標高 3,776m）に比べ標高が高いです。
　　台湾は中央に山脈が連なり 3,000m 級の山が 200 座以上あります。

答３．台湾の人口は，約 2,350 万人（2021 年）です。

答４．正解は，②で，33,004 ドル（2021 年，以下同じ）です。①日本（約 39,300 ドル）と
　　③ポルトガル（約 24,300 ドル）の中間辺りになります。

答５．正解は，④（オランダ（1642－1644）→鄭成功（1644―1643）→清朝（1643－1895）→
　　日本（1895－1945）⇒中華民国）です。なお，先史時代から原住民が居住していました。

答６．正解は，Chinese Taipei です。

答７．正解は，③の八田与一です。①の新渡戸稲造は 1901～03 年に台湾総督府の技師，殖産局長
　　として台湾製糖の発展に尽くし，②の後藤新平は第四代総督の児玉源太郎の時の民生長官です。

答８．中山高速道路，中正（桃園）国際空港，鉄道北廻り線，鉄道電化，大製鉄所，大造船所，
　　台中港，蘇欧港，石油化学工業，原子力発電所のいずれかを記せば正解です。

答９．正解は，②の新竹市です。台南市には 1997 年に大規模なサイエンスパークを完成させた。

答１０．正解は,②の 1987 年です。1943 年のカイロ会談で，米英は中華民国の蒋介石に「台湾は，
　　戦後中華民国が獲得することを支持する」旨の宣言を発表。1945 年 8 月 15 日から中華民国によ
　　る台湾統治が始まった。しかし，1949 年 10 月中華人民共和国が設立され，中華民国は台北へ移
　　転し，政府は台湾海峡両岸が長期にわたり対峙したため戒厳令を 1987 年まで継続施行した。

９．ブラジル（１）

問題作成・ブラジル担当（森山　浩光）

問１．世界地図でブラジル連邦共和国の位置を示してください。

問２．ブラジル共和国の国土面積は，日本の国土面積の約何倍でしょうか？
　　　　① 約 11.5 倍，　② 約 22.5 倍，　③ 約 33.5 倍

問３．ブラジル共和国の人口は，およそ何人でしょうか？
　　　　① 1 億 600 万人，　② 2 億 800 万人，　③ 3 億 300 万人

問４．ブラジル共和国の首都は内陸にありますが，その地名は何でしょうか？

問５．ブラジル共和国の気候はどれでしょうか？
　　　　① 熱帯，　　② 亜熱帯，　　③ 熱帯から温帯まである

問６．ブラジル共和国の公用語は以下のどれでしょうか？
　　　　① スペイン語，　　② ポルトガル語，　　③ アマゾン語

問７．ブラジル共和国の国旗は。緑の中に黄色いひし形，その中に青い空と星が描かれ，中央には，帯がかかり，字が書いてあります。その意味は何でしょうか？
　　　　① 「大いなる未来」，　　② 「豊かな自然と人々」，　　③ 「秩序と進歩」

問８．ブラジルといえばアマゾン川，その長さはどのくらいでしょうか？
　　　　① 2,500km，　② 4,500km，　③ 6,500km

問９．ブラジルの経済規模は，中南米では最大ですが，どのくらいでしょうか？
　　　　① 8000 億ドル，　　② 1 兆 8000 億ドル，　　③ 2 兆 8000 億ドル

問１０．ブラジルで，2016 年に南米で最初のオリンピックが開催されました。
　　　　開催都市はどこだったでしょうか？
　　　　① サンパウロ，　② マナウス，　③ リマ，　④ リオデジャネイロ

世界を知るミニクイズ　（ブラジル（1）　答）

回答作成・ブラジル担当（森山　浩光）

ブラジル共和国の国旗

答1．アメリカ合衆国のある北米の南にある南米大陸の東側の多くを占めています。
　ブラジルは，南米最大の面積を持ち，チリとエクアドル以外の10カ国と国境を接しています。

答2．正解は，②で，ブラジルの国土面積は約851万6千km2です。
　日本の約22.5倍の面積です。ブラジルはアメリカ合衆国より，約110万km²狭いですが，ロシアを除いたヨーロッパ全体より大きく，南アジアのインド，パキスタン，バングラデシュ3カ国の約2倍の面積です。

答3．正解は，②で，約2億800万人が住んでいます。
　中国（約13億9千万人），インド（約13億5千万人），アメリカ合衆国（約3億2千万人），インドネシア（約2億6千万人），パキスタン（約2億1千万人）に次いで世界で6番目に人口が多い国です。（出典：UNFPA（2019））

答4．正解は，ブラジリア市です。首都圏の人口は約290万人です。
　かつての首都のリオデジャネイロ市が約650万人，サンパウロ市が約1,200万人の人口です。

答5．正解は，③です。広い大きな国なので，気候は様々です。
　ブラジルは南半球にあり，夏は11〜4月，冬は5〜7月です。部地方のアマゾン川下流域のマナウス，ベレンなどは熱帯地域で，年間気温が25〜35℃と高くほとんど1年中蒸し暑い気候です。
　南部のリオデジャネイロは，亜熱帯気候で1，2月がもっとも暑くなります。なお，リオのカーニバルは，キリストの復活祭の前，2月に行われています。
　サンパウロより南は，温帯気候です。3月から6月は最低気温が20℃前後となり，日本の秋のようです。6月下旬から9月下旬が冬。地域によっては，冷夏になることもあります。

答6．正解は，②で，ブラジルではポルトガル語がつかわれます。

スペイン語はその他の南米の国々の主な公用語になっています。しかし，ブラジルでもある程度スペイン語が通じるところがあります。アマゾン語というのはありませんが，少数民族も住んでいるので，それぞれの部族の言葉があります。

答7．正解は，③です。中央には「秩序と進歩」の文字が書かれています。

　国旗の緑は森，黄色は鉱物を象徴しています。青い丸い空に 27 個の星は 26 州と首都ブラジリアを示しています。

答8．正解は，③で，アマゾン川の長さは 6,500km 以上あります。

　エジプトのナイル川（6,695km）に次いで，世界第 2 位の長さを誇ります。ちなみに第 3 位は中国の長江（6,380km）です。

　アマゾン川の流域面積は約 700 万 km² あり，その約 62%がブラジルを流れていますが，ペルー（16%），ボリビア（12%），コロンビア（6%），エクアドル（2%）にも広がっています。

答9．正解は，②です。一人当たり GNI は，9,080 米ドル（世界銀行，2018 年）です。

　経済成長率は 2016 年から 2019 年は 1.0%から 1.1%を示しました。

　しかし，2020 年は新型コロナウイルス感染症の拡大により，経済活動が抑制され，個人消費が 4 年ぶりにマイナスに落ち込みました。

答10．正解は，④の，リオデジャネイロです。③のリマは，ペルーの首都です。

　リオのオリンピックでは，日本は水泳，体操，レスリング，柔道，バドミントンで個人・団体で 12 個 の金メダルを取りました。銀メダルは陸上や卓球も加え 8 個獲得しました。

　2020 年の東京オリンピック・パラリンピックは新型コロナ感染症が世界的に拡大したため，翌 2021 年に延期されました。

１０．ブラジル（２）

問題作成・ブラジル担当（森山　浩光）

問１．ブラジル連邦共和国で「お早う」と言うときは，どれでしょうか？
　　　　① Bom dia，　② Boa tarde，　③ Obrigado

問２．ブラジル共和国の独立は何年でしょうか？
　　　　① 1722 年，　② 1822 年，　③ 1922 年

問３．ブラジル共和国はポルトガル語を話し，他の南米の多くの国は スペイン語を話しますが，
　　その背景として，なんという条約が影響しているでしょうか？
　　　　① サイゴン条約，　② 日米通商条約，　③ トリデーシャリス条約

問４．ブラジル連邦共和国では現在日系人は約何万人くらいいるでしょうか？
　　　　① 60 万人，　② 160 万人，　③ 260 万人

問５．ブラジル連邦共和国への日本人移民は，何年から始まったでしょうか？
　　　　① 1868 年，　② 1895 年，　③ 1899 年，　④ 1908 年，　⑤ 1963 年

問６．ブラジル連邦共和国の首都移転は，何年に行われたでしょうか？
　　また前の首都の名前は何でしょうか？
　　　　① 1946 年，　② 1960 年，　③ 1976 年
　　　　（　　　　　　　　　）（前の首都名＿＿＿＿＿＿＿市）

問７．広大なアマゾンの森林地域，ここで生産される酸素量は，世界中で 生産される酸素の約何％
を占めていると言われているでしょうか？
　　　　① 約8％，　　② 約20％，　　③ 約50％

問８．ブラジルで先住民を自認する人の数はどのくらいでしょうか？
　　　　① 約42 万人，　　② 約82 万人，　　③ 約172 万人

問９．ブラジル連邦共和国には，たくさんの世界遺産がありますが，その数はいくつでしょうか？
　　また，そのうちの一つを上げてください。
　　　　① 9 件，　② 16 件，　③ 22 件

問１０．ブラジルの国旗の中央に書かれている図を説明してみてください。

世界を知るミニクイズ　（ブラジル（２）　答）

回答作成・ブラジル担当（森山　浩光）

答１．正解は，①で，ブラジルではポルトガル語がつかわれます。

　「お早う」とは，ボンディア≒ボンジア（Bom dia）と言います。「こんにちは」とはボアタルデ（Boa tarde）と言います。「ありがとう」はオブリガード（Obrigado）です。

答２．正解は，②で，1822 年にポルトガルから独立しました。

答３．正解は，③の，トルデシャリス条約です。

　【参考】トルデシャリス条約は，1494 年にスペインとポルトガル両国間で成立した支配領域分界線を定めました。この時の分界線は西経 46 度 37 分とし，そこから東で新たに発見された土地はポルトガルが，西で発見された土地はスペインの領域とすることを決めた条約です。南米では，ブラジルがポルトガル領となり，他の国がスペイン領になりました。

　なお，サイゴン条約は，1862 年に阮朝越南国とフランスの間に締結された条約です。フランスはベトナム南部のサイゴンとその周辺のコーチシナの３省を占領しました。翌 1863 年４月にはこの条約が批准され，その結果，占領地域はコーチシナとして事実上フランスの植民地となりました。

　日米通商条約は，同じ頃の 1858 年に日本とアメリカの間で結ばれた条約です。

　1853 年のペリー来航時には，漂流民の保護と燃料や食糧の提供を約束しましたが，鎖国制度は維持しました。しかし，この日米通商条約締結により日本は鎖国を解除しています。

　なお，1861 年から南北戦争と呼ばれる内戦が始まり，1865 年まで続きました。奴隷を労働に頼った南部の農業州と北部の機械工業との間の経済戦争の面もあります。

答４．正解は，②で，約 160 万人です。

　現在，日系人の方がブラジルに約 160 万人以上が暮らしていると言われています。

答５．正解は，④で，日本からの移民の始まりは 1908 年からです。

　【参考】コロンブスが 1492 年に西インド諸島，北米に到着後，ポルトガルが 1500 年頃に南米に到着し，植民地から 1822 年にブラジルが独立するまでに約６万人が移住しています。また労働力を確保するために，アフリカからの「奴隷貿易」により運ばれたアフリカ系の人々もブラジルの人口を構成することになりましたが，「奴隷貿易」は 1850 年頃には禁止されました。

　19 世紀後半以降イタリアから約 3100 万人が移住したと言われています。日本は 1886（明治元）年に，アメリカ本土とグアムに約 150 人ほどが移住しましたが，失敗しました。そのため政府は 20 年間ほど海外移住を禁止し，北海道開拓に力を入れました。1895 年に日清戦争の結果，台湾が割譲され，この頃から台湾やミクロネシアへ移民が増加しました。1899 年に初めてペルーへの移民が出航，その後南米への移住が増加しました。明治政府は 1908（明治 41）年に移民政策を定め，ペルーなどの国々よりブラジルへの移住は少し遅い時期に始まりました。

なお，1905（明治 38）年からサンパウロ州と契約を締結し，日本全国で移民希望者を募っています。ブラジルでは，日本人移民はお金を出し合い，共同で農地を購入しました。1919 年に初の日系農業組合として『日伯産業組合』を設立しています。現在では，日系人の子孫は 5〜6 世代を経て農業のほかにも弁護士や医師，政治家などになった人もたくさんいます。なお，1963 年に全額政府が出資した海外移住事業団が発足しましたが，1974 年に海外技術協力事業団（1962 年設立）と統合され，特殊法人の国際協力事業団（JICA）が設立されました。2003 年 10 月には，独立行政法人への改組に伴い，国際協力機構（JICA）に改称されています。

答 6．正解は，②で，1960 年です。
　首都移転計画は 1946 年につくられました。その前の首都はリオデジャネイロです。首都を海岸に近いところから，内陸に移すのは，防衛上の観点から行われました。

答 7．正解は，②の，約 20％です。
　【参考】アマゾン川周辺は，海が閉ざされたといわれるほどの地域であり，その周辺の森林が有名です。ここで生産される酸素量は，世界中で生産される酸素の約 16〜20％を占めていると言われています。
　アマゾン地域は，全世界の生物種の 1 割が生息すると言われている生物多様性の宝庫です。近年熱帯林が開発のために焼き尽くされています。世界各地での開発など人為的なものや地球温暖化によるものなど多様な原因で自然が破壊されていることには，大きな問題があるといえます。

答 8．正解は，②の，約 82 万人です。
　アマゾン地域を中心に，多くの部族がいると言われており，ペルーやエクアドルのアマゾン川上流にも先住民が暮らしています。文明との接触していない非接触部族もあるとのことです。これまでも外から入った人により，違法な伐採や金の採掘，麻薬取引などで侵略が進んでいるアマゾン地域ですが，現在，ブラジルでは新型コロナウイルス感染症が拡大しており，医療関係の施設の少ない先住民族の住んでいる地域で発生拡大した場合は，その固有の文化や言葉を失う恐れがあると心配されています。

答 9．正解は，③で，22 件あります。
　文化遺産が 14 件，自然遺産が 7 件，複合遺産が 1 件あります。
　たくさんの世界遺産がありますが，例えば，緑のジャングルと豊富な自然を抱えた中央アマゾン保全地域，両手を広げたキリスト像のあるコルコバートの丘からコパカバーナ海岸のある海までの景観を持つリオデジャネイロの都市開発と自然の調和，アルゼンチンとの国境にまたがる世界三大瀑布の一つイグアスの滝，人口 250 万人，標高 1,100m の高地に作った人口の計画都市ブラジリアなどがあります。

答 10．ブラジル連邦共和国の国旗は，旗の緑は森，黄色は鉱物を象徴しています。27 個の星は 26 州と首都ブラジリアを示し，中央には「秩序と進歩」の文字が書かれています。

執筆者一覧（執筆順）記事国名

【監修・編集・執筆者】
森山　浩光（もりやま　ひろみつ）
技術士（農業部門）　ベトナム，インドネシア他

獣医師，博士（農学）
農業部会　幹事
海外活動支援委員会　委員長
　前　東京農工大学　非常勤講師
森山獣医師・技術士事務所　代表

【編集・執筆者】
坂本　文夫（さかもと　ふみお）
技術士（建設部門）　ベトナム

海外活動支援委員会　副委員長
　ベトナム小委員会　小委員長
坂本技術士事務所　所長

【執筆者】
杉本　昌昭（すぎもと　まさあき）
技術士（水産部門）　インドネシア

海外活動支援委員会　副委員長
　業務推進小委員会　小委員長
前　日本技術士会　理事
杉本技術士事務所　所長

小林　政徳（こばやし　まさのり）
技術士（機械部門，総合技術監理部門）
　　　　ミャンマー，ウズベキスタン

機械部会　主席副代表幹事
海外活動支援委員会　委員
　ミャンマー・タイ小委員会　小委員長
小林政徳技術士事務所　所長

日原　一智（ひはら　かずとも）
技術士（農業部門，総合技術監理部門）
　　　　ミャンマー，ウズベキスタン，カンボジア

農業部会　幹事
海外活動支援委員会　委員
　ミャンマー・タイ小委員会　委員
JICA（国際協力機構）経済開発部

野辺　建湧（やべ　けんゆう）
技術士（上下水道部門）　ミャンマー

上下水道部会　幹事
海外活動支援委員会　委員
　ミャンマー・タイ小委員会　委員
前　日本工営（株）エネルギー事業統括本部
　プラント事業部　機械技術部

辻井　健（つじい　たけし）
技術士（建設部門）　ベトナム研修

海外活動支援委員会　委員
　ベトナム小委員会　委員
日本総合技術開発（株）

【執筆者】
掛田　健二（かけだ　けんじ）
技術士（衛生工学部門）　中国，モンゴル

近畿本部　幹事，登録中国研究会会長，幹事長
海外活動支援委員会　委員
　中国・モンゴル小委員会　小委員長
掛田技術士事務所　所長

春原　一義（はるはら　かずよし）
技術士（情報工学部門）　台湾

情報工学部会　幹事
海外活動支援委員会　委員
　台湾小委員会　小委員長
ハルコム　代表

酒井　重嘉（さかい　かずよし）
技術士（電気電子部門）　台湾研修

博士（工学）
海外活動支援委員会　委員
　台湾小委員会　委員
株式会社　関電工　技術研究所

辻　隆治（つじ　りゅうじ）
技術士（建設部門，総合技術監理部門）　研修

海外活動支援委員会　委員
　研修小委員会　小委員長
株式会社サンワコン　東京支店

三谷　洋之（みたに　ひろゆき）
技術士（情報工学部門）　情報小委員会

情報工学部会　幹事
海外活動支援委員会　委員
　情報統括小委員会　小委員長
（株）ファースト　検査システム技術グループ

野々村　琢人（ののむら　たくと）
技術士（情報工学部門，総合技術監理部門）
　　　　SDGs まとめ

情報工学部会　副部会長
西川（株）日本睡眠科学研究所

小林　成嘉（こばやし　しげよし）
技術士（電気電子部門）　SDGs まとめ

電気電子部会　幹事
OPEC（Office PE Coba）　代表

高橋　俊哉（たかはし　しゅんや）
技術士（生物工学部門）　SDGs まとめ

博士（理学）
生物工学部会　幹事
大正製薬株式会社　医薬事業部門　情報検索室

【執筆者】

松井　武久（まつい　たけひさ）
技術士（機械部門）
　　　　SDGsと活動

元　海外活動支援委員会　委員長
（一社）J-SCORE（日本シニア起業支援機構）代表理事

吉村　元一（よしむら　もとかず）
技術士（情報工学部門，総合技術監理部門）　ベトナム

海外活動支援委員会　委員
　ベトナム小委員会　委員
吉村技術士事務所　所長

境　大学（さかい　だいがく）
技術士（資源工学部門）　キルギス

資源工学部会　幹事
前　日本技術士会　理事
境技術士事務所　代表

久道　篤志（ひさみち　あつし）
技術士（森林部門，総合技術監理部門）　イラン

森林部会　幹事
前　（社）日本森林技術協会

田中　賢治（たなか　けんじ）
技術士（森林部門，農業部門，総合技術監理部門）
　　　　中国，パラグアイ

森林部会　幹事
国土防災技術株式会社　取締役，事業本部長

佐藤　孝史（さとう　たかふみ）
技術士（建設部門，上下水道部門，衛生工学部門，
　　　　総合技術監理部門）　パプアニューギニア

日本テクノ（株）　シニアエンジニア

稲垣　秀輝（いながき　ひでき）
技術士（応用理学部門）　ネパール

博士（工学）
応用理学部会　副部会長
株式会社　環境地質　代表取締役

柴田　悟（しばた　さとる）
技術士（建設部門，応用理学部門，総合技術監理部門）
　　　　ネパール

技術士事務所　S&Sジオテクノ　代表
前　パシフィックコンサルタンツ株式会社国際事業本部

中里　薫（なかざと　かおる）
技術士（建設部門，応用理学部門，総合技術監理部門）
　　　　ネパール

パシフィックコンサルタンツ株式会社地盤技術部

【執筆者】

川端　雅博（かわばた　まさひろ）
技術士（上下水道部門，総合技術監理部門）
　　　　ミャンマー・タイ視察

工学博士
上下水道部門　幹事
川端水環境技術士事務所（KWPO）　代表

菅原　秀雄（すがはら　ひでお）
技術士（衛生工学部門，電気電子部門，
　　　　総合技術監理部門）
　　　　シンガポール，台湾　現地調査

博士（工学）
第一種電気主任技術者，労働安全コンサルタント，
東京電機大学研究員
菅原技術士事務所　所長

室中　善博（むろなか　よしひろ）
技術士（環境部門）　韓国

環境部会　幹事
日韓技術士交流委員会　委員長

須賀　幸一（すが　こういち）
技術士（建設部門，総合技術監理部門）　韓国

四国本部　幹事
日本技術士会　理事
日韓技術士交流委員会　委員長
株式会社芙蓉コンサルタント　専務取締役

熊澤　壽人（くまざわ　ひさと）
技術士（情報工学部門）　日中技術交流センター

日本技術士会登録日中技術交流センター　代表幹事
熊澤技術士事務所　所長

三宅　立郎（みやけ　たつろう）
技術士（機械部門，総合技術監理部門）　タイ

海外活動支援委員会　委員
　ミャンマー・タイ小委員会　委員
三宅立郎技術士事務所　所長

佛原　肇（ぶつはら　はじめ）
技術士（建設部門）　カンボジア

海外活動支援委員会　委員
　ベトナム小委員会　委員

〔註〕委員会委員の役職は，会報月刊「技術士」の
　　　執筆当時のもの。

初出一覧

本書の内容は，日本技術士会広報担当職員に伝え，各執筆者に掲載の了解を得たものです。

第Ⅰ章の内容は，日本技術士会海外活動支援委員会委員による，会報「月刊　技術士」の海外活動支援・国際協力特集（2020年2月〜2021年12月）の記事をまとめ，それに2022年1月と4月のCPD研修の記事を加えました。これらの記事を会報に掲載するにあたっては，数カ月前から各執筆者の経験と知識を総動員して記し，他の海外活動支援委員会委員からの助言も参考にしました。

また日本技術士会**広報委員会**の，特集担当の岡本利夫氏（情報工学部門），小林成嘉氏（電気電子部門），埋橋一樹氏（森林部門），大橋透氏（農業部門），小出和政氏（応用理学部門）等から丁寧なコメントをいただき，広報委員会と日本技術士会の広報担当鈴木孝直職員に確認されたものです。

本書の**第Ⅱ章**の内容は，国連が2015年に報告したSDGs（持続可能な開発目標）をテーマとし，2019年7月のSDGs特集の総括とまとめと2015年以降の会報記事から国際協力活動報告を選んで掲載しました。また，他誌から許可を得て2稿転載し，新たな書き下ろしを4編加えました。

また，**第Ⅲ章**として，アジアの主な国とブラジルの情報をクイズ形式で掲載しました。これらの多くは当時の海外活動支援委員会の委員が作成しました。

ここに，あらためて執筆された学兄の皆様に感謝申し上げます。

以下，原稿記事が掲載された会報月刊「技術士」の発行年月を記します。

なお，過去の「会報」の国際関連の記事はほかにもあり，日本技術士会のホームページの中にその記事のタイトルや発行年月が整理されています。

月刊『技術士』「海外活動支援・国際協力特集」の記事

発行年・月	会報　記事タイトル	執筆者
2020年　2月	技術士が世界で活躍できるよう支援するために	森山　浩光
4月	技術士のための海外活動支援システム　（本書には非掲載）	杉本　昌昭
6月	技術士が海外で活躍するための有益な情報の提供に向けて	辻井　隆治
8月	海外活動支援委員会におけるICTを活用した取り組み	三谷　洋之
10月	海外活動支援委員会による台湾技術協力推進活動	春原　一義 森山　浩光
12月	海外活動支援委員会による中国への技術協力推進活動	掛田　健二 森山　浩光
2021年　2月	日本技術士会によるミャンマーとの技術協力の進め方	小林　政徳 日原　一智 野辺　建湧 森山　浩光
4月	インドネシアの農業と水産業への技術支援のために	杉本　昌昭 森山　浩光
6月	海外活動支援委員会によるベトナムへの技術協力の推進	坂本　文夫 森山　浩光
8月	モンゴルに対する技術協力推進活動のための情報収集報告	掛田　健二

発行年・月		会報記事　タイトル	執筆者
2021 年	10 月	中央アジアに対する技術協力推進活動－キルギスへの研修事業を事例に－	森山　浩光
	12 月	ウズベキスタンに対する技術協力	日原　一智
			小林　政徳

月刊『技術士』「CPD 特集」の記事

発行年・月	会報記事　タイトル	執筆者
2022 年　1 月	日本技術士会による台湾技術協力推進活動について	森山　浩光
		春原　一義
2022 年　4 月	フォードンの会（日越技術経済交流会）の研修報告と技術士の役割	坂本　文夫
		森山　浩光
		辻井　健

月刊『技術士』「SDGs 特集」および「活躍する技術士特集」等の国際協力関連の記事

発行年・月	会報記事　タイトル	執筆者
2019 年　7 月	SDGs が目指す「誰一人置き去りにしない」未来に向けて	森山　浩光
2019 年　7 月	技術士として，SDGs を考える－世界に向けた技術士の役割－（日本技術士会各部門の SDGs 関連の活動報告記事のまとめ）	野々村　琢人
		小林　成嘉
		高橋　俊哉
		森山　浩光
2015 年　1 月	ナラ林の保全と更新　－イラン・ザグロス山脈での取り組み－	久道　篤志
2015 年 12 月	ネパールの道路ハザードマップと世界遺産の保全	稲垣　秀輝
2016 年　1 月	畜産・獣医衛生分野の国際協力活動	森山　浩光
2017 年　5 月	上下水道部会によるミャンマー・タイ研修報告	川端　雅博
2017 年　7 月	衛生工学部会有志によるシンガポール研修報告	菅原　秀雄
2017 年 11 月	JICA 長期専門家派遣　－キルギスでの技術協力－	境　大学
2018 年　4 月	中華人民共和国における高塩類蓄積土壌の改善	田中　賢治
2018 年　4 月	2015 年ネパール地震での土砂災害ハザードマップ作成と国際協力	柴田　悟
		中里　薫
2019 年　7 月	資源工学による SDGs への貢献　－産業と技術革新の基盤を作る－	境　大学
2019 年　7 月	SDGs と森林・林業　－ODA の現場から－	久道　篤志
2019 年　7 月	ポートモレスビー下水道管理能力向上プロジェクトの紹介	佐藤　孝史
2019 年　9 月	ベトナムにおける技術士の役割と国際貢献の展望	森山　浩光
		坂本　文夫
2020 年　8 月	国連目標 SDGs への技術士としての社会貢献活動	松井　武久

本書のための書き下ろし記事

発行年・月	〔会報記事〕　タイトル	執筆者
2020 年　2 月	〔第 49 回日韓技術士国際会議（高陽）報告〕	室中　善博
2022 年　3 月	〔第 50 回日韓技術士国際会議（仙台）報告〕	須賀　幸一
2022 年　7 月	日韓技術士交流委員会による国際会議の開催　　（書き下ろし） （筆者の了解を得て，森山が会報記事と委員会資料をもとにまとめた）	森山　浩光
2022 年　7 月	台湾研修旅行　－産業遺産と社会施設の現状－　（書き下ろし）	菅原　秀雄
2022 年　7 月	日中技術交流センターの活動　　（書き下ろし）	熊澤　壽人
2022 年　7 月 2023 年　4 月	近畿本部登録中国研究会の活動　　（書き下ろし） 　　（一部，追記した。）	掛田　健二

本書のための他誌からの転載記事

発行年・月	〔会報記事〕　タイトル	執筆者
2020 年 10 月 2022 年　7 月	パラグアイ共和国における土壌調査 （初出の「フォレストコンサル」誌の許可を得て転載し， 　記事の一部を配列替えした。また，写真の一部を追加した。）	田中　賢治
2012 年 12 月 2023 年　4 月	畜産技術協力の進む道　―歴史を振り返り，さらなる発展を願う－ （初出の日本畜産技術士会年報「会報」誌から許可を得て転載し， 　一部追記した。）	森山　浩光

あとがき

本書をお読みいただき，ありがとうございます。今後，海外での活動を目指す多くの方々のご参考になれば幸いです。また，これを機会に「技術士」による海外活動を知り，「技術士」という名称が広く知られるようになればうれしく思います。

技術士は，諸外国においてもその高い技術を活かして，様々な海外活動や国際協力活動を行っています。国内の企業等から技術指導や経営管理を依頼されるのと同様に，海外においても大学，研究所や民間企業等から同様の依頼があります。また，ODA（政府開発援助，技術協力や有償資金協力・無償資金協力）での活動も盛んです。さらに本書には，研修旅行や海外視察，韓国との国際会議，日本技術士会の登録組織の活動等も紹介しています。技術士は本書でお示しした他に，所属する大学や会社等を通じての技術連携や国際特許など多くの活動が行われています。また，日本技術士会は欧米など先進国等との間で「技術士」等の国際資格に関する国際会議にも参加しています。

このように，世界との技術連携により日本人の技術士は新たな諸外国の情報を得てさらなる一歩を進めることができ，さらに高い評価と期待を受けられると思います。

2022年現在の地球は，人口は80億人を超え，地球温暖化や新型コロナウイルス（COVID‐19）の世界中への蔓延もあり，地球の環境汚染や資源枯渇さらには食料供給もどのようになるのか等不透明なことがたくさん見受けられます。また，2022年2月24日にはロシアのプーチンによるウクライナへの武力侵攻が始まり多くの無辜の民が犠牲になり，世界は混迷の時代に突入しました。

いくつもの大きな戦争があった後，平和を希求した20世紀を経て21世紀になっても，アフガニスタン，シリア等中東，スーダン，コロンビア等アフリカ，南米でも落ち着いた安定した状態ではありません。各国は経済格差や貧困，教育や医療の課題を抱えており，また思想信条の違いにより，一触即発のような状況が生じている地域さえあります。また，日本国内においても格差が大きくなってきています。子供が未来を選べる可能性が狭まっています。

人々が支えあう社会の中で国の内外に関わらず，技術指導の他にも，国際機関やNPOを通じての活動，趣味の音楽や美術や長年親しんできたスポーツを通じての具体的な連携，ひと時の楽しみの時間の共有，フェアトレード，SDGsを少し意識した活動あるいは近くにいる人々への温かい眼差し一つであっても，少しずつ世界を良いほうに変えるいろいろな活動ができると思います。

これからの世界に共に生きる者として，新たな平和な地球の未来像を描き，その中でささやかでも各国の架け橋になれるように努めていくことができたらと思います。新たな一歩を踏み出す多くの人々が世界のどこでも活動でき，幸せを共有できる日が一日も早く来ることを心から願います。

2023（令和5）年4月13日

編集者・執筆者代表　森山　浩光

編集後記

日本技術士会は 1951（昭和 26）年にその活動を始め，技術士は，その知識・経験・技術を通じて社会への貢献を行ってきています。

2021（令和 3）年には創立 70 周年を迎えました。技術士は，これまでの間，日本国内外で様々な活動を行ってきました。さらに新しい未来を目指しています。

今回掲載されたいずれの記事も，海外経験豊富な技術士でないと記述できない内容であり，技術士の国際貢献への活動が詳しく説明されています。5 大陸 50 カ国を仕事で回った方や 20〜40 カ国で国際協力活動を行ったコンサルタントの方もおられます。

私もこの数年，ベトナムに対して種々の協力を行い，ベトナムのダナン，ホーチミン，ハノイ各地での新たな技術支援を模索し，日本国内ではベトナム人を含めた技術者向けの研修を実施しています。そこで強く感じたのは，「人材育成」というキーワードです。

ベトナムを訪問して分かったことは，学生が貪欲に知識を吸収しようとする姿勢です。そのときの彼らの目はとても輝いていました。訪問した各地の大学等では，日本と一緒に人材育成を図りたい。日本と組んで技術協力を進め，国を発展させ人々の生活をよくしたいという意欲を強く感じました。

こうした状況を踏まえると，技術士による海外業務の遂行は，技術を通して相手国とわが国の友好関係を深め，国際貢献につながります。

今後，海外を目指す若い技術士の皆様が，本書により海外の情報・知識が得られることで少しでもお役に立てれば幸いです。

編集者・執筆者　坂本　文夫

月刊『技術士』の編集に参画し，「海外活動支援・国際協力シリーズ」の連載を最初から最後まで担当しました。この度，これまでの連載を含め，多くの資料を一冊にまとめ活用できるようになったことは大変うれしく思います。

連載の始まった 2020 年 2 月から程なく，コロナ禍となり，海外はもちろん，国内にも出張ができなくなり，オンラインコミュニケーションの流れが一気に進みました。また，2022 年 2 月 24 日にはロシアのプーチンによるウクライナ侵攻も始まり，世界情勢は急激に変化しています。

こうした激変する世界においても，技術士は，新しい形での国際貢献を進めていくことが必要かつ重要になると思います。本書が少しでも皆さまの活動に役立つことを期待しています。

日本技術士会広報委員会「海外活動・国際協力特集」担当
岡本　利夫（技術士　情報工学部門）

編集者紹介

森山　浩光（もりやま　ひろみつ）

東京都豊島区に生まれる

森山獣医師・技術士事務所　代表

　東京農工大学農学部獣医学科卒業後，農林省入省。畜産局），福島種畜牧場，畜産局，経済局，31歳で人事院在外研究員として英国，欧州を視察し西欧のアフリカや中東への視点を認識。国際協力課を志望。その後畜産局（貿易関税課併任）で貿易交渉，流通飼料課，九州農政局，農産園芸局，つくば畜産研究所。インドネシア農業省畜産総局（政策アドバイザー）。東海農政局，生産局肥飼料検査所等多くの職場で国内外の業務に30余年勤務した。（公益社団法人）畜産技術協会参与を経て，ベトナム農業農村開発省畜産研究所に勤務。これまでに5大陸約50カ国訪問。

　前東京農工大学非常勤講師，前放送大学 T.A. 日本獣医生命科学大学非常勤講師。博士（農学，東京農工大学，『ベトナム酪農業発達史』）。

　著作：11冊　報告書・論文：多数。20歳代の時，東北地区獣医畜産学会賞受賞（乳牛繁殖生理）またウシ疾病の研究中にアブの新種を発見。

　日本技術士会では，CPD，日韓技術士交流，広報，そして海外活動支援の各委員会で自己研鑽と共に経験を若手技術士へ伝えるべく努めている。

　趣味は，音楽，合唱，写真，美術館博物館巡り若い頃はオケ付きの大曲やオペレッタにも参加。オルフィーネ，OCM，R・コール合唱団に所属。

坂本　文夫（さかもと　ふみお）

栃木県宇都宮市に生まれる

坂本技術士事務所　所長

　建設会社に入社し日本の高度成長期以降，東名高速道，関越道で主に橋梁下部工事を担当。また首都高速9号線（現場代理人）の工事に赴く。その後も，関東，東海，近畿地方に移動し工事を担当。高架橋工事やシールド工事，推進工事等を多く手掛ける。

　この間，社会人学生として，慶応大学経済学部で経済政策等を学び，卒業。

　東日本大震災後の復興工事のために，神奈川県任期付き職員に応募し，5年間宮城県松島町に派遣され，復興支援業務に携わる。またその2年後福島県相双建設事務所に勤務。

　これまで，海外活動支援委員会では，ベトナムを対象としたフォードンの会（日越技術経済研究会）を引き継ぎ，15回以上の講演会を主催。

　2018年，2019年にベトナムに出張し，三都市（ダナン市，ハノイ市，ホーチミン市）や地方で現地調査を実施し報告した。

　趣味は，オーディオ。奥が深く，自宅でもコンサートホールと同じ環境になるよう努めている。バイオリン，ピアノ，オペラなどを聴くと，ようやく，やや満足できる水準に達した（か）。

　オーディオシステムの永遠のテーマに挑戦中。

☆☆

知を深め　技を磨き　世界に羽ばたく －「技術士」による海外活動・国際協力 －

2023 年 5 月 10 日　初版第一刷発行

編　著　者　　森山 浩光／坂本 文夫
発　行　所　　株式会社カナリアコミュニケーションズ
　　　　　　　〒141-0031　東京都品川区西五反田 1 丁目 17-1
　　　　　　　第 2 東栄ビル 703 号室
　　　　　　　Tel. 03（5436）9701　Fax. 03（4332）2342
印　刷　所　　株式会社イシダ印刷
装　　　丁　　森山 浩光

© Hiromitsu Moriyama, Fumio Sakamoto 2023. Printed in Japan　ISBN978-4-7782-0513-3 C0036

乱丁・落丁本がございましたらお取り替えいたします。カナリアコミュニケーションズまでお送りください。

本書の内容の一部あるいは全部を無断で複製複写（コピー）することは，著作権法律上の例外を除き禁じられています。

♪♪

知を深め　技を磨き　世界に羽ばたく
－「技術士」による海外活動・国際協力 －